中華梅氏文庫

梅光迪研究资料汇编

主　编／梅元玺
执行主编／梅放　梅杰

華中師範大学出版社

新出图证（鄂）字 10 号

图书在版编目（CIP）数据

梅光迪研究资料汇编/梅元玺主编. —武汉：华中师范大学出版社，2024.1

(中华梅氏文库)

ISBN 978-7-5769-0367-6

Ⅰ.①梅…　Ⅱ.①梅…　Ⅲ.①梅光迪（1890—1945）—人物研究—研究资料—汇编　Ⅳ.①K825.6

中国国家版本馆 CIP 数据核字（2023）第 237182 号

梅光迪研究资料汇编

© 梅元玺　主编

编辑室：学术出版中心　　**电话**：027-67867792

责任编辑：梅　杰　　**责任校对**：王　炜　　**封面设计**：罗明波

出版发行：华中师范大学出版社　　**社址**：湖北省武汉市洪山区珞喻路 152 号

邮编：430079　　**销售电话**：027-67861549

网址：http://press.ccnu.edu.cn　　**电子邮箱**：press@mail.ccnu.edu.cn

印刷：湖北恒泰印务有限公司　　**督印**：刘　敏

开本：710mm×1000mm　1/16　　**印张**：15.75

版次：2024 年 1 月第 1 版　　**印次**：2024 年 1 月第 1 次印刷

字数：250 千字　　**定价**：79.00 元

欢迎上网查询、购书

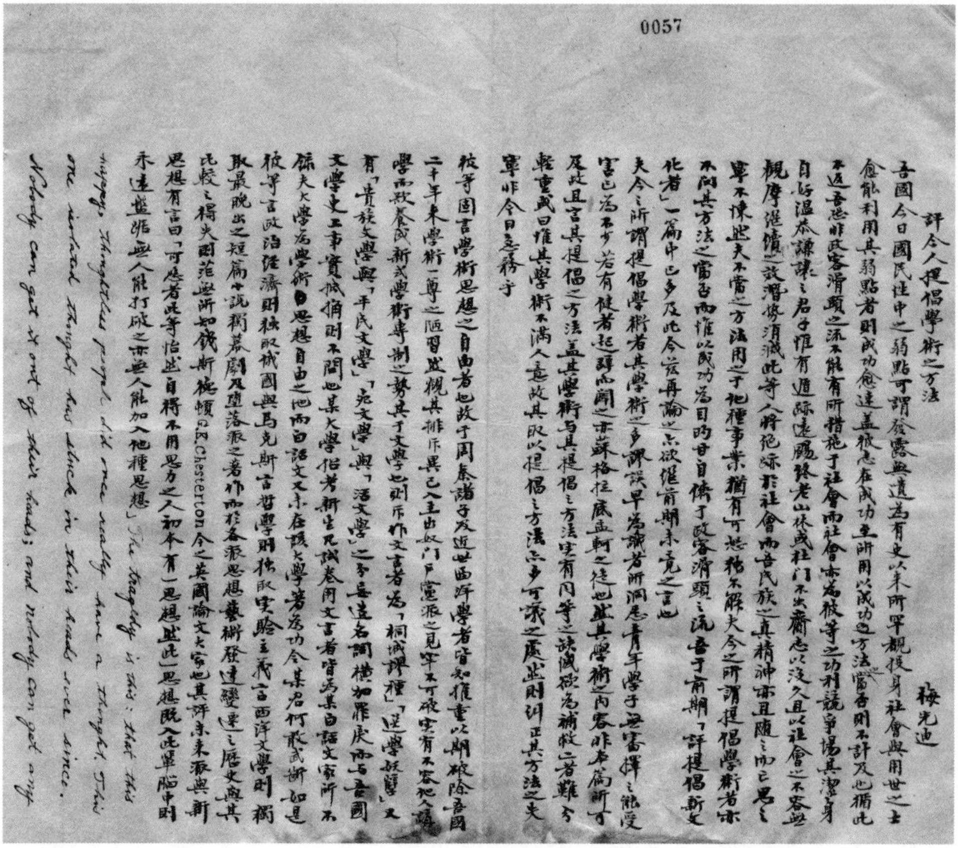
0057

評今人提倡學術之方法

梅光迪

吾國今日國民性中之弱點可謂發露無遺為有史以來所罕覯投身社會與用世之士愈能利用其弱點者則成功愈速蓋彼志在成功至所用以成功之方法當否則不計及也循此不返吾恐非政客滑頭之流不能有所措施于社會而社會亦為彼等之功利競爭場其潔身自好溫柔謙謙之君子惟有遁跡遠颺終老山林或杜門不出齎志以沒久且以社會之不容無覬摩漸漬之故潛移消滅此等人將絕跡於社會而吾民族之真精神亦且隨之而亡矣寧不悚然此夫不當之方法用之于他種事業猶有可恕獨不解夫今之所謂提倡學術者亦不問其方法之當否而惟以成功為目的甘自儕于政客滑頭之流吾于前期「評提倡新文化者」一篇中已多及此今茲再論之亦欲繼前期未竟之言也

夫今之所謂提倡學術者其學術之多謬誤早為識者所洞悉青年學子無審擇之能受害已為不少若有健者起而闢之亦蘇格拉底孟軻之徒也然其學術之內容非本篇所可及故且言其提倡之方法蓋其學術與其提倡之方法實有因果之[illegible]欲為補救二者難分輕重[illegible]曰惟其學術不滿人意故其所以提倡之方法亦多可議之處然則糾正其方法之失寧非今日急務乎

彼等固言學術思想之自由者也故于周秦諸子及近世西洋學者皆知推重以期破除吾國二千年來學術一尊之陋習然觀其排斥異己入主出奴門戶黨派之見牢不可破實有不容他人講學而欲養成新式學術專制之勢其于文學也則斥作文言者為「桐城謬種」「選學妖孽」又有「貴族文學」與「平民文學」「死文學」與「活文學」之分無造名詞橫加罪戾而于吾國文學史上事實抹摋削不問也某大學招考新生凡試卷用文言者皆為某白話文家所不錄夫大學為學術思想自由之地而白話文又[illegible]大學者為功令某君何敢武斷如是彼等言政治經濟則推崇俄國與馬克斯言哲學則推崇實驗主義言西洋文學則獨取最晚出之短篇小說獨幕劇及墮落派之著作而于各派思想藝術發達變遷之歷史與其比較之得失[illegible]錢斯德頓G.K.Chesterton今之英國論文大家也其評未來派與新思想有言曰「可憐者此等怡然自得不用思力之人初本有一思想然此一思想既入此輩腦中則永遠盤踞無人能打破之亦無人能加入他種思想」The tragedy is this: that this happy thoughtless people did once really have a thought. This one isolated thought has stuck in their heads ever since. Nobody can get it out of their heads; and nobody can get any

梅光迪论著手迹

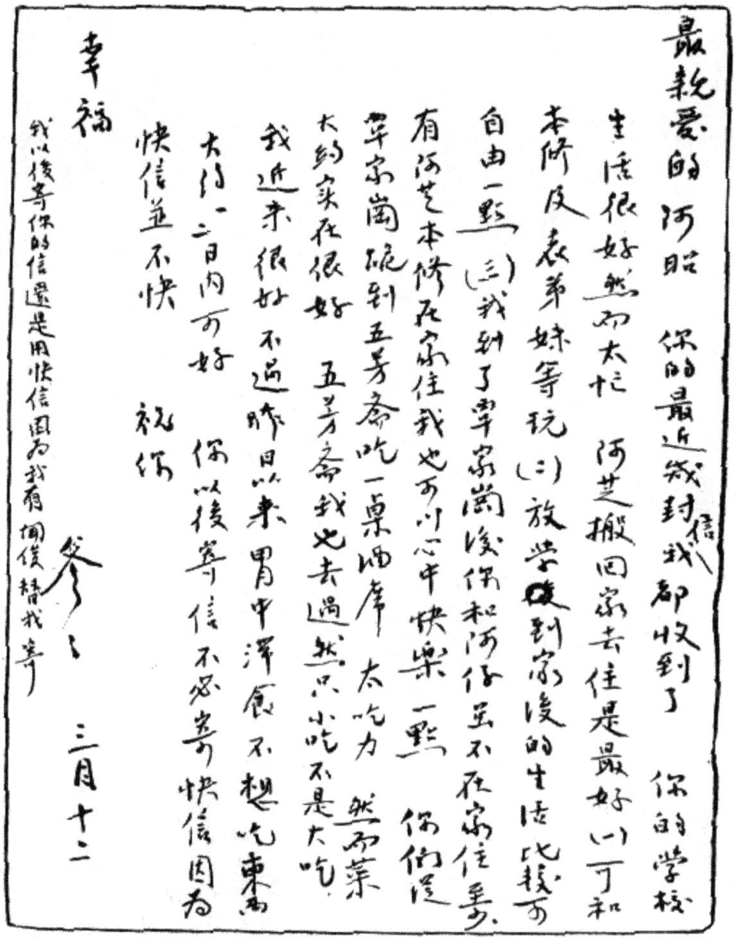

最親愛的阿昭

你的最近幾封信我都收到了 你的學校生活很好然而太忙 阿芝搬回家去住是最好(一)可和本偉及表弟妹等玩(二)放學後到家後的生活比較可自由一點(三)我到了覃家崗後你和阿偉並不在家住要有阿芝本偉在家住我也可以心中快樂一點 你們從覃家崗跑到五芳齋吃一桌酒席 太吃力 然而菜大約實在很好 五芳齋我也去過然只小吃不是大吃

我近來很好不過聯日以來胃中滯食不想吃東西大約一二日內可好 你以後寄信不必寄快信因為快信並不快 祝你

幸福

爹爹 三月十二

我以後寄你的信還是用快信因為我有個僕替我寄

梅光迪家书手迹

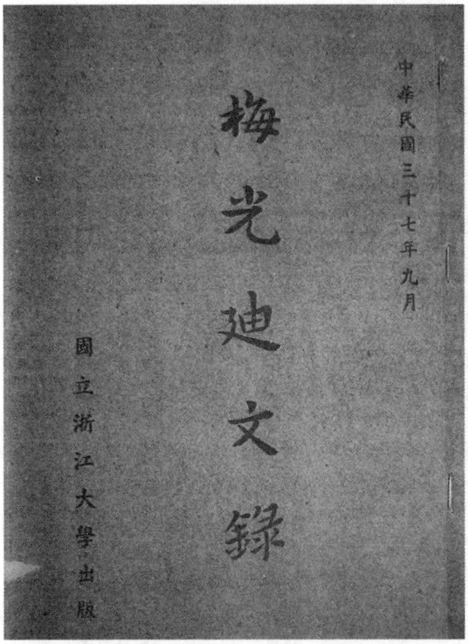
梅光迪文録
中華民國三十七年九月
國立浙江大學出版

梅光迪文録

LETTERS OF K. T. MEI
梅光迪先生家書集

文學演講集
梅光迪 著

梅光迪著作书影

目　录

梅先生尊翁教子书 …………………………………………………… 梅　藻（1）
赠梅觐庄归西北大学序 ……………………………………… 任鸿隽（14）
送梅觐庄往哈佛大学 ………………………………………… 胡　适（16）
送梅觐庄之哈佛大学兼示叔永、杏佛 ……………………… 唐　钺（17）
送梅觐庄之哈佛序 …………………………………………… 杨杏佛（18）
送梅君光迪归圜桥序 ………………………………………… 汪懋祖（19）
梅光迪的矛与梅光迪的盾 …………………………………… 云　生（20）
评梅光迪之所评 ……………………………………… 郎损（茅盾）（22）
评梅光迪的《女子与文化》 …………………………………………… 东（25）
《学衡》社与东大精神 ……………………………………… 胡先骕（28）
《竺可桢日记》中关于梅光迪之节选 ……………………… 竺可桢（31）
梅光迪与新文学运动 ………………………………………… 弓也长（44）
梅光迪先生事略 ……………………………………………… 训　慈（46）
杂记梅光迪 …………………………………………………… 萧　瞰（49）
梅光迪：1890—1945 ………………………………………… 赵元任（51）
敬悼梅光迪先生 ……………………………………………… 茅於美（52）
梅迪生先生传略 ……………………………………………… 郭斌龢（56）
梅迪生先生文录序 …………………………………………… 王焕镳（59）
梅迪生先生颂 ………………………………………………… 斯泰加（61）
梅迪生——君子儒 …………………………………………… 顾立雅（63）
白璧德——当代一人师 ……………………………………… 张其昀（65）
悼梅迪生先生 ………………………………………………… 楼光来（71）
哭梅迪生先生 ………………………………………………… 贺昌群（72）
哭迪生 ……………………………………………………… 梅李今英（80）
梅迪生先生追悼大会纪略 ……………………《国立浙江大学校刊》（83）

记梅光迪与胡适关于文学革命的一重公案 …………………… 詹寿山（87）
梅光迪 ……………………………………………………………… 宋　晞（96）
梅光迪与儒家思想 ………………………………………………… 侯　健（107）
梅光迪与新文化运动 ……………………………………………… 林丽月（119）
梅光迪先生传略 …………………………………………………… 梅光道（131）
我的伯父梅光迪 …………………………………………………… 梅浮娟（132）
梅光迪院长在浙大 ………………………………………………… 张君川（139）
文艺复兴乎？启蒙运动乎？ ……………………………………… 余英时（143）
绵绵无尽写相思
　　——介绍《梅光迪先生家书集》 ………………………… 徐艾平（148）
只令文字传青简　不使功名上景钟
　　——简述梅光迪教授怎样治学、治事 …………………… 刘泳唐（151）
学衡风范　文学大师
　　——首任老浙大文学院院长梅光迪教授116岁祭 …… 杨竹亭（153）
山高水长 …………………………………………………………… 杨　扬（158）
梅光迪在外国文学方面的成就 …………………………………… 乐　明（160）
怀念恩师梅光迪 …………………………………………………… 汪积功（174）
《文学概论讲义》整理附记 ……………………………………… 梅　杰（176）
“哈佛三杰”辨 …………………………………………………… 梅　杰（179）
“梅光迪时代”
　　——浙江大学外语学科发展史上的光辉篇章 …………… 许高渝（181）
梅光迪的家世 ……………………………………………………… 梅　杰（184）
梅光迪与胡适之争 ………………………………………………… 梅　杰（188）
梅光迪稀见史料摘编 ……………………………………………… 梅　杰（200）
梅光迪的“复归”
　　——从台湾到大陆的重新评价 …………………………… 梅　杰（206）
琐谈《梅光迪文存》 ……………………………………………… 梅　杰（213）
梅光迪生平著作年表 ……………………………………………… 梅　杰（218）

后记 ………………………………………………………………… 梅　杰（242）

梅先生尊翁教子书

梅藻

一

迪儿览：

接来信，甚慰！予在家于前月廿二日到城，至七月朔日开学，今日已上课矣。家中均各平善，秋季收成尚好，惟昨日午后至今，大雨连绵，恐山圩又遭荒歉，因各处刈稻之期较南陵一带稍迟故也。予在家时，新稻上市一元三四角之谱，城中现已涨至一元七角。余闻水阳等处，竟售至一元九角。此系历年未见之事，不知将来究竟何如。来函决定习政治（闻学政治不给官费，可有此章程否？祈即一查），往威斯康新大学，嗣后再往东美一二年，与予意正相吻合。予查外国大学毕业可得学士，再至通儒院，一年得硕士，二年得博士，予之意见亦望汝能得博士回里也。中美用费较省，每年可节省数百金，若部费限定四年，将来亦可以节省之费延长一年。汝在外，凡事宜谨慎，宜练习办事手段，而尤以卫生为第一要义。予从前日嘱尔敦品、励学两层，此后予俱不提及，亦无须予之呶呶不休也。卫生一层，不独可以却病，抑且可以健强体质，自动作、饮食，一切均宜注意，当防之于未然。腰中凡关于卫生及他却病药饵常时携带，每日亦可常服此。予屡试屡验者，孺子其图之。闻外国大学多四年毕业，若学生能于每假期内将各项功课赶向前，亦可三年毕业。汝若在威斯康新三年毕业，再至哈佛或耶鲁等最著名之校再学二年，得一博士，将来亦不想做官，亦不想多获金钱，即使一丘半壑，穷老著书，使千载后，知有某文学家、某政治家，或且得其学说奉为金科玉律，风行全国，此余生平之至愿也。小子其有意乎？日前枏回里后备述一切，予以为十三经可置之高阁，全史惟《史记》《汉书》两种尚有研究之价值，汝在外可重加温习，以其文字甚佳也。此外各史即在中国时有余暇可以细阅，亦只与文料、诗料等耳。子书可看三数种加以研究，如《庄子》《荀子》《墨子》《管子》《晏子》《老子》等书皆可看，因各书中皆各有道理，不屑屑寄人篱下，均不失为豪杰之材，非若人云亦云多假装门面语也。管、晏杂霸，圣门羞称，此语最害事。管、晏在当时亦不得不谓之小有成就，事多征实，非空疏无据者可比，其长处亦自可采，若概一笔抹倒，则冤矣。文集亦止可研究三五种，诗一二种，如此足矣。身在数万里之外，求不急之学问，哪有此等闲工夫？读书贵精不贵多，即回国后博极群书，此乃顺流而下之势，若兼营并蓄，不但无此精力，即有此精力，所学已嫌其不专矣。大楷学颜学柳，或学他家均可，无论神似、形似，只须站得住可矣（用腕力）。何子贞字万不可学，此字须写成一家后，有规矩方可临摹，以极其变，骤学之，适足以坏事。小楷《洛神赋》亦可，予以为宜学其银钩铁画，其支配处，宜分别观之。宣纸及新昌纸，予随后寄来，大约小楷全在运指，亦宜先求站得住。俟稍规模，即须多写，在熟之而已，熟则生巧，起伏照应，自然合拍。此须迟至二三年后或用一二月之力，每日二三小时，每时须能作小楷千字以上，当不患其不进功。常见衙门书手字不佳，而能匀净，此即熟之之效也。予字病在站不住，此系毫未临习之故。予亦不责望尔写好字，只要过得去，恐将来或成一文学家、政治家，而书法恶劣，岂非笑话乎？此即问

近佳

漱字

七月初五日

二

迪儿览：

前月连寄两信，想均收到矣。今年宣南本系上中年岁，自七月初四以后，连日大雨、大风，各处圩堤，概被冲决。北乡惟金宝圩多方守御，始保无恙，然沉没者，亦不少。据宣城今年准灾有廿四万余亩，已占全数四分之一，较之去年十一万、前年八万余亩相差远甚，其困苦可想而知。我村近南陵东乡一带，尚称完善，七月初稻谷均已收获到家，兼之山水亦不甚大。黄豆、棉花等项，比去年似占优胜矣。湾沚以下圩乡所以吃亏者，皆潮水害之也。日前梅清华、李士恩均在城勾留多日。昨陈

增高亦来，迭向彼等查问家中消息，俱称平安，年岁亦好。又函催筑臣约中节左右到城纳粮，因旧令俞公将交卸，牌价较好，俟筑臣来家中，详细情形当不难确知矣。现我因四乡委作《饯别俞公诗序》等事，颇费搜寻。校中亦拟二十日前后请俞公到堂照相，用以志别，届时必有一番忙碌矣。威斯康新大学是否皆系本科？尔进堂究竟（即本科）入正科否？此校是公立、私立，抑或官立？可是普通大学？祈详细告我，依我所见，如为普通大学，须俟此校毕业后，再入通儒院一二年，或学银行、铁路、组织管理一二年，至好大学三年，毕业再学他项专门一二年，总在五年之谱回国，无论如何，只要完全得一个人，我愿足矣。前日晤袁澄浦，谈及尔事，亦以专攻西学为言，谓中学俟回国后再研究，亦不迟。我前已再三叮咛，必不得已，亦必于“四五”之内，只须研究三经，或《诗》《书》《易》，或三礼，或三传及《春秋》，听尔自择。此外如欲研究小学，可兼及《尔雅》，至多亦不得过四五经，大约每年一经毕业，如此做去，工夫亦可谓猛进矣。不必求其博览，空费脑力也。曾文正亦言，专经须专一经，纯求义理，考据均可从略。予言《诗》《书》《易》为一类，三礼为一类，三传及《春秋》为一类，《尔雅》系小学工夫，为识字之阶梯，研究经史者，尤不可不致力于小学。予所分之类，朱子尝主此说，亦即曾公专一经之意也。海外哪有许多工夫遍阅群经，任择一类为之，将来有暇再治群经，仍当专主一经，则工夫亦易于着手。史学只看《史记》《汉书》两种，子书先看庄、荀、墨，此外则阳明集及他集三数种而已。我仔细思量，此当为不易之论也。学问宜进之以渐，持之以恒，果能如此，则为有本之学，他日即可以无书不读矣。陈耀远处欠款，予拟节后寄还。惟近数年来，我已负债至本洋百元，未知尔处可有赢余？校中不过薪水英洋三十元，只敷应酬而已。予迭次辞职，四乡不允，真害我矣。如能将此债项偿清，予即脱然无累，又何必在此活受罪乎？尔在外，千万总以保养身体为主，至要至要！又七月底，四川反对铁路国有，全省民团与官兵开仗数次，闻现已平靖。惟国家尚未定还股方法，谅亦不能不稍事变通也。此问

近佳

父字

八月十三日

三

迪儿览：

将近一月未接来信，心殊焦灼，乱氛甚炽，诚恐学费无着，更难结局。予于前月二十日边接汝信后，叠发两函。第二函由汝叔带至城中枬托转寄之件，予曾另纸，批尾虑及学费一项，着速与公使或监督交涉。无论新旧政府，必将此项学费筹定，方有把握。学生会对于此事如何办理，着即告我，毋使我挂念也。家中均各平安，闻我村每夜以三十人守夜，共九十人，分作三班轮转。南陵一带抢劫时闻，近邻多赖我村救护，如无大股匪患，当可保其无虞也。刻下长江自武昌以下，均被民军光复，未独立者，不过寥寥数省。适南京血战旬余，城池甫下，而汉阳又有失守之信。若数日内，不能克复汉阳，恐武昌愈吃紧矣。现东南各省正拟大举北伐，已编定北伐队至六七万人之多，惟未能一律出发。鲁、豫尚生阻力，未免障碍前途。城内公私各款，异常窘迫，各局、所及学堂均停，粮食消场阻滞。孙惟芬、吕质如、陈耀远等，俱已回里，镜老不日亦可抵家矣。此问

近好

父字

中十月十三日

四

迪儿览：

久未接来信，未知近状何似，至以为念。予于阴历十一月二十一日在枬弟函中附寄数语，谅早收到。因郡中议会成立，诸同人迭次敦促，始于是月晦日抵宁，病躯委顿，行动颇艰，迩来病未全愈，辄思偷闲静养百日，未能如愿，奈何奈何！现约俟副长刘君一参望前到城，予即返里，大约亦不过耽搁一星期，即须到宁也。乡间时有小抢劫，我村穷人太多。予前在家时，祖父及各村老代为设法将存公仓稻借去四十余石，我到城后又闻向祠公堂借四十余石，得此两款，彼等可以度岁矣。宣城各事，根本上之改革，均未着手，丁澧已归外征外解举茆佑仁为财政长，部员共十余人，大段处尚好，惟营兵饷项月需六七千金，此害不去，宣

患仍未艾也。至书差公费等项，虽略有更动，将来仍须彻底改革，阴历二十日左右计商学务，予主本年缩小范围，量入为出，始不至虚糜，款项从前之弊，无论有款无款，借一学堂名目即可领款若干，否则亦必代为设法弥补。甚有学生十余人，一年索款至三千串者，予谓预计本年入款几何，按学额班次支配，能开学堂几所，如未指定的款自由开学者，公家即不担任经费，果能如此，办去公共学款可永免债累矣。至如何进行，因师资缺乏，一时恐难望起色，此事尚大费踌躇。前总统履任，中国已改用阳历，凡往来公文均以阳历计算。又接通电清帝逊位之明文，已于腊月二十五日宣布，现在南北各军队业已联合，民国成立之日，当不远矣。尔现时情形若何？当详以告我。学堂校舍等项全图，如有现成照片，望寄一份来为要。此问

近好

父字

阴历元日自崇正校寄

五

迪儿览：

刻下内地风云日迫一日，上海已于十三日为国民军所有，民政长系李平书先生。闻马先生为总司令，未知确否？国民军到处纪律森严，各界甚为欢迎，古称王者之师，或恐未必及此。今晚又闻南京于十六日失守，将军远遁，芜湖亦于今晨悬白旗宣布独立，惟关道尚未允。宁郡现正组织自卫团，少庵吉堂等连日相扰，颇形忙碌。郡守昨已离宁，一切由县兼理。府中学无款，停止伙食，明日甲班考毕业。崇正校甲班生刻已纷纷来堂，要求援例，惟此事颇费踌躇。大约必至明日下午始能决定。因我在假期之内（请假养病），移至劝学所，明日方进校故也。今日尔叔来郡看我，问我可回家？我因百事缠扰，一时尚难解脱，如果崇正暂停，亦必至十月底始得回里。尔叔又谓祖父前因患疟，身体总未复元，饮食大减，惟杂食尚可，每餐一碗之谱尔。在外求学，千言万语，总以卫生为第一要义。期于学问有成，将来有学问即能做事，若见异思迁，东奔西驰，非但于个人无补，究之社会受其利益能有几何，人须有定见。朝三暮四之人，我极不赞成。尔向来颇有见识，主意尚拿得定，求学之志，

持之以坚忍，要紧要紧。我生平最爱坚忍，担任一事，即有坚忍不拔之操。孺子其勉之而已。又闻有封海口之信、包裹之类，想甚难寄。纸张尚拟再迟数日付邮可也。此问

近好

留学款项须学生会中派人与公使或监督交涉，恐旧政府将倒，无人过问，即赶与新政府协商，使之承认解费，至要至要

父字

中历十八日上

六

迪儿览：

昨汪濂来城云不日北上，渠复信须俟到京后始能发。质如现赴芜湖，章程一本，予前已请质如来会，亲交伊手。近闻祖父身体不适，因购燕囊两合，先托昆有翁因事来府带至家中。予决计明日回里，大约至多一月，少则三星期之谱，仍须来郡。现职予曾因病辞职多次，城内饭食与病人最不相宜，非回家静养一番，恐病体缠绵，一时难望痊可，迁延复迁延，日日言归，又复愆期月余矣。寄文格两刀，宣贡白折二十个，惟此项白折里面须用称格。予忆家中曾剩有此等称格，俟检出再寄可也。尔在外求学，暇时甚少，既临小楷，大楷可不必兼习，但小楷纯以圆匀为主，其功在山熟字。曾见会写字者，并不吃力也。小楷须用紫毫，水毫亦可，如此则易于入手，羊毫极难进步，多有画虎不成者。平日妄慕大家，遂至贻误终身。吕镜老之字，即前车之鉴。又用笔须提得起，尔字多苟且，落笔即为笔毫所累，东倒西歪，以致左右不能相顾，钩点、撇捺，无一是处，长此不改，终身决无长进。此其弊在制笔不住，因制笔不住，遂不用心，流为一种习惯，须知写羊毫如悬崖勒马，步步控驭，须要笔笔提得住，最忌顺拖，所谓用暗劲者也。究之羊毫总不及紫毫之事半功倍。尔如愿改用紫毫，可函知予由内地购寄亦可。予生平于书法一道，素在门外，此虽小道，亦须得名师传授。同学中能写字者，当不乏人，尔择能写字者，随时恳其指导，久之当有门径。今春多雨，上季菜麦微有损伤，现已放晴，若从此天气做得好，尚有七八成年岁。崇正校议改初等农业，须俟下学期始能开办也。此问近佳。

小火轮未通，宣纸难寄，又及。

父字

阳历四月十三号

再者，内地无好信封，或由尔处寄来十余个甚好信封，或写就，或不写均可。因堂内有英文教员，可请伊代写也。邮票须贴于上面右角，是何理由？试言之。此后予拟一月一信，至迟亦必两月一信。又尔在外，须仍作日记，将来一生阅历及学问之进步，亦使有所考也。又及

七

迪儿览：

予昨日到家，大小均各平安，祖父病亦渐愈，真如天之福也。上季菜麦收成可望七成以上，稻种已布，早者将发芽矣。尔前信言每月寄美金十元恐太多，据我之意，须定以每月五金或两月十金，即四个月寄美金二十元一次，如此较为妥便，总计债项不过本洋一百三十余元。予上年尚可张罗还四十元，尔即寄款偿债。本年至多寄四十美金，明年上年至多寄二十美金。只要有此数目便已宽然有余。我亦决计不复在外就事。予此次回里，系第四次辞职。范太守及议会中同事，仅允以半月养病。予拟半月后再续假。二来复届期，仍坚请辞职，未知能办到否？予去年冬季抱病，本无出外之意，无如函牍交驰，再三敦促，至十一月二十八日，尚未起床，因约二十九到城日期已至，遂冒死前往。此行原以答同事诸君殷勤之意，今幸大致业已就绪，风浪已平。同事虽均不承认予退，只要不因此牵动大局，不因此举得罪众人，总以脱身为妙。宣纸邮局不肯寄，云火轮不通，大约俟至四月当可寄也。此问近佳。

村中蒙学早已开校，栩弟教授清华在五甲授徒，年薪六十元之谱。

父字

阳历四月十五号

八

迪儿览：

予回家后由弋镇发一函，想早收到。现在天久不雨，已成小旱之象。日前祖父着浚儿来郡，视予病瘳否。予查问家乡情形，据称家中田已耘

过三次，再晴一二十天尚无大害。予在家耽搁三星期，因议会中迭次催促，是以病未全愈，即束装来城，刻已来此二十余日矣。村中蒙学如常，邻里各项人事均无大变动。崇正议改初等实业，下期始能开办，因议会设在校中，校长亦未举定故也。予拟荐汪濂为教员，彼前云欲赴东三省，今得友人来信谓关外现尚不甚平靖，宣城学实业者寥寥，此君若承认小学教员一席，当足胜任愉快。吕镜老已回籍，前次开临时会，已举彼为省议员。梦样在南京医院充任院长，适回里三日，伊夫人即已产亡，今晨已出殡矣。县中各事，尚无大起色，因营兵不时索饷（饶翼卿极颟顸，纵容兵士妄为，兵饷虽由省发，但省中困难更甚，每不能如期给发，到至急时，辄电饬宣城拨放），并暗中勾连土匪，一日风潮数起，真莫大之患也。此等扰害情节，久欲呈请上峰惩办，无如本镇商家毫无知识，辄藉口全城恐遭糜烂，迭行掣肘，因此之故，诸事均碍进行。现省颁暂行地方官制，县知事以下分设五种：总务、内务、学务、税务、警务，司法未独立之地，得设司法一科。内务、学务、税务均用本地方人，现正组织，大约俟半月以后始可成立新政。人材本属难得，在宣城则尤难。宣人性质多有始无终，兼之喧宾夺主，时形纷扰，办事人员遂致良莠不齐。此近今之通患，而宣城其尤著者也。孙惟芬已于前日进京，小轮因河干未通，先将白折格式两张寄尔收存，尔在外总要始终如一，无论何科，必须学有专长，万不可今日欲学此，明日又改学彼，游学多年，终身无一技之长，真弃材也。汝切戒之。此间缮好信封已用罄，下次须寄几个来，要紧要紧！相片俟病好再照寄可也。此问近佳

父字

五月三十一号

九

迪儿览：

久未接来信，未知近状何似？日前栴弟来宁，闻家中曾得一函，刻下各处得秋雨五六寸，禾芃芃大有丰年之象，惟内地帮匪极多，到处勾引良家子弟入会，专事抢劫、敲诈，本城防营全体在会无一日不滋事，甚可虑也。祖父身体尚好，家中均各平安，惟予病已有半年，至今尚未全愈，所幸每餐能吃两碗饭耳。校中何时放假？本期功课分数优劣？暑

假中学生会作何举动?须详细告我。学科须专一，万不可见异思迁也。学有专长，要紧要紧！浅尝辄止，终身无成。此问

近佳

外谱纸及白折共一包，望查收

漱字

阳历七月七号

十

迪儿览

前接来函，颇详细。予两次寄白折宣纸等到原寓，想又错过矣。望仍向原寓一查为要。崇正改办初等农业系，正月大会议决后，又有议员欲改中学，遂致拖延至今。校长尚未举定，予不得已，乃先请汪濂、陈琛二君来校组织一切。校长已函请吕镜老担任（现在省议会，闭会不久回里)，彼似有承认之意，县议会约阴历六月底迁入沟沿头旧劝学所内，劝学所原有民团则移至宛陵文塾，届时恐又有一番忙扰矣。予病未愈，将来恐成常疾，惟此病亦无大痛苦（腹中痞块及痔疮)，日间惟觉异常疏懒，夜间安睡，俱形不适，形容消瘦，遍体无力，幸每餐尚能啖两碗饭耳。今年禾稼丰获，惟日前大雨几次，小有损伤，较之往年，当远胜之也。近月余来，未得家乡音耗，因农忙之时，无人来城故也。据枬弟前月来晤，曾在会中宿一夜，云祖父身体大健，田禾甚好，合家均各平安，所虑者村中无知愚民间或潜入匪党（刻下四乡匪党充斥为害不小)，不得不设法处置。范知事奄奄无气力，以致诸事不能进行，是亦一县之大缺点也。闻省垣尤极乱杂，不问何人，只费三四百金，即可运动知事到手。安徽六十州县一般民贼实占多数，长此不改，正恐隐忧，方大营兵亦累月无饷可发，兵变之事，几于无处不然。孙绍良前得芜湖盐局差使，风潮甚大，幸绍良以灵敏之手腕应付得宜，克保无事（差使到手未及半月，芜人群起抵制，都督即将绍良撤差，另委洪泽仁，旋绍良多方运动芜人以皖南人感情，又群起保留，奇离变幻，真不可思议)。闻芜局已大不如前，绍良仅任事数月，已获二三千金，不料阴历六月十五竟一病不起，宣城人材如绍良其人者，实不多得，亦以宣城之厄运欤！吕吉堂、孙光宇等早已晋京，现尚无事，孙惟芬到京学堂业已开课，质如

亦拟不日前赴铁路校矣。尔在外须以保养身体为第一要义，其次则须学有专长，万不可见异思迁，卒致终身无成，下期仍须到原校，何以寄来信封竟有四张之多，殊不可解。风景片未收到，枬弟前来云收到多张，未知即是此片否？紫毫崔步云店不甚佳，拟向他处购买，否则即将当地笔购寄也。此问

近佳

父字

阳历八月十号

十一

迪儿览：

前接来信作复，已盈三纸，有客耽搁，因而弃去，忽忽垂月余矣。予之颓唐可知也，相片久已接到，身段、气色都好，精神亦活泼，慰甚！今日村老金兰翁及国香来我处，据称今年收成尚好，下季亦有八九成之谱，惟乡间时疫流行，颇可危惧。彼等来到柏山收租，谁知河北朝基早已收去，今日尚有交涉，我已嘱其朝基若来，带同一并到我处谈判也。家中大小身体均健旺，无一病者，惟祖父年老身体衰弱，然亦时常在外问事。予闻此信，甚觉忻慰。予拟十二日回家养病，带过中节，请假三星期，城中饮食多不适，诸事棘手，终日在苦恼场中，每思脱身之法，不能如愿。予此次请假后，拟赶上辞职书一纸，看效果何如。惟此等辞职书，业已递过多次，到家席尚未暖，而使者已相环于道，催促晋城，奈何奈何！现思得一法，已举人暂代外更加四人辅之，当不似前此之烦扰我也。予拟辞职以后，将来百事不问，决不再混入此苦恼场中，自讨苦吃，如身体能调养复原，惟在家中教子女辈识字、解文义而已。议会已于前月初十边迁至沟沿头前劝学所内，现在劝学所已有通令取销此屋，即为宣城县议会所在矣。崇正校前改初等农业，招生不过十余人，目下仍规复高等小学，未知将来学生能踊跃否？此校原推汪濂、陈琛二人承办，系我所主持召至者。现吕镜老已将校长一席转荐汪濂矣。尔在外须以卫生为第一义，其次则在敦品励学，仍不外吾向者之所嘱，政治、文学两科，汝既喜习之，无论何科，总以有心得为主，必须贯彻始终，有本有原，万不可浅尝辄止，致贻通人之笑，如此亦何贵乎远涉

重洋，孺子其勉之！中学重西学，当尤重也。孙绍良前在芜湖（盐务分销委员）任内病故，殊堪悼惜。宣城帮匪充斥四境，其发祸之原，则由饶营始。饶军一营无一人不匪，到处开堂放票，蔓延全境，地方官不敢过问。现柏军在浦口突派三营来城驻扎，饶兵不敢出气，四乡匪首俱闻风逃匿，被胁者多纷纷求缴票改过矣。此军纪律尚严，诚恐国帑空虚，将来饷源终有不继之日，地方难免糜烂之祸，故此事须大起交涉。安省不行，尚须电总统办理也。南陵开先匪党亦多自经，顾小轩带两队兵士来南陵严办，现已枪毙匪党百人之谱，几乎道不拾遗、夜不闭户。据金兰翁来说，恍惚古小说名臣办案之类，亦近来难得之人物也。永庆庵后墙倒塌，有重改建之说，拟地址、屋宇均加高，上用楼房，以求适用。现正在商议，已将该庵屡年收租不到之产业，变价一百七十八十元之多，大约重行建筑，事在必行，至程式如何，尚待商酌也。《荆川集》一本，英文书二本寄到时，望查收。《孑遗录》据枬弟云未检出，或俟检出再寄亦可。此信予写时来客及会客有事，已停辍六次，其景象可发一笑也。此问

近佳

父字

阴历八月十日

谱纸一刀，分作两起邮寄，前因小轮未通，是以迟迟至今。第一次白折十个，每日可写半页或一页，惟写字一道，不独在知用笔，尤贵知用墨。尔向来写字不讲究用笔，至用墨一道，更不讲究。大凡写字，须先磨厚墨，将笔毫灌饱，然后停顿起落，方能指挥如意，否则仅恃干毫与纸相擦，非枯槁即站不住矣。盖毫干，则人不能制笔，推送吃力，钩点即不能中款式，此古人论字之大概也。然写小字，又与大楷有别，大楷须骨力遒劲，小字则第要圆匀而已（不外一个熟字）。汝其知之。

十二

漱字

十二

迪儿览：

接来函，甚慰！家中一切平安，惟近日楚中有乱，各处谣言四起，沿江一带学堂学生逃匿殆尽。中国前途尚未知如何结果，想此事外国报早已登载，无俟予之赘述。经学一道，自汉以来，注疏家支离穿凿，害人不浅。来函所陈，极中肯綮，非具有特别眼光、魄力，终不免为古人之奴隶。古称经生无用，正坐此弊耳！予前数年在中学上经学一科，开言即发此议，惜无此暇岁月遍研群经，胸中又无根柢，徒心知其意已耳。学问之事，由尔自主，予一切不能遥度。前信言不必汲汲经学者，亦祈尔斟酌行之，然据予之意，每日须得数小时休息，此当为不易之论。今以每日昼夜作二十四小时分计之，当以八小时睡眠，三餐连寝膳时间计算及寝时起来，休息四小时或五小时，下午课后休息两小时或三小时，其余读书上课统以八小时为率，此为用心时间，至用心每日不得过九小时，如此行之有常，工夫不患其不猛进。于卫生上，亦不无裨益。此次来信，字尚去得，大概得力于柳，似此则羊毫亦可用，不必定要紫毫、水毫矣。自后信件或半用行书，亦须用心写，有规矩，有法度，万不可潦草，任笔乱涂，致流为习惯，便终身无入门之日也。总而言之，波澜意度皆有帖意，其入手之始（无论正楷行草），曰一笔不苟，范我驰驱而已。信封二十个，足敷一年之用，惟内地英文家恐写一信封尚不合格，不如仍由尔处写好寄来。每年约二十个左右，做三四次寄，亦甚妥，便免得求人七错八错。此等人信壳面字都不识，若一写错，仍须勉强抚慰数语，恐其赧颜过不去也。我近半月以来，略有病，事事稽延，刻正服药。然亦不过体质虚弱积劳所致，养息一番，自然无事。宁芜一带，市面异常恐慌，英本洋久已断绝，无论官署、钱庄，甚至求一元而不得。市面流通者，惟有少许铜钞而已。学生均已回里，在堂者寥寥，诸教员陡然纷支薪水。我已宣布付半学期薪水，付清至九月底，幸本学期薪水已付过两月，并有过支者，统计教员薪水只须五六十元，现我已四处设法筹集现款，候会计十六日到校，十七日一律结账矣。我意以九月为限，如再过数日，谣言稍为平静，学生均已来堂，仍须照常办理，否则或止办一班，或竟暂停此，不独予一校为然。皖芜等处，学堂久已空无一人矣。近日寄物、寄洋，俱形不便，新昌

纸、宣纸拟迟日再寄。电报亦时中梗。各乡正办团练，恐土匪滋事，其实内地不大要紧，其如无知识者，无事自扰何。此问

近好

父字

九月十五日

十三

迪儿览：

前接来信，本年下学期情形已知其大概。予自阴历八月十二日回里，至九月十二晋城，在家养息一月，病体亦未大痊可。幸家中大小，虽时患寒热诸症，却不甚剧，我到城时俱已就愈。本年收获亦丰，惟本洋跌落，目下曾不及英洋价格，市面几致不能通行。向用本洋之处，其吃亏可知。永庆庵先拟重修改学堂式建造楼房，现已定议，庵屋不再改建，略将倒塌重加补葺，其注意全在学堂，已预备款项六百元，建设平房十余间，专为学堂及村中有事集会之用。前已购买木料一百八十余元，石磉等项均已定办，年内大约可以兴工矣。栴弟馆事如旧期，庆家中亦平安。李惟强因病回家，现在外间就事不易，恐惟强已无处可谋差使，程度不高，为世无足重轻，固应如是。陈良干前因讼事取消议员，管押月余，刻已由区内陈兆栋等保释出狱矣。县议会约于阴历十一月正式改选，众议院，省议会，乡自治均于年内选举。届时恐异常忙碌，本会原系九月十五开正式会，其重大问题为丁漕及预算各案，会议多日，迄无正当之解决，刻预算已办就，丁漕征解已议决咨县照办矣。宣城此次选民约三万二千余人，冒滥者固多，遗漏者亦不少，现时选举各处皆蹈此弊，谅不独宣城为然，而宣城办理此事，尚较他州县为胜，民国初行选举可概见矣。予病已经吕孟强医过，毫无效验，近来惟日服阳八味而已。日前回家请一医生专治脏毒，仅见小效，到城后专治腑痛，刻日间颇能支持，四肢似稍觉康健，惟夜间时刻，疼痛不能酣睡耳。我已拟此后决不与闻世事，多问一件事，即多一番淘气也。此问

近佳

父字

阴历十月十八泐

赠梅觐庄归西北大学序

任鸿隽

鸿隽不自揣度，尝好交天下瑰奇伟异之士。曩在乡，居重庆中学校，尝数千里外，驰书未见之友，殷勤往复，久而愈挚。厥后人事牵帅，或于异国绝域，偶然相见，则其人大率如吾意中所想象，握手如故知。于是知古人“神交”之说为不虚，而今世于应对酬酢中求友，则少难矣。

方吾来亚美利加，以是邦留学者之众，而好为奇论之士，如欲变面色为白，易仓颉之文以罗马之类，复时有闻也，则于择交之道，尤致意焉。一日于吾友胡君适之案上，见梅君觐庄书，议论弛跅，不类常人，余读而心仪之。后以适之介，得与觐庄通询。觐庄每来书，辄洋洋数千言，睥睨万汇，而以创造新文学为己任。余虽于新文学无能为役，而喜得觐庄，于吾神交中多一良友，窃自庆也。

甲寅夏，觐庄以修学之暇，来就余等居绮色佳城。未至，以书抵适之及余，曰：“将与二三知己箕踞旁薄，纵谈极日夜为乐。”觐庄来时，余适在华盛顿，未得见。及归，又以科学事，碌碌无暇，而觐庄亦日孜孜以读书图书室为务。居同舍也，而会晤之时绝稀，于所谓“箕踞旁薄、纵谈穷日夜之乐”，卒未获遂也。尝散步森林密树间，从容各言所志。觐庄则愿为文人，以文学诏来者。觐庄既雄于文，又于西方文学之书无所不读，余知其志之必达也。

晚近以来，人惩于吾国古来文学之空虚无用，学异国者率以实业象数为归，当局之所揭橥，有“质八文二”之定例，而学者亦翕然趋之，至强其性之所不近，如告予所谓戕贼杞柳以为桮棬，虽余亦不免病是也。而岂知风俗之所由转移，民性之所由陶铸，其有赖于文学之深且巨哉！欧洲文士，如法之福禄特尔，德之贵推，俄之杜尔斯泰，其文章皆足为历史开一新时代，而当时其人受其感化之力者，若士卒之瞻大将马首也。此其转移时俗之功，犹得以文人无用之少耶？然则徒患文人无学耳，苟有其学，而传以文，其为用又岂仅机械象数之伦哉！抑吾闻之，言者心之声也，而心之相感，于亲类尤切。故文之至者，中西如一，而感人之文，唯当于同类中求之。德人之如福禄特尔，必不能如法人，法人之爱莎士比亚，必不能如英人，此不独文字不同之为阂也，乃其相感之情则殊焉。吾人日读庞行书，亦在观其致想之方，习其写物之术，以宏吾新文学之基而已，若不能出之，而唯沉浸彼方文学，悠悠焉以自娱，是代人读书也，非文学也。觐庄方以创造新文学自命，代人读书之病，吾知免矣。

夏休綦终，觐庄将返于西北大学。于其行也，书所望于觐庄者以为赠。

（作于1913年，原载《南社》1916年1月第15集）

送梅觐庄往哈佛大学

胡　适

（一）吾闻子墨子有言："为义譬若筑墙然。能实壤者且实，能筑者筑振者振。"（《耕柱篇》语。"振"，本作"欣"，依毕沅说改。）吾曹谋国亦复尔，待举之事何纷纷。所赖人各尽所职，未可责备于一人。同学少年识时务，学以致用为本根。争言"治病须对症，今之大患弱与贫。但祝天生几牛敦，还气千百客儿文，辅以无数爱迭孙，便教国库富且殷，更无谁某妇无裈。乃练熊罴百万军。谁其帅之拿破仑。恢我土宇固我藩，百年奇辱一朝翻"。

（二）凡此群策岂不伟？有人所志不在此。即如吾友宣城梅，自言"但愿作文士。举世何妨学倍根，我独远慕萧士比。"梅君少年好文史，近更摭拾及欧美。新来为文颇谐诡，能令公怒令公喜。昨夜檄讨夫已氏，傥令见之魄应褫。又能虚心不自是，一稿十易犹未已。梅君梅君毋自鄙。神州文学久枯馁，百年未有健者起。新潮之来不可止，文学革命其时矣。吾辈势不容坐视，且复号召二三子，鞭笞驱除一车鬼，再拜迎入新世纪。以此报国未云菲，缩地戡天差可拟。梅君梅君毋自鄙。

（三）作歌今送梅君行，狂言人道臣当烹。我自不吐定不快，人言未足为重轻。居东何时游康可，为我一吊爱麦生，更吊霍桑与索虏：此三子者皆峥嵘。应有"烟士披里纯"，为君奚囊增琼英。

四年九月十七日

（原载《留美学生季报》1915 年第 2 卷第 4 期）

送梅觐庄之哈佛大学兼示叔永、杏佛

唐　钺

曲士多拘墟，难与语至道。物质与精神，于国均有造。胡为承学士，互诟效姑嫂。亦有暖姝流，敝帚私自宝。得一先生言，夸张恐不早。学海浩无涯，彼独矜行潦。嗟余寡闻见，心茅塞不扫。常恐二交讥，兢兢每自考。昨岁识任杨，雅量供倾倒。过从聆吐属，鄙吝去怀抱。今夏得吾子，气格亦苍老。立身企前哲，爱人如老媪。策国先本根，摛文洒兰藻。夐矣越恒流，虚怀事穷讨。八旬快切磋，岁月觉草草。西来等游子，此别讵云恼。神州盼甘澍，为涤亢阳燠。分途各努力，相期起苗槁。

（原载《留美学生季报》1915年第2卷第4期）

送梅觐庄之哈佛序

杨杏佛

吾尝读余杭章太炎氏《明独》（见《訄书》），而悲其意，窃怪今之世何独头之寡耶？岂果独者群则群者独乎？居美之第二年，一日叔永来告曰："吾新交一梅君，狂生也。"余默识之，以为狂不可取也。学问、智慧浩如烟海，吾幸而得其恒沙数粒，遂持以骄人，不为市侩所窃笑耶？且吾侪少年，孰不以起衰拯民为志？今乃袭斗筲故智，炫奇盗名，失其真矣！明年夏，梅君来绮城避暑，始而识之，与之语，乃不似吾意想之梅君，然而信知人之难也。梅君性独有大志，以文学革命自任，与人语，坦直少修饰，非其类，终席不二三言，遇志合者，痛论时事，滔滔不绝，如泻江河，吾以是知梅君非狂生。今年夏，梅君不忘故，复来绮城，与叔永及余同居。有唐君擘黄者，亦落落寡合，四人者乃朝夕相过从，剧谈为乐。章氏之所谓独头者，今且群矣。虽然吾侪亦好其所好耳，岂有朋党贤不肖之见存乎其间哉！梅君明日将之哈佛治文学，余与唐、任二君，亦困于科学，不复能作荒谈，独头之群，岂止于是乎？念其难得，笔之以送梅君。民国四年九月十八日清江杨荃。

（原载《南社丛选》，国学社 1924 年版）

送梅君光迪归圜桥序

汪懋祖

余与梅光迪，初未尝相识也。数百里外，闻声交慕。一日握手，则欢然各道其平生，而恨相见之晚。是岂非有道焉以使之然哉？是道也，非党比之为道也，非势利之为道也。盖精神上有若不可判离，天故合之使相切劘。以进其业，将为神州新化者也。今夫吾国之学者罔矣。嗟彼蚍蜉，泊于既狭且卑之实利主义。论文学则宗白话，讲道德则效报施。而一辈狂猘，复汹汹然欲举数千年先民之遗泽，摧锄以尽。谓非是不足谋新。则吾以为根本问题犹不止此。必尽歼弱冠以上之人，而后输进晳种，以改良黄胤之遗传。尚何敝敝于音韵文字之末哉！世无绝对文明之国族，有所长必有所短，惟智者为能善取他人之所长，而冶之为我用。然亦必茂明其所本善，斯能卓然有以自竞。非是则谓之奴从。夫至于奴从则灵魂丧失，不复有我。惟梅君其知之矣。本年暑假，梅君来纽约，与余谈，辄愤然叹息于老者之懵瞀，少者之狂惑，将出所学以翼教牖民。其观察事物，一以历史眼光，而顺乎天演进化、人类心理之原则。尝谓昔日之国民昏聩自大，故利用辱；今日之国民气息仅属，故利用慰。若慈母之于赤子，虽甚不肖，而一遘疾苦，必顾复之，以增其望也。其慈祥恻怛之诚，固非嚣嚣者所能企及。爝火炎炎，安足与日月争光哉！抑吾闻真理所由明，必合乎众见而究析之。人情习于同，则交相匿而不见其非；习于异，则交相蔽而不见其是。今君欲以文救国，驯至乎中道，当不迷其同而放所异。若余之不敏，固将攘臂奋首以从君之后。而助成其业也。梅子归圜桥（Cambridge，Mass，U. S. A. 美国哈佛大学所在地），念别后相见之难。遂书此为祝，且以坚其盟焉。

（原载《留美学生季报》1919 年春季第 1 号）

梅光迪的矛与梅光迪的盾

云　生

我这四天内真运气，接连看见了“好为大言不惭”的梅光迪君的二篇大文章：一篇是登在他们自己出版的《学衡》第一号上，又一篇登在《妇女杂志》本年一号上。一名《评提倡新文化者》，一名《妇女与文化》。好两个大题目啊！然而两篇都不过四千字左右，似乎太少了，再一看内容，还不是人云亦云的几句话么？这些话，凡曾读过十几年前的《新民丛报》或《民强报》的半新不旧的“中学为体，西学为用”的先生们，都说得出，都写得出。初不待“好为大言不惭”的在英国中了“金钱梅毒”的洋翰林的梅先生方始之能之呀！

梅君的话，不但表示他的极端顽固，并且见得他的矛盾。我先就《评提倡新文化者》中的矛盾点来批驳一下。

梅君说“彼等非思想家乃诡辩家”，这是梅君判定“新文化提倡者”的罪名；但是加入以罪名须得指出证据，于是梅君指出一个证据道：“昔者希腊诡辩家普罗塔果拉斯力主真理无定，在于个人之我见。苏格拉底应之曰：既人自为真理，则无是非愚贤之分。然则普罗塔果拉斯何以为人师，欲人之从己乎。今之主文化革命者，亦向文学之旨，在发挥个性，注重创造，须‘处处有一我在’，而破除旧时模仿之习。易词言之，则各有各之文学，一切模范规律皆可废也。然则彼等何以立说著书。高据讲席，而对于为文言者，仇敌视之。”这一段话里，梅君不打自招的话画出一个中国式的诡辩学者的梅光迪来了！我有什么话说他是中国的诡辩学者呢？因为他连一句话的性质都看不明白。“须处处有个我在”一语是有着落的，即是着重创造而不模仿之意，“真理无定，在于个人之我见”一语是没有着落的，并不含有自由思想与注重自创之意，仅以间执别人之口罢了。所以这两者性质不同，并且意意亦各别，岂可相比？这是梅君的自相矛盾。

梅君在他的大文的第三段说“二曰彼等非创造家乃模仿家也”，并举证曰：“马克思之社会主义，久已为经济学家所批驳，而彼等犹尊若圣经……彼等于西欧文化，无广博精深之研究，故所知既浅！所取尤谬……”这里梅君的矛盾精神又见了。梅君说马克思的社会主义久已为经济学家所批驳，敢问梅君所谓经济学家是指五十年前、六十年前的经济学家呢，还是指生于现代而甘为资本家走狗的经济学家呢？梅君既骂他人“于西欧文化，所知既浅”，自己却就立刻犯“所知既浅”的毛病，不知道马克思的社会主义的经济学原理现在已为各大经济学者所采，对于他的态度，迥乎不是从前的经济学者对他的态度了。梅君不知道马克思的剩余价值论已采入大陆各国的经济学教科书么？而竟“大言不惭”肯定地说“已为经济学家所批驳”，梅君无乃太工于自暴其“所知既浅”乎？这是梅君的矛盾二。

梅君大文中尚有“三曰”“四曰”两段，则更多主观的意气之言，读者自明，我可以不多说了。我有一句话要正告梅君：现在青年的思想和精神，并非如你想象的那样幼稚浅弱，你说他人怎样怎样的不好，自己却拿不出一些货来，现代的青年是不会相信你的。现代的青年，凡是已觉醒的，是有自己的理性与判断的，你那镀金的学者态度，不会有人来盲目信奉你，是要经过他们的理性审查的。我再警告你，因于你个人的名利热、酸素作用，而施其诡辩的舌头，陷未来者于思想的迷途，你的罪可真不小哩！

（原载《民国日报》“觉悟”副刊 1922 年 1 月 13 日）

评梅光迪之所评

郎损（茅盾）

《学衡》第一、第二两期登着梅光迪君的两篇文字，（一）评提倡新文化者，（二）评今人提倡学术之方法，中间有些讲到近代文学的话；梅君极力慕古，甚至说模仿古人“时亦得其神髓”，以此自满，所以我不想和他讨论古文学与今文学孰善的问题，只根据梅君批评近代文学那些话里的“不尽不实”之处，指出来，请大家明白一下。

文学嗜好，个人有绝对的自由：我笃信此言。故对于梅君之没头崇拜古人，不要深讥；但嗜好是嗜好，真理是真理，不能以一人之嗜好，抹煞普天下之真理；岂料梅君竟要以自己的嗜好抹煞西洋半世纪来评论界的“定评”，肆意而谈，很犯了颠倒系统，见一隅而不见全体的大毛病；在识者观之，原能一目了然，但“群众中幼稚分子，如中小学生之类”难免受其“盲聋”，所以不能不一评了。

何以见梅君之颠倒系统？梅君说：“文学进化至难言者，西国名家（如英国十九世纪散文及文学评论大家韩士立 Hazhtt）多斥文学进化论为流俗之错误，而吾国人乃迷信之。”我们看了这一段，几乎要疑心梅君未曾看过一本1840年以后出版的书！既然梅君斥文学进化论而举“西国名家”韩士立为证，我就先和他论一论韩士立的文学批评的价值罢。我不要引“堕落派”的批评家的话以惊梅君，只引一个出言并不惊人，思想带点守旧的 Saint Sbury 的话罢。珊氏批评韩士立的话，在他那《文学批评史》里就有一段：“韩士立并非以发现一条任何的评论原理而成卓特，彼所卓特者乃在其评论之条鬯与丰润……”而此则能打击读者使发昏，不自知地乱赞赏起来。珊氏这些话形容得极确。我从前读韩士立的 *The spirit of thage* 里论 Mord worth 的一篇，也猛然受过他那一击，几乎发昏。想来梅君是久尝此味的，所以斥文学进化论就巴巴地引起韩士立来了。闲话少说，书归正传。梅君既然引韩士立以为文学进化论早为“西国名家”诟病的“人证”，那我们也就跟着来看看文学进化论罢！查文学进化论大别有两种解释：一是指文学的形式的进化，如叙事诗歌之于歌剧等等。一是把达尔文进化论的原理应用在文艺上，把文艺看作一个生物。这两说：前者由来已久，众说纷呶，现尚未有定论（梅君文中只混指文学进化论，未曾分别言之，已觉太含糊）。梅君引韩士立为证，未免类乎“灯草撞钟”。因为韩士立逝世将及百年，这百年中，各大家对于文学进化论的研究，又精深了许多，梅君引百年前人对于当时文学进化论的批评以驳百年后的见解，非颠倒系统而何？若谓梅君所言乃指后者，那就更妙了！韩士立死于一八三〇年，其时近代的生物观的文学进化论尚未出世；“文学的种类的进化论”的健将（也可说是主将者）Brunetiere是一八四九年生的，去韩士立之死几乎二十年了！韩士立和上述之近代文学进化论简直风马牛不相及，安能硬拉来作“人证”呢？其实梅君要找个反对文学进化论的人，并不为难，只在梅君所痛骂的“堕落派”的批评家内一找，也就可以拉到一二个，何至要拉个不相干的韩士立呢？梅君不是“束书不观……中乃空虚无有”的假学者，尚且不免于“所取尤谬”，岂因未尝“稍读西洋文学史。稍闻名家绪论”乎？抑因“以成见私意。强定事物。顾一时之便利。而不计久远之真理”，故一至于此耶？

何以见梅君之见一隅而不见全体？梅君于痛骂彼等“言西洋文学，则独取最晚出之短篇小说、独幕剧及堕落派之著作，而于各派思想艺术发达变迁之历史与其比较之得失，则茫无所知。”并引钱斯德顿（G K chesferton）之言为证。梅君既知言文学当研究“各派思想艺术发达变迁之历史”，而“比较其得失”，亦知钱斯德顿乃现代最有名的反对新思想的怪杰乎？梅君可引一极端的钱斯德顿以为痛骂新思想的“人证”，则他人亦可引克鲁泡特金之言以为西洋皆无政府党，或引德国George Kaiser以为德国皆表现派，请问梅君能承认么？梅君有志批评西洋近代思潮，而引钱斯德顿，未免找错了人，未免陷于“见一隅而不见全体”的谬误！如果照这样子去寻极端的一隅的议论以概括全体，则尽有许多西洋学者可以跳出来替梅君做“人证”，以反对近代思想，反对科学文明，反对宗教，反对自由，反对平等，尊崇强权，尊崇古典……但不知梅君有此胆量与否耳！

梅君既然找得了爱尔兰人的钱斯德顿，何不把近代的一伙爱尔兰人的思想都看一看？如果梅君做过了这番攻读工作，当然会晓得钱斯德顿的有力的能“打昏人”的话，原来早有一个同是现代，同是爱尔兰产的萧伯纳的有名的能打昏人的话和他相抵消了！

“见一隅而不见全体”，想来总不是学者精神所应有的罢！

话已多了，就此止罢！至于梅君两文中“雅音”的谩骂，那是连“中小学生”也看得出来的，我更不用多讲了。

（原载上海《文学旬刊》1922 年 2 月 21 日）

评梅光迪的《女子与文化》

东

《女子与文化》一篇登在《妇女杂志》八卷一号，是反对新文化运动的梅光迪君的大著。据该文弁言，本是“文学题目之一种，盖文化为研究文学者所最宜注意，而为人类高尚精神之所表现。夫研究文学者，必研究人生，乃及乎文化。此盖普遍之智识也。今兹所论，根据于历史及环境，而分为三层述之于后”。

这一段弁言的字句中，很有许多说得不明白，而且不可解的地方，现在我不要苛求，把这些毛病都代梅光迪君诿之于笔记者罢！

梅君的弁言中已然讲到要“根据历史及环境”分三层来述说妇女与文化之相关连的地方了；但是本文中竟没有讲到历史，亦不大讲到环境；这地方，我不能再代梅君脱卸，诿过于笔记者之不细心了！不能不说梅君自出了题目，却不会“文必对题”地做了文章。

我初看了弁言，看到历史与环境两语，以为梅君必定也像贝贝尔（Bebel）那样地观察妇女的过去与现在，而说出梅君的历史的大见，以为梅君至少也当像爱伦凯（Ellen Key）那样地审察妇女害处的环境而说出梅君的环境的大见；岂知不然，梅君既没有讲到历史的，亦没有讲到环境的，他本文中的三大段——（一）女子之智力，（二）女子之德性，（三）女子解放之利益——寥寥不过三千余字，尽是些人云亦云的常谈，博物院里的老套，未免辜负“女子与文化”的大题目，更不配弁言中所吹的了。看到这一点，我虽然不想说梅君的洋翰林是虚有其名，亦不可得了。

以上品批评《妇女与文化》一文的全体，以下再把该文内容逐条地批评一下。

梅君本文第一段讲到“女子之智力”，分四层来说：（一）多直觉而少理论，（二）缺乏创造天才，（三）理事天才，（四）交际天才。这四层中，第三、第四两者，初不待研究文化的梅君来对我们说，但凡看看《申报》常识栏的，随便哪个都说得出来。第一、第二两者，也是极普通的话，而且是极陈旧的话，梅君每以能介绍西洋学者的话自矜，可惜他所介绍的学说都是已被驳倒或被修正的西洋学说！两性智力上之差别，今日已不为一般无偏见的学者所承认；女子多直觉而少理论，不能为科学家等等话头，已经被实际的例打破了。自从 1718 年以来，女子的大科学家不下二十余人，现代发明镭锭（Radium）的也是女子，这是欧西三岁小儿皆知的实事，何以梅君竟都不知道呵！在实际上固已如此，在理论上现代的中性学者已经历史的科学的证明两性精神上的不同点乃人为地渐渐造成的，而不是本然的天赋的，所以他们说，因于现代两性环境渐趋一致的结果，将来的两性只是生理的区分，决不是精神上、心理上的区分，将来的第三性就是中性，兼备男性与女性之现在的特点的。所以两性智力天生差别说在今日已不是定论，梅君不知最近的思潮，徒诵读 18 世纪欧西学者的陈言，与 20 世纪欧西顽固者的新语，自以为旷观欧洲今古，皆持旧论，无乃所见太浅么？我们要晓得一个社会中总不免有许多顽固得可笑的人；即以政治而论，民主主义风靡全世界，在梅君看来也是“理之必然”的了，然而民主主义发源地的法兰西，却至今尚有王党，这是老大一个凭据！希望看得懂外国文的梅君不要只看守旧的书报！

梅君又说：“在昔中国以刚柔阴阳别男女，近代欧西亦有谓女子为被动男子为主动者矣！”这句中“近代欧西”四字究何所指，指什么人我想近代二字适得其反罢！梅君又说“自来女子幽居闺内，此固环境所使然，然亦惟其缺乏创造之天才故也”，这几句话简直是不可通的，请问主张男子是“理性的”的男子梅君，这几句话怎能算是“合理的”？梅君于“女子之智力”一段作结论道：“总之，女子之智力，近于文学与美术，欧西之文学、美术，赖女子之陶融者，又复不可胜量。女子爱观剧，爱展览，又常喜宴请名优、歌者、美术家、文学家，以作种种之娱乐。”在这段话里，梅君以为人类精神上的产物都是“女子宴客，爱观剧……以作种种娱乐”而产生的，这真是妙论！以这样的论点去说明女子与文化之关系，恐怕只有梅君一人了！梅君如此地卓识，我们原不便批评，但是总觉得这样的“卓识”与村老老的信口开河，毫无二致！

再看梅君大作的第三段，“女子解放之利益”，是怎样说的。梅君说女子解放之利益有三，（一）增加人生兴趣，（二）提高道德程度，（三）发展美化。女子解放的目的何在？我想此地可以不用多说。但梅君所说“女子解放之利益”的三项，一定不是女子解放的目的。若以这三项算作女子解放的目的，何异把“慈悲”“人道”“济贫”等等话头算作劳动解放的目的？女子解放为求人类文化的平均的发展起见，这才是女子与文化之关系上的大关键，可惜梅君竟无一语及此，徒然掇拾西洋顽固者的陈言，自命“不同流俗”，真所谓“盲于心”了！

（原载《民国日报·妇女评论》1922 年第 25 期）

《学衡》社与东大精神

胡先骕

五四运动乃北京大学一大事，《学衡》杂志之刊行则东南大学一大事也。蔡孑民先生以革命元勋主持北京大学，遂以革命精神领导北大，先后聘陈独秀、胡适诸人为教授，发刊《新青年》，打倒孔家店，加以五四运动竟奠定外交上之胜利，于是革命精神弥漫全校，偏激诡异之言论，风起云涌，不通蟹行文字之老师宿儒如林琴南辈竟无以应敌，然非举国风从草偃也。余曾单独发表一文论文学改良于南高校刊，不久梅光迪、吴宓诸先生连翩来校，与伯明先生皆感五四以后全国之学风，有越常轨，谋有以匡救之，乃编纂发行《学衡》杂志，求以大公至正不偏不激之态度以发扬国学介绍西学，刊行之后，大为学术界所称道，于是北大学派乃遇旗鼓相当之劲敌矣。

刘、梅、吴诸先生在此刊物中屡有精到之文发表，介绍欧西自希腊以来之人文主义，用优美平正之文言文敷陈之，文义并茂，无怪其能感人也，其时东大之高材生如张荫麟、郭斌龢以文言文翻译梭格拉底之对话与篮朴之《梦中儿女》，至今仍为最佳之译品焉。此刊物之发行在余个人亦为一种有意义精神活动，在《学衡》之第一、二两期即发表长二万言评《尝试集》一文，博引中外文学批评家之语以证胡适之主张之不当，此文出后《新青年》《新潮》两刊物中迄无人作一文以批评之，仅罗家伦曾作一讥讽口吻之短评而已。以后余曾作评论明清诗词家之文多篇，同时主编诗词选，颇引起外来嘤鸣以感，亦快事也。

当三数友朋集议编刊《学衡》，殊无结社之意，不过志同道合之人共谋有一刊物发表其主张而已，此刊之能维持六年之久者，则吴雨生（宓）先生之功。创办之初由吴雨生任总编辑，执笔者有刘伯明、柳翼谋、梅迪生、徐则陵及余，高材生如缪凤林、景昌极、张荫麟、郭斌龢等亦常作文，外稿亦时有之，大体皆精湛。当《学衡》初出之时，周树人曾作

“估《学衡》”一文，预言此刊物之无甚前途，不谓竟刊行六年七十二期之久，《新青年》《新潮》停刊已久而《学衡》尚能按期出版，不能不佩服吴雨生之毅力过人也。

实则《学衡》殊为不幸，刊行不久而梅迪生赴哈佛大学讲学，刘伯明病故，余亦赴哈佛大学进修，终以东大发生易长风潮而旧人星散，余虽返东大而柳翼谋与吴雨生皆已脱离。自经此风波，各人之情绪已变，集稿已大不易，后来遂仗柳先生之《中国文化史》以充篇幅，及北伐告成，东大改组，则城郭是而人民非，《学衡》运动乃随东大而消逝矣，若刘伯明不死，东大旧人不星散，则《学衡》或能多延若干年，其影响或能更大也。

梅、吴两先生性格甚不相同。梅先生名光迪，初号觐庄，后改号迪生，安徽宣城人，本与胡适之为好友。适之之《藏晖室杂记》中屡载梅觐庄论学之言，适之本亦长于旧文学，迨后来欲以白话文为文学革命之工具，二人之议论乃不合。迪生至哈佛为白璧德弟子，深悉欧西之人文主义与孔子之学说不谋而合，自信益坚，归国后即以提倡人文主义为己任，适逢刘伯明先生亦具有同感，乃有创刊《学衡》杂志之计划，先后曾发表名文多篇。惜梅先生不勤于著作，虽有崇高之理想，而难于发表，遂使其所蕴藏之内美，未能充分发挥，因而不能发生重大之影响，殊为憾事。胡适之尝言觐庄之病在懒，懒人不足畏，不幸乃系事实。否则旗鼓相当，未知鹿死谁手矣。

梅先生来东大不数年，即往哈佛大学任中国文讲席，在剑桥曾发表名文一篇，尝有意为曾文正作传记，亦病懒未就，其后则主讲浙江大学，在抗战期中，任参政员，曾把晤于重庆，胜利之前以贫病卒于遵义，惜哉。

吴先生与梅先生虽为同门，而性格殊异，梅先生温文潇洒，乃真名士，吴先生有关中朴学家之风气，原籍三原，肄业清华，从而留学美国，天分非甚高而用功极勤，勇于负责，督教学生甚严，勤学之士咸感之，喜为诗而非有隽才，故五古虽多可观，然不中程之作亦不少，其刊印诗集也殊少选择，亦未能请名家为之删定，遂使燕石琼琚，杂然并陈，殊为可惜。至以拜伦自况，而发生一段罗曼史，似尤非白璧德先生信徒所宜有之事也。

南高东大在创办之初，即受郭校长之领导，养成一种平正质朴之精神。自刘伯明、梅迪生、吴雨生、张歆海、楼光来、汤用彤诸先生连翩来校讲学，学生对于欧西之文化，益有明确之认识，同时对于本国之文化，亦能为公正之评价，既不守旧，亦不骛新，于北方各大学之风气，迥然自异，加以学生皆不参加政治运动，咸能屹立于政潮之外，故校中学术空气特浓，此种精神，自《学衡》刊布以后益加强化，流风遗韵尚存于今日焉。

（本文原为《梅庵忆语》之一节，原载 1948 年 10 月《子曰丛刊》第四辑）

《竺可桢日记》中关于梅光迪之节选

竺可桢

1936 年

1012　晚七点约迪生在太和园晚膳，到林馨侯、陈弼猷、陈嘉、沈鲁珍、梁庆椿等，十点回。

1120　晚开哈佛大学同学会。六点至中央银行晚膳，由沈秉鲁、沈有乾、梁庆椿、毛启爽作主人，到赵真觉夫妇、梅迪生夫妇、刚复、徐培恩、程世抚、陈华庚、毛燕誉、贺懋庆、朱履中等二十人。席间迪生讲哈佛近况颇详，余报告三百年纪念经过，毛启爽说笑话。回校已十一点。

1124　晤迪生、晓峰诸人，决定季刊编辑委员会以迪生为总编辑。

1937 年

0511　郑晓沧来，以一捏名揭贴相示，上书“驱逐竺可桢宣言”，下具“国立浙江大学驱竺团”，谓竺可憎，阳假学者之美名，阴行植党行私之丑计，查有实据者计有九大罪状，计：（一）第求目的，不择手段。（二）巧立名目，中饱贪婪。（三）任职一年，未成半事。（四）高级人员，兼职四方。（五）广植私人，把持校务。（六）哈佛为经，东大为纬。（七）三种政策，两项口号。（八）劳人伤财，移山填湖。（九）浪费过巨，入不敷出。其中所述除蒋伯谦兼职无锡学院系确切外，均系凭空捏造。最妙者称叔谅为太上校长。余与迪生阅后，一笑置之，视若狂吠而已。

1938 年

0220（泰和）　四点半至迪生处谈马一浮事。因〈去〉〔前〕岁曾约马至浙大教课，事将成而又谢却。现在开化，颇为狼狈，并有其甥丁安期、及门王星贤两家合十五人，愿入赣避难，嘱相容于浙大。迪生与晓沧均主张收容，遂拟复一电，聘为国学讲座。

0403（泰和）回寓后十二点至大原书院，迪生、洽周、以中、贺昌群等四人宴请马一浮，并邀钱子泉、晓峰、叔谅、章俊之、陈弼佑诸人。膳后与马一浮、钱子泉等谈至四点半。晓峰谈西北风光娓娓动听。子泉谈及《韩非子》，谓不啻一部共产教科书……晚以中、晓峰、迪生、洽周等来谈重出《国命旬刊》事，余赞同之，允校中贴百元一月。

1939 年

0116　迪生来，约明晚为马一浮饯行。

0117　六点约项定荣、马一浮公宴，到迪生、叔谅、晓峰等二十人左右。回已九点矣。

0119　又迪生及晓峰来，谈及明日提出文学院独立问题。

0120　三点开校务会议……次迪生临时提议文理学院分为文学院与理学院，讨论许久后，大多数通过，以下学年开始。

0208　未几，炜文与晓峰来，知马一浮已共得三车。今日马与家眷先乘交通部车赴贵阳，明日尚有二车载书籍赴重庆，乃军政部车。余于二点偕晓峰至站，别马一浮。洽周、贺昌群、缪彦威均在。迪生因出席参政会，苏叔岳因出席蒋先生所召集党政训练班，丁炜文因赴贵阳访童培真之下落，故均于明日乘军政部给马之车赴贵阳与重庆。

0418　接顾一樵电，嘱浙大弗再迁，因此不得不派人与教部作再度接洽。余以回校未久不愿再赴渝，拟派晓峰往，渠亦倦厌旅行，推迪生，迪生颇愿往。晚迪生来，余告以在桂不能安定、不能久远之计，故不得不迁移，且入黔为教部原来计划也。

0419　四点半开迁校委员会，到梁庆椿、冯言安、沈鲁珍、张孟闻、程耀椿、张晓峰、吴馥初及各院院长，议决派梅迪生赴渝与教部接洽迁移事，如迁滇不成，则依照原议移黔之湄潭及赤水等地。

0422　迪生赴渝。

0514　接迪生电报，云教部允浙大迁黔，浙江战〔时〕大〔学〕改为英士大学，办农、工、医三院云云。

0601　迪生回。午后迪生来，知于午前始到宜山。在路上桐梓等车二日，在乌江过渡时又等，至贵阳在王克仁处，知伯秋之死大约在二十二三号云。余于五月五日尚接伯秋函，于五月八日复去，当时伯秋已病倒，故来书系刘明水所作。迪生在贵阳并未至伯秋寓中，据王克仁云其病初不甚剧，但骤变危症云云。

0602　午后四点开迁校委员会，迪生报告去渝之经过情形，以大体而论，赞成湄潭。桐梓专员刘千俊极赞成湄潭。赤水则以治安不佳兼之公路一时亦不能通，天气又热。程耀椿主张在威宁，该处交通甚方便，但是否适宜，非一往视察不可。六点散。

0605　三点半至校开校务会议，由迪生报告赴渝、黔接洽经过情形，次讨论教育部新颁之《大学组织》。六点散会。

0724　晤迪生，渠将明日赴香港。

1031　七点至校。寄迪生一函，请其速来主持文学院事。

1940 年

0212　晚迪生、香曾来。

1941 年

1227　今日《情报》载香港已陷落，从此迪生等之有家眷在香港者，当可少安，因不致于遭受轰炸之危险也。

1229　五点至石家堡三号晤梅迪生。渠太太在香港近无消息，但二十五香港陷落，大致无危险。

1942 年

0510　中午约迪生夫妇、白锡瑞夫妇、樊君穆夫妇及顾谷宜夫妇中膳。据梅太太云，渠自香港至澳门小住，取道广州湾经郁林、桂平而来，计一个月始到此。谓香港被围，水即停，而食物亦难觅得云。

0518　迪生来，假以新接到 *Irving Babbitt*：*Man & Teacher*，Putnam 1941 年出版，系哈佛大学比较文学系多年教授。本书系卅九个友朋门人所作，迪生亦为氏之门人也。其人为美国主张人道主义 Humanism 之最力者，信上帝 Supernatural（超自然力量），对于东西古今书籍无所不窥，尤喜佛教。但不为哈佛同事所喜，故在校中反不及Copeland、Kittredge之有名云。

1944 年

1217（湄） 迪生在田德望处晚膳，忽患心脏衰弱之症。其夫人已偕子女去渝，殊可虑也。

1218（遵） 中膳后往晤迪生。迪生昨晚在田德望家晚膳，忽气喘甚急。田与天助医生同往，诊之则脉搏已一百四十余，有心脏衰弱之症。今晨已较好，脉搏降至110。余因觅不到田所居之地点，至豫章中学由王欲为陪同往视。余见迪生尚能安卧，神志如常。余劝其静养。出。

1219（遵） 四点半偕钱钟韩至卫生院晤迪生。访其病，知脉搏已降至80，同房有另一病人噪闹甚，故迪生欲回。据云，渠已与平时无异云。

1231（遵） 十点至石家堡五号晤迪生，遇洽周在座。迪生自日前心脏作恶，脉搏增至140，后在卫生院住一天即回家。现一切均已好，惟尚未下楼。余每次近来至渝，均托迪生代理。此次拟请洽周代理。

1945 年

0122 余适得迪生函，知其心脏病又发，嘱至寓晤谈。余约李天助医生同往，知迪生昨脉搏又高，以数日劳动所致。今日脉搏96，渠决计下学期告假一学期，以洽周代理，余允之。关于协助Gibson，迪生主张赵松乔。

0124 三点半晤迪生，并以*Human Body*一书交阅，因其中有关于血液循环系统一章中述及心脏病也。迪生目前似不能行动，一动即平地数步即气喘，甚至讲话亦气喘。机器衰老，则一点不能勉强。

0206 迪生来谈。先是荩谋屡欲辞教务长，一方以经济拮据，物理系又缺主任，何增禄辞后王淦昌维持，不欲久任，故系中推荩谋，而同时教务方面以老人相率去，颇难推动。去年曾有学生倒粪在教务处，事尤难堪，故荩谋夫人亦来函为之坚辞。昨荩谋又来谈，余以继任难得人，晓沧欲去美国迟迟不决，而家又在湄。此外则易鼎新可就，但未必愿，当与商之。陈卓如年事太轻。乔年、馥初均事忙，且怕做事，皆非上选。

今日迪生来推洽周，余谓晓峰如回校在训导，则洽周可任教务，但先当与易修吟商之。

0224　至行政院，应秘书长张厉生之邀，到张伯谨、刘季洪、李润章、李云亭、梅月涵、梁思成、欧愧安等。张厉生曾留学美国，与张晓峰相稔，并曾以文字与张荫麟有一度渊源。张、梅与二李皆河北人，故席间以河北人占多数。张谈及参政员，谓梅迪生虽在省落选，但中央必将其加入。

0624　今日接迪生函，知其患胃病甚剧，请一闻姓医生诊治，闻谓有胃癌之嫌疑。余甚为忧虑，嘱其往歌乐山看张孝骞，张系治胃专家也。

0721（遵义）　迪生来，知渠在重庆经闻亦齐医生诊为胃病。余驰函请其觅张孝骞一诊，并以 X 光照胃。但渠以张过忙，且闻谓 cancer 之机会不大，故遂未觅张孝骞云。渠谓罗凤超决计不来，而费巩则为中央特务机关所捕，目前无法释放云。

五点至水峒街中国陆军总司令部第三补充兵集训处，〔应〕处长刘广济、副处长李元凯之约。余以晚间欲至迪生处，故未膳先走。晚膳后偕允敏、希文、徐晓、宁、松，至石家堡晤迪生夫妇。因外语班有取消之消息，故梅太太又欲久住渝。遇叶左之、苏元复夫妇。

0801　晚膳后至石家堡郭家，知系肠炎，非霍乱。并至梅家，知迪生胃不佳。九点回。

0806　三点至校。开招生委员会，到迪生、劲夫、家玉、荩谋、赵凤涛、严德一、陈卓如等。

0808　中午请招生委员会中膳，到迪生、劲夫、荩谋、严德一、陈卓如、赵凤涛、吴静山、孙祥治。

0811　余回办公室开行政谈话会与复员委员会，到乔年、迪生、洽周、劲夫、家玉、欲为、振公等。

0819　八点半偕松儿至校，并往石家堡晤迪生，为国际救济委员〔会〕与英联合援华会给款二百万元，作增加员生营养事。

0902　十点往晤迪生，渠近来精神又不佳。据谓饱食以后昏昏欲睡，睡后则数日不消化，故迪生总疑是胃病。余以迪生略动即气喘，脚肿脸肿，故以为是心脏病，劝其静养，弗出弗多食。但渠总以为休养数日即好，余则以为必须有长期之休养也。

1126　讲毕至石家堡乙号晤迪生，见其面作浮肿，与两月把别时又相差不少。迪生自以为系胃病，而心脏并不坏，并渠在重庆时照 X 光已发现心脏扩大，而近来略走动即气喘，则显系心脏不行可知。渠欲赴贵阳或上海养病，但是否能走动则成问题。余与谈一小时告别。

1127　六点约任东伯、黄问岐、姜爱群及会计主任谢君晚餐，并到劲夫、荩谋、振公、季恒、尊生、梦秋等。迪生以病，洽周以母丧均未到。东伯曾去视迪生之病，亦以为心脏可虑。渠等坐教厅傅启学小汽车来，迪生欲乘此车赴筑看病，但是否能行动当与李医商之。

1128　十一点往豫章小学医务处晤李天助医生，询以迪生之病是否能乘小汽车赴贵阳医学院诊病，因任东伯此次来遵系借教厅傅启学之车，不久将开回也。渠谓迪生之病，渠认为心脏病，而周仲奇认为胃病。迪生本人又以为胃病，不过影响到心脏而已。故李以为能在贵阳诊断最好。余以迪生略走动即患气喘，两月前已如此，近则不能走动，脉搏不平匀而腿均肿，乃心脏病无疑矣。但如能乘车，则自不妨赴筑。李今英预备同往，俾路上可以招呼。

1202　十点偕允敏出访洽周及迪生。迪生面肿，使完全改了本来面目，脚亦肿于膝下，又天天须吐，呼吸不畅，似心脏病已至严重时期。故拟偕李天助医生、梅太太同搭任督学汽车往贵阳至省立医院。余以梅先生须绝对休养，不能工作。本学期尚上课实是大误。在家亦常有杂务，且客亦多，故能住院完全休养自是佳事也。

1203　九点半迪生夫妇来社会服务处。迪生坐轿来，渠面臃肿，几不能辨认，可知心脏病之剧。由李天助医生、梅太太随往，并由陈晓光陪来。九点三刻迪生等一行三人乘教育厅车赴筑。

1210　得李天助函，知迪生经医生五天之检验，证实系肾脏已失去效用 2/3，因而影响到心脏与胃。医院（贵阳医学院附属）认为严重，嘱其回遵。下午又得李医迪生病危电报，可知严重之情形矣。

1211　又得李天助医生函，迪生之病十分险恶，随时有发生意外之可能，已注射 Penicillin（青霉素）为防止 Bronchopneumonia（支气管肺炎），但于心肾无补，王季午已表示病人无希望。故决定派陈晓光携款去筑，明日成行。昨已汇十万元。

1215　今日接李伯纶函。余邀其任浙大医学院院长，渠以任贵阳医学院院长已十年，不便离去。如离去，亦不愿再任行政。但浙大医学院势在必办，而UNRRA国际救济会正拟在中国大设医院，此时若决定，则杭州必可得一良好医院之设备，时际亦极难得也。伯纶函中又提及迪生之病，谓血压高而肾脏炎慢性，因年岁高，故希望少云云。其言尚不及李天助医生所云之危险，但闻医生均束手耳。

1216　偕允敏、松儿至迪生家。

1218　下午开行政谈话会，谈及迪生病状。

1220　十一点回办公室，则李天助已自贵阳回校。

知迪生于四五日前已不省人事，自知不救。近又退热，天天打Penicillin，因恐发肺炎也。现虽退热，但已乏力，不能动。在床略动即气喘不休，可至数十分钟之久。梅太太因医生之忠告，已知其为不救之症，但初欲将其接回，后以医生王季午不赞同，而中央医院尤副院长尤反对，认为不人道，因一上车即可出危险，而留筑尚可维持相当时间。现惟经费成大问题，校中虽汇二十万元，但Penicillin三万元一针至一万元一针。幸尤院长及李院长竭力帮忙，概行馈送，但每日打葡萄糖即可观。近任可澄去世，一棺价一二〇万元，治丧费需一千万元。余谓校中虽可负医药费用，如万一不治亦可担任治丧之费，但一切要从俭。

1222　李医生来，谈及迪生病状，谓其希望绝少，目前略动身体即呼吸困难达一小时之久云。

1225　得家玉十九日自上海来信，谓前东大学生洪法祖送迪生医药费十万元，刘吟声送肝精十瓶云。

1226　午后接梅太太李今英来函，知迪生面上浮肿已退不少，肾脏排泄作用亦加强，但思想不甚清楚，身体疼痛，并定于近来行受洗礼作基督教徒。午后二点半至校。接九章函，知渠与长望定于一月六日乘军用机偕出席联合国会议，中国代表（萨本栋亦去）前往定三四月间即返国。又迪生赴筑后，其公子本修已往，现又欲其长女公子（在一年级）仪慈前往，留二、三女仪昭与仪芝在家。

1227　迪生于下午四点三刻在贵阳医学院去世。

1228　接梅太太李今英二十五日函，谓王季午已告渠迪生无希望，随时可以逝世。信阅毕，即接李伯纶昨（廿七）电，知迪生于昨下午四点余去世。未几陈晓光亦来一电。余将信件阅竣后，与振公略谈，即至石家堡晤郭洽周，约渠去贵阳。回至小学一转，晤胡英楣，告以小学屋已以八万元续租半年。至黄尊生处，告以迪生去世消息。

二点至校。开临时行政谈话会，到洽周、絜非、振公、荩谋、劲夫、陈乐素、黄尊生、胡玉堂诸人。讨论迪生灵柩是否迁回。多数主张以渠已于过世前入圣公会，故不如葬贵阳。因此余有去筑之必要，并约洽周前往。尊生亦愿往，代表教职员。其二、三女仪昭、仪芝亦偕往。五点回。迪生与余在美国于民一二年间已相识，后至哈佛更熟稔，死后不能不前去执绋。而李夫人盼余往尤急。故先打一电话，后打一电报与李伯纶，告以明日去，但车辆未必能如意耳。

1229　晨七点起。八点别允敏、松松、希文，至尊生处。偕尊生夫妇徒步至邮政车站，时洽周、胡玉堂与仪芝、仪昭均已先在，乐素太太、惠国农亦来。待至九点余邮车始自桐梓开来。车上人已挤满，而遵义又售出四票，余等五人（余与尊生、洽周、仪芝、仪昭）尚在外，临时有浙大学生让票与余，余登车时已无容足之地。仪芝、仪昭上车而不能坐，余劝换车来至筑。九点半车开，忘带车票。十一点至刀靶水时进餐，车夫索票不得，与以 8000 元。一路拥挤非常，后面车中除邮包外坐十八人之多，而五六人吃烟，空气极坏，使人头痛。而两足不能〔动〕，臂部、腰部一直作痛，略动即牵动大局。车中以余后来，不受欢迎。车夫又沿路购物，不急于到站。四点至息烽，余等又下车稍息。至贵阳邮政站已六点，天黑矣。旅行本外国为乐事，在中国为苦事。今日等于坐监狱十小时，幸天好而暖，足不觉冷。

至站后，知遵义站曾打电话谓票已收，但余已付 8000 元矣。雇挑夫走至醒狮路招待所，知已定三房间，余住 304 号。洗面后即至膳厅晚餐。晚〔餐〕价目比五年前均高千倍。房间小者 1500，次 1800，2200，大者 2500。膳早餐 800，中餐 1800，晚餐 2200，且加一成小账，一成捐，可谓贵矣。膳〔后〕李伯纶来，谈迪生病状，知肾已失去 80%之效用，故不能救。其病为 Nephritis（肾炎），以后遂影响至心脏。据王季午云，则病已有五六年之历史矣。幺振声、王钟山来，偕至中山西路圣公会，梅师母即住在此。见汤牧师山英及梅太太，渠憔悴甚，但尚能用理智。商及大殓及出殡日期。余告以在遵义同人之意见，梅太太亦赞成葬迪生于贵阳圣公会公墓。因日后有人可以照料，且迪生已于廿五日受洗礼也。

寻陈晓光觅王驾吾来，拟四电稿，致浙大、参政会、委座及朱部长。十点半回。

1230　一点至贵阳医学院附属医院，见迪生灵柩停于太平间。时陈晓光、梅太太、熊良诸人已在，并遇其公子本修。梅太太嘱人将棺打开，余见迪生貌，神色如生，双目闭，脸肿已退，口微开，包以锦织衣，内似着西装。不图在遵永诀而在此已死别生离。今日来吊者有东大毕业张佩英、陈美香及其丈夫邵禹襄、黄叔班、陈鉴、黄正琳、俞俊珠、傅启学，浙大李兆槐、季馥声、解翼生、熊良等五六人及贵大何维科、钱堃新，师范吴士煊、王驾吾等，共卅人左右。幺振声与陈晓光、汤山英及李院长伯纶均在旁襄理。梅太太尚能以理智自持，闻此次叔班、邵禹襄太太（陈美香）二人劝解及护持甚为得力。

三点，余与汤牧师二人出西北城乐群门，先至中央通〔讯〕社将稿发出，次则徒步往八鸽岭圣公会墓地看茔地。此处在城西北，可以俯瞰城之北部，已有大夏之谢六逸先生之墓在也。余等所看地即在谢墓旁，明日梅太太来决定。

1231　迪生出殡于六广门外之八鸽岩。

晨七点起。七点半偕尊生在招待所早餐后，即赴贵阳医学院附属医院。今日为迪生出殡之期。余等去时只邵夫人张佩英及仪昭与仪芝在。二人乃偕尊生同乘车来。闻昨日邮车更比前日为挤，故治周欲来不得。未几客人先后到达，计有教育厅长傅启学，县参议会副议长陈文虎、贵州大学校长张梓铭，均贵州人而为中大学生。此外则驾吾、何惟科〔前作“何维科”〕、钱堃新、陈鉴、黄叔班、张佩英、吴士煊均中大学生。解翼生、季馥声、李兆槐、陈晓光均浙大学生。尚有余不识之来宾，共约卅卌人。

九点举行仪〔式〕。由汤山英牧师祷告，并唱赞美诗。时迪生之棺盖未阖，故各人均可见之。次读祭文，系梅夫人李今英自白而驾吾为之写成者。献花。余报告迪生事略，谓其已成历史上之人物。余于文学为门外汉，但余与迪生卅六年之交谊，故从私情、公谊，不能不说几句话。谓其有不可及者三：（一）对于作人、读书，目标甚高，一毫不苟。如读书，必读最佳者，甚至看报亦然。最痛恶为互相标榜、买空卖空。不广告，不宣传。（二）其为人富于热情。初望之虽俨然不犯，但即之有日，始知其为热肠。恶恶如仇。对于青年尤爱护备至。（三）不骛利，不求名，一丝不苟。目今贪污之风盛行，欲求而不孳孳求利已属上乘，而何况不要名乎？但因陈义过高，故曲高和寡。为文落笔不苟，故著述不富，但临终以前尚有著作之计划。怀志不售，悲夫！迪生之死，浙大之损失，亦国家之损失。五十年、百年而后，余知其著作必为当时人所瑰宝，是亦可称不朽矣云。次驾吾、梓铭及尊生均说数分钟。再唱再回歌，绕柩一转，乃盖棺。十点发引，无音乐、纸仗仪式。送殡者四十人，均送至六广门外，大多数始告别。余与驾吾、汤牧师、傅启学、黄叔班、季馥声与李今英、梅仪昭、仪芝、本修、幺振声、黄尊生与尚有四五人则在北门外稍息后均送至山上。余与傅启学、汤牧师、王驾吾先行，在山上择定地点，柩到后即掘土，时约一点余。此时土形如石而软，故知自来未动用之土。棺入内，不用椁，穴掘就放棺入内，与地平。又做仪式，唱赞美歌，后盖土。余等即下山。

1946 年

0105（贵阳）　九点半至贵阳医学院……晤王季午大夫，请其诊视余之感冒。余于上月廿九乘邮车一天，甚觉辛苦，到后又与梅太太商迪生后事，至十点后始回。次日至八鸽岩视察迪生墓，卅一日迪生出殡（后），均每日奔波无休息，故元旦浙大同学会中演讲已觉勉强。前晚（三日）觉喉中作怪难过，咳嗽无痰。昨晚大咳嗽，故今日不得不请王诊治。

0108（遵义）　三点开行政谈话与迪生治丧委员会联合会议，到洽周、劲夫、季恒、荩谋、尊生、天助、絜非、欲为、振公。决定于本月廿七日在何家〔巷〕三号开追悼会，由洽周起稿作一传记与讣闻，同时付印分发，并登报征集子女教育金。

0114（遵义）　十一点至石家堡三号晤梅太太，并将迪生友人姓名单交去，计卅余人，皆哈佛同学与清华同班也。梅太太交余阅迪生年来拟作之文稿，计自 1945 至 1956 年均有拟定，其中关于 Chinese Vitality 并写成数章。余劝梅太太将此等文〔稿〕寄美国出版。

0119（遵义）　接陈叔谅函，知在渝中大、浙大毕业同学定二月十日公祭迪生，请骝先主祭，请正之、光莱与启华陪祭，梅太太拟请任叔永代表家属致答词云。

0120（遵义） 九点至校。作函与叔永及晓沧，告以迪生病故及一年来病状详情。叔永已有哀迪生诗五言六首登于《客观》周刊上，余于梅太太处见之。十一点至石家堡二号访梅太太，见渠所搜集之照片多种，其中有一帧系民三四年照，乃 Easter Conference Student Alliance 时所摄，有琛甫、明复、刚复、元任、Lory Chang、叔永、杏佛、尹任先、宋子文、宋美龄、赵德华、钟仲襄、张福运、牛惠珠兄妹等，其中明复、杏佛、德华、惠珠业已作古，而宋子文已为行政院长。世事浮沉，沧桑复有如此者。

0121（遵义） 晚作迪生挽联云："李杜文章，渊明气节，公自大名垂宇宙；黔山埋骨，湘水吊魂，我来万里哭朋俦。"

接《客观》第一期〔翌日记为第十期〕，见叔永哀迪生词六章，其第六章云："敌烽幸告歇，君劳亦可休。秋初君返筑，话别一来游。心恐此别后，未知再见否。披报见噩耗，涕泗不能收。因知天地间，吾辈理难留。君去何太速，世道增隐忧。人师古所难，后生将安投。掩卷长叹息，悲风动岩幽。"

0122（遵义） 下午得叔永函，附来其手书哀迪生之诗六首，即《客观》第十期上所登者。

下午三点开行政谈话会与迪生治丧委员联席会议。

0127（遵义） 在遵开迪生追悼会。晨七点起。八点电报局局长吴慧中来，知布雷有电话，谓蒋主席知今日追悼梅院长，嘱送"人师典范　蒋中正敬挽"。九点至何家巷五号，时到会者已不少。由薄学文赞礼，礼堂在图书馆阅览室楼下，将后门塞住，排成礼拜堂模样，点洋烛，盖两旁均挂挽联，多以欧阳文忠相比拟。学生立在前面小院中。由余主祭，尊生、洽周陪祭。献花、读祭文毕，首由余致辞，时因呜咽之声不绝于耳，故余初不能作语，几一二分钟后始能顺口而谈。述及余与迪生自光绪时代复旦即相识，嗣后至美国，在中西部，哈佛、南高、东大及浙大，前后相处不下十五六年。在哈佛有一年曾同处一室（当时他批评我是 very matter of fact）。关于迪生之为人有三点：（一）标准极高，（二）不求名利，（三）外冷而内富热情。其喜欢批评胡适之，亦以适之好标榜，而迪生则痛恶宣传与广告也。次李医生报告病情，谓其临别于贵阳医院时，曾有本年不能教书，希望薪水照支，代理办法暂弗变动云云。次陈晓光、王驾吾报告贵阳丧葬经过。郭洽周代表教员，次尊生、晓峰，最后学生代表自治〔会〕郑文炎及外文系江希和。江最后谈及文学院长产生过于迅速，希望不要把干净的园地糟蹋了。又外方来宾刘教育长讲数语，时已十二点矣。

0214　十点晤梅太太李今英，见祝修麟在南京《中央日报》所作纪念迪生文。

0220　二点至柿花园开校务会议，到四十余人。先报告上次纪录，为迪生过世志哀一分钟。

0317　七点至湘江大戏园看《万世师表》话剧，系浙大话剧团主演，邱玺导演，系为迪生逝世纪念及募子女教育基金。剧本述北京一学校在五四时起直至移昆明，其中有一教授始终其事，二十五年不变节。以邱玺当主角林桐，女主角系外语班职员之太太林薇，此外薄学文、郑文炎亦为演员。四幕。自七点开演，直至十一点余。今日到者梅太太、余军长、邵专员及夫人、苏元复、李天助、佘坤珊、梁永康等等。

1947 年

0806　午后开行政会议。通过图书馆悬挂黄羽仪、梅迪生、张荩谋、朱叔麟四人之像以资纪念，并在凤凰山物色公墓。

1227　十一点偕允敏至梅太太家，因今日为迪生去世两周纪念也。余作一函与晓峰，故晓峰亦到。〔在〕梅家谈半小时，梅太太以迪生在香港所摄照相给余，余将此照与羽仪之照同挂于浙大图书馆中。回校后作一函与适之，请其为迪生作一传记，预备在专刊上用。

1948 年

0214　晓峰来谈，为迪生出版其平生著作事。

0715　七月十八日《东南日报·云涛》载《梅光迪日记》，选录自民国卅四年二月十四日至十月十五日，其间经遵义至重庆，在渝曾看医多人。五月二十八日看中央医院吴执中，在湘雅任教，谓只需保养不需药物。五月卅一遇朱经农，告以先治胃，戚寿南令吃 Vitamin B 。六月一日与林伯遵往访闻亦齐医师（Chicago［芝加哥］医科毕业），诊视称心脏病无妨须先治胃病。六月十六至闻亦齐医师处，谓仁济医院大便检查胃中不出血，故胃中不须割治，闻君〔谓〕但此后饮食宜特别规定，量宜少，质宜富。在渝阅书甚多。七月四日至英大使馆晤 Seymour 薛穆夫妇。七月六日参加中正中学毕业典礼并演说。七月廿一日回遵，九月十日起又授课，八月廿七日“近来余之胃更弱，动辄得咎，世上良医良药果安在乎。”是时病已重，而竟不知肾脏病，何也？迪生日记述及肾脏者惟二月二十日日记曾有“予欲乘休假期间至渝检查身体，如以 X 光线照视心脏、肺部及肾部等”云。渠至渝后，余曾致书嘱详细检验，初不料为肾状病，及至十二月间病已将不起，始赶赴贵阳医学院检查，则实嫌迟矣。据李医生事后告予，谓其小便中早有蛋白质，则应于二月以后即不食盐与蛋白质。余悔当时仍请其于秋间教课，应令其休息也。

0802 余读迪生日记，悔不趁其自重庆回遵义之便劝其休息，如然，则尚可延年益寿。

1950 年

0316（北京） 梅迪生三女儿赴美国——据宝堃带回 Boston Christian Monitor Aug. 2，49 载，梅仪慈、昭、芝三人得李今英友人 Dorothy Wyman、Mrs. Mary Haskell（在美见过，余上次在剑桥时）资助，于六月廿四出发，七月十九到 Somerville Wyman 家。仪昭进了 Clark 大学，仪慈、仪芝在 Wyman 家。

梅光迪与新文学运动

弓也长

国立浙江大学的文学院院长梅光迪氏，据中央社的电讯，已于去年十二月二十七日，因心脏病和肾病，在贵阳逝世了，享年五十五岁。

梅氏字觐庄，是安徽人。与胡适之、任鸿隽、杨杏佛、唐钺诸人，同是民国初年那一个时期的美国留学生。梅氏先入的是芝加哥的西北大学，以后又转到康桥的哈佛大学，研究的主科是文学。

当时，即他们都同在美国读书的时候，胡适之已经有了尚未成熟的文学革命的主张。对胡适的这主张，由最初就表示着最严厉的反对意见的是梅氏，虽说任鸿隽也同胡适有过激烈的辩论。梅氏曾说，胡氏是一个“喜诡立名字，号召徒众，以炫世人耳目，而已则从中得名士头衔而去焉”的人物；甚至还骂胡氏是“剽窃”着不值钱的新潮，而以之哄骗世人的。听了这样的恶评，胡适自己说是“颇不心服”的。（以上见胡适的《尝试集》自序）

大概在民国五六年左右，梅、胡两个人都先后地回国了。胡氏到北京，任教于北京大学；梅氏到南京，任教于东南大学。也就是在这个时候，以胡氏和陈独秀、钱玄同诸氏为中心的，在《新青年》杂志所发动的文学革命运动，即新文学运动，蓬蓬勃勃地展开了。当时，这个运动的同情者，固然是一天一天地增加，但反对者，却也多有人在，内中主要的：有曾毅、方宗岳、余元濬等的改良派；有林琴南、张厚载等的复古派；还有就是梅氏和胡先骕、吴宓等的古典派。梅、胡、吴几个人，当时都在东南大学教书，那局势，好像是要跟北京大学对抗的样子。北大方面出版了提倡新文学运动的《新潮》，他们就出版了叫做《学衡》的杂志，反对着新文学运动。郑振铎在《中国文学大系》中《文学论争集》的《导言》里说：“林琴南们对于新文学的攻击，是纯然出于卫道的热忱，是站在传统的立场上来说话的；但梅胡等却站在古典派的立场上来说话了。他们引致了好些个西洋的文艺理论来做护身符，声势当然和林琴南、张厚载们有些不同。”至少是由于这一段话，也可以微见这一支反对的孤军的声势了吧？

然而，新文学运动，无论怎么说，毕竟是一个“时代”的运动，绝不是几个人的“书生的微力”，就可以拒抗乃至推倒的。所以新文学运动终于健壮地成长起来；到它滋蔓地成为燎原大火的时候，梅氏以及胡、吴诸人，也就被浸没在虎虎的焰焰中，再不见什么鲜明的旗色了。

（原载《世界日报》1946 年 1 月 2 日第二版）

梅光迪先生事略

训　慈

宣城梅氏为安徽望族。明清间梅定九先生（文鼎）尤以天文、算学著名，一时梅氏多治算，传播甚广，号为梅氏算学。至晚近乃有迪生梅先生，以文学掌教中外各大学三十余年，沟通文化，主持风会，称一代大师焉。先生讳光迪，字迪生，一字觐庄，为定九徵君世孙。幼尝应童子试。年十八，求学安徽高等学堂，考取官费留美，初肄业西北大学，旋入哈佛大学研究院，从白璧德先生游。白氏方导扬新人文主义之说，上承希腊先哲之绪，近衷近代英美名家之说，继西方文化之菁英，与孔子以来之儒说多默契。先生心领神会，最有深契。时民国初成立，北洋政府方媚外卖国。青年激于时变，群思革故鼎新之道。留美学生课外讨论，亦靡不以改造中国文化自期许。绩溪胡适之先生倡文学革命之说，主废文言用白话。先生与相辩难，以为白话可用，文言断不可废。胡君掌教北京大学，一时学者从风，益以怀疑古人、我国旧说为尚。先生则谓中西文化各有特长，要在融会补苴，不能以西洋文化掩盖我优良之传统。其后在南京与同志创立《学衡》杂志，辨章学术，讨论文教，在当时学术上盖独树一帜云。

民国九年，先生自美归国，始在南开大学教授英文。次年夏，国立东南大学副校长刘伯明先生闻先生名，聘为西洋文学系主任。旋延其友吴雨僧先生宓同讲授文学，特重思想之介绍，期与新旧文化相印证。盖先生以为侯官严氏之译西书，多英国功利派之作，而忽乎希腊、罗马哲人之名著，致国人多昧于西方文化之本源，故其主编《学衡》，以述学尚论中西学术，更致力迻译西哲名著，以牖国人，虽所成未多，实开后来专门译述之先河。十三年，先生应邀赴美，在哈佛大学讲授中国文学三年，十六年夏归国。时国民政府方奠都南京，东南大学扩充改组为国立中央大学，先生摄文学院院长。旋哈佛再致聘，又携眷往，任中国文副教授，讲授之外，常与彼邦学者名流相往还，并著文公世。二十五年归国。是年秋，国立浙江大学校长竺藕舫先生可桢，聘先生为文理学院副院长，兼外国文学系主任。其后，文理学院析为二，先生掌文学院。浙大本由农工二院增设文理学院而成，故以理工著名。自文学院增设科系，先生博学硕望，为多士表率，学者翕然响往。竺校长以名科学家主校政，广延各科专家，尤常谆谆教诸生以立身淑群之道。先生助之，倡人文之修养，以培植通才为理想，以为承学者不重在得一艺之长，而贵在求真求是，卓特之精神，闳中肆外，笃实而有光辉，用是全校学风，为之丕变。论者多先生闇然日彰之德，亦群推竺先生尊用师儒之风也。

自抗日军兴，浙江大学自赣而桂而黔，转徙万里，艰苦备尝。先生自求学以迄讲授，旅居新大陆，先后逾二十年，生活习惯与食养，视贫士稍丰舒。至是学校数播迁，道途颠苦，生事备感艰啬。先生顾以国家遭难，正学人动心忍性之时，艰辛相随，泰然无愠，诲导研讨，穷而弥坚，诸生化之，也履艰如夷，浙江大学在内迁诸校中，最以刻苦奋励称。然先生之体力，亦以是日损。

先生雅好读书，尽瘁诲人，故独不好论政治。比东倭难作，淞沪国军奋起抗战，相持三月，敌闻丧胆，国人奋起慰劳，友邦拭目称叹，先生亦大振奋。时方初秋，先生与文院同人谋，倡为《国命》旬刊，自著文论国军之捷，绝非武器物质所能致，亦非仅当政者数年备战养士之效，而实有我数千年先哲文化涵育之遗泽。濡染人心，蔚为民族之潜力，及今而大验，意欲以宏学术、培国本之义□国人。其后，时为文或讲说以谕诸生，亦间以英文著论载诸美报。二十七年，国民参政会始成立，辟先生为参政员。其后二届，皖省先后公选先生继与议席。先生赴会，辄于会外与当世贤豪上下其言论，忠爱之思，溢于言表。于谀辞淫空、汩没国性者，尤不恤靳靳纠弹，闻者肃然。故其在议场，辄缄默不多发言，以为敬恭乃心，无取表暴为也。

先生体素健，养生有方，自辗转内迁，体力渐亏。三十三年冬，患心脏病，时或晕眩。次年赴渝访医，休养无效。秋，病加剧，医谓以肾脏影响心脏，赴筑就医，卒以不治，于三十四年十二月二十七日，殁于贵阳医学院附属医院，享年五十有六。竺校长闻讯，赴筑经纪其丧，权葬于筑郊。门人故旧会葬者皆零涕。先生夙立以伦常维系人群，不信宗教家言，在筑病笃，神智甚清，尝笑语来访疾者，相见应有几日。易箦前二日，忽自请受洗为基督徒，既殁，遂循教仪葬于贵阳六广门外圣公会墓地。

先生博览群集，于中西文化均能洞见阃奥，明其源流。治学喜综大体，每有特见。秉性冲简，待人接物，休休有容，而坦白真率，都无文饰。奖掖后进，如恐不及，有一善则称不不绝口，及门靡不爱戴。恶与世俗酬酢，尤不好在广众间讲说，故善为清言。每执掌向学者登门请益，或友好十余辈聚首一室，则抽丝剥茧，娓娓不倦，隽永微中，闻者如坐春风，久不能忘。惟遇事则严辨是非，持正不阿，心所谓非，必恣言闢说，常言人所不能言，谔谔于众纷迷惘之中，虽遭谤毁而无改。其在金陵主讲席，正社会政治剧变之秋，苦于学人倡为新说，少年无根者和之，游谈放论，漫无准的，先生惄焉忧之，与三数同志奋然以矫时弊、正学风为己任，奋逆时趋，砥柱中流。常言儒学精华，与西洋文化相通契，为人道维系之大本。中国文教社会之敝，由于晚近政治之失纲与迂士之曲解，非先圣立说之过。又谓真理无新旧，而学术须辨是非，思想无今古，而立身治群必有准绳。至其谓语体利在周溥，而文言足以寓崇高优美之思想，故必并行不偏颇。废文言，不啻将汩忘我固有之文化，则浅人非笑，而持之弥坚。日久而论者，始佩先生之自有持守，能见其大，苦口深心，非夫有大智大勇者，不克臻此也。近年杜门讲学，寝自韬晦，然益踔厉自持，绝不以世俗之毁誉得失有所瞻徇。自避兵播迁，辗转腹地，悲国运之否塞，叹人心之陷溺，与向所宣说期冀者，多相乖违，乃慨然有身不逢辰之感。食饮失节，顽疾乘之，医治罔效，未尽大年，赍志以殁，伤哉！

先生生平中英文论著，散见各学术杂志中。而吉光片羽，不自爱惜，存者亦不尽全。浙江大学文学院诸子方为蒐辑，将刊行专册行世。夫人李今英女士，粤人，娴敏温淑，于英语文字尤娴熟。女三人，子一人，皆肄业中小学，幼者尚未十龄云。

编启案：宣城梅先生病故黔垣，浙江大学教授郭洽周先生（斌龢）撰有传略。友人陈君叔谅隶梅先生弟子籍，本郭君所记及其亲沐知见者，别写此篇。陪都各界将于本月十七日假中央图书馆设位公祭，爰布此文于此，以谂读者。

（原载《中央日报》1946 年 2 月 15 日第五版）

杂记梅光迪

萧 瞰

先生早岁从游于美国哈佛大学白璧德教授，对白氏所倡学说，最有深契。回国后即相继执教于南开大学、东南大学。民国二十五年，应竺可桢校长之聘，为浙大文理学院副院长暨外文系主任。二十七年，浙大文学院独立，先生即长文学院。平日授课，注重直觉的欣赏，而不重理智的分析，每遇篇中佳胜之处，则优游玩味，吟哦上下，连声道好。有同学询以究竟，则曰："只可以意会，不可以言传。"

当民国十年，先生任东南大学西文学系主任时，年甫三十，意气发扬，聘哈佛同学吴宓先生为教授，并创刊《学衡》杂志，主张白话可用，文言断不可毁，与当时文坛激烈论争。民国三十三年九月，吴宓教授自昆明北赴重庆转成都讲学，路经遵义，曾到浙大讲演《文学与人生》。首由先生作介绍，最后顾吴曰："我相信你一定有很好的意见，否则你为什么要做一个文学家？更为什么要到我们浙大来讲演？"弄得吴面有难色。

某年某部长路经遵义，特召集浙大同学训话，略谓目前中国需从事于工业建设，故需要大批工程人材，你辈读工学院之同学，前途未可限量，凡读文学院之同学，也并非毫无用处，即写文章宣传工业建设之重要性是也。当时先生适亦在座，闻悉之下乃即离席出场，并破口大骂曰："×××不是人！"

先生遗三女一子，夫人李今英女士，广东中山县人。长女仪慈，毕业于某高级中学，成绩优异。当去年暑假，梅太太即往见浙大张教务长，请以成绩审查办法，准予免试入学，教务长表示无大问题，但须问梅院长的意思如何。结果因先生坚持参加考试，一意抬杠，太太亦无可奈何。

先生自三十三年冬即患心脏病，于去春赴渝疗治，故对院务多不能躬亲其事。校内民主墙上，有同学建议请郭沫若到校长文学院。先生闻悉之余，乃以诙谐之口吻对人曰：“若是请郭沫若来做文学（原文误作‘事’）院长，那不是要请毛泽东来做校长了?”

（原载遵义《民铎报》1946 年 2 月 16 日第四版）

梅光迪：1890—1945

赵元任

Mei Kuang-ti 梅光迪，tzu Ti-sheng 迪生 and Chin-chuang 覲庄，died in Kweiyang on December 27，1945. Born at Hsuan-ch'eng，Anhwei，January 22，1890，Mei entered Anhwei Junior College at the age of seventeen. After obtaining his bachelor's degree from Northwestern University，Evanston，Ill.，he continued his study of English literature under Professor Irving Babbitt at Harvard University，where he was a graduate student from 1915 to 1919. After returing to China and teaching at Nankai and Southwestern University，he was invited to Harvard University，where he was Instructor in Chinese from 1924 to 1927，and again，after a brief sojourn in China，Assistant Professor of Chinese from 1929 to 1936. From 1936 on，he served as Associated Dean，and later Dean，of the Faculty of Letters of National Chekiang University until the time of his death. He is survived by his wife (Li Jin-ying 李今英)，there daughters，and one son. Mei Kuang-ti was co-founder，with Wu Mi，of the periodical Hsueh-heng，which stood for the maintenance of classical tradition of the East and the interpretation of the classical humanism of the West. Y. R. C. March，1946.

（1946 年 3 月作，载《哈佛亚洲学刊》1946 年第 2 期第 9 卷）

敬悼梅光迪先生

茅於美

自从一九四三年冬，敌军进逼贵阳，遵义人心惶乱，浙大准备北迁，听到梅先生曾在遵义石家堡他的书斋里痛哭说“一切都完了”的故事后，由他心情的萧索，我便有些担心他的身体。我担心他这种消极的态度和那时严重的时局。

时局急转直下，这一关竟意外平安渡过了。一九四四年春，梅先生休假到渝养病，在渝的系友，曾邀请他在国民外交协会午餐。师友们阔别重逢，大家都十分欢乐。那天梅先生精神矍铄，起先很关切的问我们每人的近况，渐渐的谈到当前的各种问题。虽然听说他的心脏有病，虽然看见他较前清癯，可是从他愉快的神情和诙谐的谈吐看来，似乎并没有像我担心的那么严重。况且校中给他长假休养，细心的梅师母也在渝可以调护他的健康，便也宽心许多。

谁知道他竟在是年十二月二十七日在贵阳病逝了呢？我真的不敢相信。

往事如幕，重上心头。是一九四〇年初冬，我初到浙大第一次见着他在选课的时候，他给我的第一印像便是天真，毫不世故。他第一面见到我，便毫不考虑的说：“你是新来的么？你中学在哪读的？你的文法读通了没有？”立刻，我于敬慕他之外，觉得很喜欢和他接近了。他对教育部的许多选课规定，似乎很漠然。我那天选了二十个学分，他看了看我，便替我减掉一门说：“我看你身体不行，还是少读点，读得精点吧！”我们在他签了字后，拿到校务处去签字，常因未选某种公共必修科目而不被通过。初入校时觉得系主任签了字，反不被教务处的人通过而惊讶。教务处的人告诉我们：“梅先生对这些琐事是不大注意的。我们若不告诉你们，将来你会不能毕业呵！”

是的，梅先生对于开会、签字、盖章，甚至校中助教、讲师的年限升格都不大注意。他对治学专精，什么事似乎都不能分他的心。

在中学读胡适文存，看到他和胡先生辩论文言白话的文章，心里有一种偏见，以为梅先生一定是很古板的，很顽固的。这成见直至三年级我正式读到他的课才打消。

他教西洋十八世纪散文和十九世纪散文。他的口才不很好，刚上他课时，常因听不懂而打瞌睡。渐渐的，受了他半年的熏陶，从他不甚爽利的口语中，我慢慢得到一些启悟，以后，每逢他的课，我总很静的，很细心的，捕捉他每一句话，咀嚼每一句话外的意思。才了解他并非口呐于言，而是他运用言语至最经济的地步。能用一句话说完的，何必需要两句话呢？听不懂的，只怪自己的粗心了。

正因为他对人性研究与了解的深透，所以他发狂一样的欣赏查理斯·蓝姆（Charles Lamb）。每讲起蓝姆的散文，便眉飞色舞的读了，讲了，又啧啧称赞说："只有蓝姆才是最能欣赏体味人生的人。只有他才能配得上不朽!"他说文学上有两种人可以不朽，一是"大"家，一是"名"家。我们应该多读名家作品。蓝姆便是名家而不是大家。直至今日，他讲蓝姆的杰作梦中儿女与退隐等篇津津有味的神情还很清晰的留在我的脑海里。

我那时迷醉于欧文（Washington Irving）的散文，便问他："欧文难道比不上蓝姆?"

梅先生笑了一笑说："哪里能比？那只如葡萄酒之比白兰地?"

我们又读了些浪漫主义的诗文，也常和他讨论到浪漫时期的作家和诗歌。

他说："雪莱的文字很美，可是思想幼稚。夏兰太年青了。他在他的作品成熟以前便不幸病死。所以还不能论定。这些人都不健康，心理多少有病。我只崇拜歌德。"

中国诗人之中，他最喜欢王介甫和陶渊明。

课余，我们和亡友程慈晖谈论文学。谈到梅先生的言谈学问，都十分敬佩。我们有时想起他的某一句话，会忽然咀嚼了又咀嚼，觉得在他虽是不经意说出来的，却十分耐人寻味。

他教书十分认真。几乎每隔一堂课，他总要在黑板上写一大堆书名，和小考或交报告的日期。正因为他对琐事不经心，他决不会考虑到书籍的缺乏和同学的人多。我们借不着书，往往想请求延考。他便严肃地说：

“你们是为我读呢？还是为你们自己读？这一点算得了什么？一星期看一本书是最慢的了。我们以前读书是成本的背的。”

于是大家都不敢响了，只得暗中着急。

遇着艰难，便想到他府上去问。出乎意料的，他不接见。我们摸不着他的脾气，只怕什么地方得罪了他，十分惶惧。后来他在课上说：

“喜欢发问是好的。可是你们不能随随便便地跑到先生家里来。我是在下午四点到五点的时候才见客的。别的时候我有我的事，我要看书，你们不也要读书么？外国人会客有时，不像中国人时间乱糟蹋！”

梅先生很幽默。他常爱讲一些外国小故事，令人解颐。

譬如，有一天上课，他问一个同学：

“如果有一对年轻夫妇，家庭非常幸福。两人感情极深。另一对年轻夫妇，婚姻已是失败，两人常常吵架，生活都很痛苦。一旦两家的妻子全死去了，你想哪一个男人会马上结婚？”

那一个同学大意地说：“当然是那死了他不喜欢的太太的。”

梅先生笑说：“不然。我想是那幸福的丈夫先娶。因为在他既经验了婚姻之幸福，便不能一天没有一个温暖的家庭，所以他很急切地会再娶，力求补全家庭之破缺。而另一个呢？知道结婚是痛苦的，当然不愿再受罪了！”

这一些话，说得我们笑了又笑。

在我四年级时，梅师母由香港到遵义。我们常到他府上去玩。梅师母英语极流利，在隔壁室里听起来如听外国人讲话。这一年我们组织了一个英语会话班。请她指导我们。半年之内，我们都很有长进。每逢校中有外宾来参观，梅师母便义不容辞的出来招待。气韵温雅，举止大方，我们十分仰慕她的风度。慈晖和我每从她家中看了他们可爱的儿女仪慈、仪昭、仪芝和本修的演戏，做蛋糕，唱歌，游戏之后，两人走在路灯黯淡的大街上，总是感动得半晌无语，说：“这是个幸福的家庭。梅先生这点上胜过一生孤独的蓝姆多咧。”

梅先生没有别的嗜好。他的唯一嗜好便是读书。每次我看见他，不是读书就是默想。他很少闲谈，不轻易写作，更少发表。他说一个人在七八十岁以前所写的东西都是不成熟的，应该毁掉的。“一个人四十岁便自以为了不起的写自传才真是妄人呢!”他说。

唉!历年的干戈，大局的多变，生活的艰苦，物质的缺乏，负担的奇重，摧伤了梅先生的健康，竟使一个潜心治学的师长，禁不起环境过度的侵蚀，不能留下更多的著作，不能等到渴望的太平时代的再来，发展生平的抱负，在正当五十几岁的壮年便与世长辞!是文化界、学术界的大损失，也正是我们同声哀悼的。

记得有一次，校中有科学演讲，谈到人的思想可用电波表现。梅先生听后很感触地说:“希望科学能发明到能从一个死者的脑中，用电来表示其尚未问世的思想。”

梅先生有许多读书的心得，我们没有机会听到看到了。但愿他那些已经讲给同学们听的话，落在同学的心坎上，如同花种的播在沃土里，每一颗都能滋长茂盛，发为枝叶繁荣的大树，不要像落在岩石上，永远没了消息。能这样，梅先生躯壳虽死，他的精神却永远活在这世界上的。

注：茅於美系我国桥梁专家茅以升的女儿。

（原载《东方杂志》1946年1月15日第42卷第2号）

梅迪生先生传略

郭斌龢

先生姓梅氏，讳光迪，字迪生，一字觐庄，安徽宣城人。梅氏故宣城望族，清初梅定九徵君文鼎，以天算之学，卓绝一代，先生之远祖也。

先生生于光绪十六年一月二日，十二岁应童子试，十八岁肄业安徽高等学堂，宣统三年考取清华官费，赴美国入西北大学，继入哈佛大学研究院，专攻文学。白璧德先生以新人文主义倡于哈佛，其说远承古希腊苏格拉底、柏拉图、亚里士多德之精义微言，近接文艺复兴诸贤及英国约翰生、安诺德等之遗绪，撷西方文化之菁英，考镜源流，辨章学术，卓然自成一家言。于东方学说，独近孔子。先生受业门下，最有深契。时民国肇建已四五年，先识之士，皆知中国学术必将受西洋沾溉，非蜕故变新，不足以应无穷之世变。留美学生之隽异者，课暇研论，风发泉涌。胡适君倡文学革命之论，废文言，用白话。先生则谓白话可用，而文言，断不可废，与胡君相辩难，其往复之辞，载胡君文存中。先生论文，虽与胡君异趣，然其高瞻远瞩，欲融会西方文化，以浚发国人之情思，则独居深念，斟酌损益，盖确乎自有其真知灼见者在也。

民国九年，先生归国，任南开大学英文系主任。十年，任东南大学西洋文学系主任，时年甫逾三十，气意发扬，聘哈佛同学吴宓君归任教授，创刊《学衡》杂志，思树新猷，以开风气。吾国自晚清以来，震慑于欧西诸邦之富强，颇慕而效之，初则仅羡其工艺制造，继则以严又陵译《天演论》《群学肄言》诸书行世，始渐歆响其学术思想。惟严氏所译，泰半为十九世纪英国功利主义者之作，而西方文化导源希腊罗马，蕴积深永，中土人士，尚多昧然。先生与吴君则致力迻译或介绍欧西古代重要学术文艺，以及近世学者论学论文之作，冀国人于西方文化有更真切深透之了解，而融新变故能寻得更适当之途径，一时东南士气发皇，惜甫及三四年，先生与吴君皆以故离去，所倡导者，亦渐消歇矣。

先生于民国十三年赴美国，授学于哈佛大学。十六年归国任国立中央大学代理文学院长。旋复往哈佛，为汉文副教授。溯先生自留学以至任哈佛大学教授，在美国前后逾二十年。二十五年国立浙江大学竺校长聘先生为文理学院副院长，兼外国文学系主任。二十七年先生选任为参政员。二十八年浙江大学文学院独立，先生任院长。浙江大学旧以理工科名于当世，校风质朴，先生既长文学院，思注重通才之教育，提倡人文之修养，使承学之士，闳中肆外，笃实而有光辉。惟自抗日军兴，浙江大学转徙万里，僻居黔北，风气阻塞，而战乱日久，物价腾涌，师生生计艰窘，救死不暇，故先生之所期者，遂未易骤达。

先生襟怀坦荡，体气素健，自民国三十三年冬，始患心脏病，病发则气逆呕吐。次年春赴重庆休养，六月中归遵义，稍康复矣。入秋病复剧，医谓患仍在心肾两脏，旋赴贵阳就医，卒以沉疴不治，殁于贵阳医学院附属医院中，年五十有六，时民国三十四年十二月二十七日也。竺校长闻电赴贵阳，经纪其丧，葬于贵阳六广门外八角岩圣公会墓地。

先生博窥群籍，于中西文化均能洞见阃奥，详悉其源流正变异同修短。治学喜综大体，为哲学式之参悟，及艺术式之欣赏，如英国之约翰生，美国之爱默生，皆平生所祈向者。冲夷简旷，善于清言，稠人广坐，论学术艺文，人生世态，谈言微中，隽妙渊永，使人如望白云，把挹清波，偷然忘其鄙吝。平日接物和易，而遇事则辨是非，持正义，发论侃侃，激浊扬清，能言人所不敢言。少游美国，为当时留学生中之翘楚，年壮气盛，抱负甚伟。归国后甫思发抒，而事阻其愿，渡海远去。及再归中土，又值大难，播越万里，局促山乡，国危民困，士风窳堕，与先生所想望期冀者，日相舛驰，先生不惟不能展其抱负，即平日论议，亦鲜为人所了解，于是慨然太息于遭逢异常之世变，亦如松柏之经严冬风雪，惟有艰贞茹苦以待春回而已。今强敌既覆，禹甸重光，建国之道，经纬万端，如先生之博学宏识，正当蔚为世用，而先生亦思于学术文化，有所贡献，以发其久蓄之怀，而先生竟殁矣。此海内有识所以同寄无穷之悲慨者也。

民国十六年至十九年间，先生授学美国哈佛大学。斌龢适于其时从白璧德先生游，视先生为同门先进，暇辄相与论议，上下千载，发其幽思，复商讨归国后共有所建树。二十六年斌龢乃得与先生同事于浙江大学，以迄于今，自愧梼昧，于学问事业，多承教益，而鲜有所禆助于先生。惟二十年中，初则同门，继则同事，八载播迁，共涉夷险，先生深怀远志，每倾吐于斌龢，斌龢思国运更新，来日方永，犹可以追随左右，使昔年在美国所共计议者从容见诸事实，乃数月卧疾，一朝奄息，桐棺藏骨，永闷空山，遂以廿载故交，哀述行谊，事之可痛，孰过于斯。

先生夫人李今英女士，明敏温淑，娴习英国语文，于先生内助之功极多。女三人，曰仪慈，曰仪昭，曰仪芝。子一人，曰本修。读书均颖异。先生中英文撰著，散见于中美各学术杂志中，将俟异日，集而刊布之。

民国三十五年一月

（原载《国立浙江大学校刊》1946 年 2 月 10 日，又载《思想与时代》1947 年第 46 期、《国史馆馆刊》1949 年第 2 卷第 1 期）

梅迪生先生文录序

王焕镳

宣城梅迪生先生既殁，遗文翯落，展转□辑，得如干篇，付之欹劂。焕镳讽籀既竟，为之序曰：

天地盲晦之秋，佹说颇辞，充塞仁义者，蜂午交作，浸淫之久，发而为沴戾，肆而为残贼，生民之祸，嚣然起矣。有大人出，目击而心痗，将欲塞其流，必先清其源，于是垂涕泣，发声色而订其顽，而挽其狂，非以沽名而斗胜也。必其中滃郁勃怒，愤愤悱悱，有不获已焉者，然非其智足以烛疵谬，其勇足以犯笑侮，其文足以达奥衍，乌足与于此哉。民国八九年间，朝野时彦，拾近世西洋论文论政偏曲之见，暴蔑孔孟以来诸儒阐明讲说之理，谓不足存，唾弃骈散典雅之文、有韵之诗谓不足学，欢然以傈野流行之语为天壤间至文，号召后进，猋起川决，举国风靡，或与诤讨，立被恶名，老生宿耆，卷舌而莫敢谁何。当是时，南雍诸先生深膑太息，以为此非孔孟诸子之厄，实中国文化之厄也，创办《学衡》杂志，昌言觗排。而梅先生与泾吴先生雨生，适自海外归任南雍教授，精通中西文学，年皆未及三十，意气岸然，出其学以与世角，莫能难也。吴先生勤于纂述，朝夕兀兀，迻译名著，信达雅远出林畏庐上。梅先生深恶标榜，文不苟作，作必尽摅其蕴，挥斥跌宕，骂讥笑诃，无不极其趣，一文甫出，传诵遍于横舍，士习为之丕变。学问之事，以博而通，以约而精，固可媛媛姝姝，执一曲以自蔽哉。初两先生之在美国，从其硕儒白璧德游，理董西学，娴其奥窔，证以中国旧说，所诣益粹而持论多同。顾吴先生肃穆寡言，动止有程，学子或畏苦不敢亲。先生则春容闲旷，机趣盎然，出辞隽永，辄轰座人。至于议大政，临大难，则又守正趋义，屹然如山岳之不可撼。盖先生为人，超迈而不失之放，谨严而不入于拘，狷洁而不沦于隘，非夫悻悻亢亢，讦以为直者也。故与人无畛域，其所弹射，目事而忘人，人亦不甚嫉之，岂非有智有勇有文之大人哉。东夷之难，丧其述作，兵事粗平，欲从容以就故业，而先生客死于贵阳矣。今兹所存，不逮十一，然即此戋戋，想见当日神雄气壮驰骋文坛之盛，有不矗焉以思其人者乎。

卅六年六月一日

梅迪生先生颂

斯泰加

梅迪生先生之谢世，使中国失去一位爱国之男儿，世间失去一位显赫与新颖之思想家，而余亦失去一位珍贵之良朋。吾侪之友谊，始于先生莅临哈佛之际，迄 1936 年夏先生返国后，未尝间断。基此久长之相识，余撰此文，藉表先生之纯良品德，以证其为爱国者与思想家云耳。

余生也有幸，得以深知梅氏之为人，先生眷恋国家之福泽，其深邃热烈之忱，盖无有出其右者焉。际此八年抗日侵略之苦战中，先生任浙江大学之教授兼国民参政会之一员，战时服务之经历，余仅知其一部，且系间接得识者。此处剑桥，远离中国，惟余曾长期留意先生专心致志之作品，仍足以令人理解仰慕及崇敬中国也。受业于先生之门弟子，若哈佛之同事，美国之友人以及成群之中国学生，彼辈视沙克拉曼托街之宿舍，为“游子家园”焉。数年来，凡与迪生亲近之人，均能自先生处得悟中国潜藏之伟大性与生气蓬勃之希望，此种伟大性亦必有实践之时也。

才智浅薄之士，其爱护祖国之深切热诚或会影响学者之正务，或会有疑虑之判断。惟先生之爱国雄心与学者风度，融合而发扬更明亮之光辉，实因先生对现实之真确批判，少受浮浅之外表诱惑所致。

虽然先生情愿中国借镜西方，固无论此种借镜对中国文化有否进益，而先生深信漫无区别之借镜，实未适合中国之需要。因中国所需者，仅为他国最美善之文化也。又因先生重视既往与未来为一不可分割之完整结构，故丝毫不能容忍狂热追求时尚者，盖彼辈情愿舍弃中国固有之古代文化之富丰宝藏也。先生对于此类事物之判断，既非草率有所定论，亦不固执己见。深知雕琢良玉，决非数载可期，实需终身奋力之功也。先生始终保持一种热烈之学者态度，努力不懈，并贯通中国经典文学与西洋文学之研究，以推广与加强其对世界之认识与有关中国诸问题之了解。此系先生不断好学之精神，果使友辈有如斯之感悟与特能赏识者也。凡知先生之人，对中国及其潜藏之伟大性，自先生处，获得较多之认识，亦能明白先生权衡剖析彼辈之舆情，借研讨以增进其本身对各项问题之理解。

子夏曰：君子敬而无失，与人恭而有礼，四海之内，皆兄弟也。余忝为先生之一友，深感荣幸。先圣之言，正为梅迪生一生之颂辞可也。

梅迪生——君子儒

顾立雅

迪生先生是一个生命充沛的人，他的死耗传来，友人们不仅感觉悲痛而且不胜惊骇。同时我们追忆当年从先生那里得来的教益，到了今日，还未能加以发扬，更觉遗憾！

迪生先生的年龄，虽和我相差无几，但足够做我的“老师”，他为我阐释中国文学的奥妙与优美，于理智和性灵二者，兼顾并详，实属难能可贵。至于他的教授方法，是师仿孔子的，我信先生确含有深意。当他讲说文章时，除坚持每个字义，必须充分了解外，更注重诠释文字中所涵蕴的观念和旨趣，甚至每每旁及有关中国之文化及其思想等各方面情形，帮助我们的了解。他虽然责人愚昧，但依旧非常仁慈，他实是一个严厉而又令人敬佩的师长。

他而且宽宏大度，当1932年我到中国去，他带着家小从南京到上海来迎接，同我在海船上晤面，以后便介绍我认识了南京方面许多学者，又写了好几封信给我，得有机会和北平的通儒见面。

他给予学生的知识，固然不少，但大家对先生印象最深的还是他的品格。他常说真正的学者须具有嶙峋的气节，这是他对“廉”字的解释。他并引澹台灭明为例，子游说：“有澹台灭明者，行不由径，非公事，未尝至于偃之室也。”他不仅津津乐道这种做人的道理，而且躬而行之。他又谨慎小心，不肯逢迎献媚，更不屑作一个随俗浮沉的乡愿，照流俗人的看法，假使先生稍能表曝他的固有伟大可爱的风度，其成就当不止于此。过分的隐藏，有时难免成了一种过错，然“人之过也，各于其党，观过斯知仁矣”。如先生缺乏对一切伪善之鄙视与憎恨的勇气，那么便不成其为梅先生，同时我觉得宇宙间也太空虚了。

迪生先生虽然严厉，若因此说他褊狭，那是大大的错误了。他学问的渊博，实令人惊异。我知道他对中国文学，创见很多，即就对西方之了解而论，中国人能胜过他的，似乎寥若晨星。他的英文写作，既达且雅，比之西方名著，也毫无逊色。有一次他把将要付印的手稿，嘱我校阅一遍，结果发现只有一句可略加更动。

先生气度汪洋如千顷波，实因他是一个忠实的孔子信徒，继承孔子所说“居天下之广居”的精神。他不愿仅作一个穷则独善其身的教授，更希望达则兼利天下。但因他富于理想主义，不肯随众附和，所以无缘施展他的抱负，竟以教学终其身。我们能够亲炙先生的教诲，真是十分荣幸，为了不忘先生栽培之恩，希望保持他的热情正直的精神，继续他的工作，对中国传统文化的至善处，加以爱护与阐扬。

很少有人和先生一样，能真正地实行孔子告勉子夏的话：“汝为君子儒。”

白璧德——当代一人师

张其昀

介绍 *Irving Babbitt: Man and Teacher* 一书（一九四一年纽约出版），以为梅迪生先生之纪念。

民国三四年间，梅迪生先生在美国芝加哥西北大学肄业，一日其师克兰恩教授 R. S. Crane 持白璧德之著作《近代法国文学批评家》一书而告诸生曰："此书可以启发人之深思。"民国四年秋，迪生先生因倾慕白璧德之故，转学剑桥之哈佛大学，从游数年，师生间知契极深。民九之夏，迪生先生应刘伯明先生之招讲学金陵，十一年《学衡》杂志出版，以"阐扬旧学灌输新知"为宗旨。是时白璧德之人文主义，因迪生先生与吴雨僧先生等之讲述而传入中国。民国二十二年（1933），白璧德殁于剑桥，其生平至友与门弟子各为文以述其言行，凡三十九篇，合为一书，名曰《白璧德——人与师》，于民国三十年（1941）刊行。是书第十五篇乃迪生先生手笔，中引中国古语"经师易得，人师难求"，其书命名本于此义。兹以是书各篇为依据，略述白璧德之议论与其风度，并以为迪生先生之纪念。白氏著作重要者有八种，（1. *Literature and the American College*，*Es • says in Defense Of the Humanities*，2. *The New Laokon An Essay on the Confusion Of the Arts*，3. *The Masters Of Modern French Criticism*，4. *Rousseau*；*and Romanticism*，5. *Democracy and Leadership*，6. *On Being Creative and other tssays*，7. *The Dhammapada*，*translated from the Pali*，*with an Essay on Buddha and Occident*，8. *Spanish Character and other Essays*.）（以上七、八两种系身后刊行，第八种并附有白氏著述总目录与索引）其学说宏旨，《学衡》杂志有论文数篇，可供参考，本刊异日当特约专论作详尽之绍介。

白璧德所倡导之人文主义（humanism）与人道主义（humanitarianism）

有别，与浪漫主义（romonticism）或惟情主义（sentimenalism）针锋相对，与自然主义（naturalism）亦大相径庭。人文主义与人道主义之区别，在于人道主义为一种无差别之同情，人文主义则为有差别的，即按关系之深浅而有亲疏厚薄之分，亦可称为同情的选择。一为兼爱，一为有度量分际之爱，两者截然不同，犹吾国古代儒墨二家之分。浪漫主义发源于法国之卢骚（Rousseau，1812—1878）偏重感情，趋于极端，以感情衡量万事，故又称惟情主义。卢骚不重内心之修养，而欲殚其精力，以谋人群之进步为己任。人文主义则异是，从自己之修养入手，以好学深思，进德修业，“向内做工夫”（inner working）为要义。浪漫派献身于群众，或一阶级，其弊为外重内轻。人文主义则讲求本末先后之序，注重深沉之思考力，谋理性与感情之和谐，而求人格上之完整。白璧德以为人生在思虑清明之人为一喜剧，在感情用事之人为一悲剧。自十八世纪后半期以迄今日，西洋之文学艺术教育哲学宗教以至政治，均直接间接受浪漫运动之影响。此派感情冲动，达于狂热之境，其结果往往有破坏，无建设，使健全之人格为之瓦解。人文主义之倡导所以矫正浪漫主义之流弊。人文主义之理想为君子之风，君子有三长，即中庸敏感与合理。中庸之义为克己，有节制，毋太过，综合各极端而掌握其重心之所在，故能趋于中行，不激不随。幸福与尊严均由能自制而得之。敏感之反面为麻木不仁，但亦非好奇立异之谓。此心廓然，能观察问题之各方面，而加以审慎之判断，其长处为思想之邃密与见解之卓越。合理之义为合于标准，标准于何求之，当求之于古来大思想家之大著作。古来大著作中所阐明之大观念，乃超时空而存在，真知灼见，大都历久常新，而足为吾人行事之准绳。故合理之义为观念之推广，精神之解放，使此心获得自由，不为一时冲动所蔽，其最高境界为从心所欲，不逾矩。敏感相当于中国之仁字，合理相当于中国之礼字，曰仁，曰礼，曰中庸，以此三者释君子之德行，与中国儒家学说最为接近。与人文主义相对立者又有自然主义，此派受达尔文学说之影响，至十九世纪后半期（英国维多利亚时代）而大盛。美国机械文明与大量生产之发达尤过于他国，故大多数人眩惑于物质上之繁荣，醉心于科学之权力，对于较高之文化价值不免淡然置之。浪漫主义偏重感情作用，自然主义偏重机械作用，持之太过，均为现代文化之通病，白璧德以为世界大战乃十九世纪以来不良观念之自然结果，人文主义乃针对此种缺点而思有以补救之。人文主义者于浪漫主义格格不相入，但于艺术兴味则予以保留，对于自然界之欣赏，尤如山川之天然美景，于人文修养甚为有益。人文主义者于自然主义，不能赞同，但于物质文明之高度效率，固不欲一并抛弃之。总之，人文主义之要旨为生活之艺术，务期斯世之生活能达于尽善尽美之境界。又人文主义者自知其致力之范围，而不欲网罗一切。白璧德以为凡欲笼罩一切者，其结果将一无所得。人文主义的致力者为人事，人事以下之物，受自然律之支配，人事以上之天，则属于宗教之领域。人文主义不能代替科学，亦不能代替宗教。人文主义自欧洲文艺复兴以后即有此说，惟现代人文主义者必须了解科学之方法与精神，与时偕进，故又称科学的新人文主义。白璧德又喜引英人柏克（Edmund Burke）之语，谓西洋文化基于两种原则，即宗教之精神与君子之精神。人文主义为君子精神之表现。

白璧德以研究比较文学为其毕生之志业。氏于1865年（清同治四年）8月2日生于俄亥俄州（Ohio）之兑顿（Dayton）城。1889年在哈佛大学毕业。氏不愿为德国学派专重考据之博士论文，以巴黎为文艺复兴以来人文传统之故乡，乃赴法国留学，在巴黎大学从拉维（Syl Vian Levi）治梵文与佛教经典。1894年在母校哈佛大学任法文学系助教，1902年任为副教授，1912年升为正教授。1933年7月15日殁于剑桥，是年三月间犹在哈佛讲学。白璧德以为文学之根柢在于思想，大学之人文教育非为专才教育而为通才教育，其所欲培养之人才，非仅为学者而又为君子。氏力言沟通文哲之重要，以为哲学隐而文学显，两者实互相映照。文学教授应令学生多读哲学，哲学教授应令学生多读文学，就此点言，东方古代之学风甚有足取。即在西方希腊罗马之古典文学亦莫不有人生哲学为其根据，非仅以文章为抒情消遣之工具。故欲了解历史上某一时代之文学，必先熟察此时代思想上之主流。操笔为文，于修辞之法度与风格固当注意，但不应专重法度与风格，而致牺牲思想与观念。文学有文有质，若重文轻质，缺乏理性之旨趣，则无意义之可言。文学批评之工作务须先有深厚之修养，凡历史与政治，教育与艺术，风俗民情与制度，哲学伦理与宗教，均须广览深识而观其会通。有此广博之涉历，方有正确健全之判断，是即所谓权衡。文学批评家胸中有此权衡，乃应用之以评论古今各家之著作。白璧德所津津乐道者，为希腊之柏拉图亚里斯多德，荷马与希腊悲剧诸作家，罗马之韦吉尔（Virgil，元前 70 至前 19）与贺拉斯（Horace，元前 65 至前 8），法国之巴斯加尔（Pascal，1623 至 1662）与圣伯甫（Saint-Beuve，1804 至 1869），德国之雷兴（Lessing，1829 至 1881）与哥德（Goethe，1749 至 1832），英国之约翰生（Johnson，1709 至 1784）、柏克（Burke，1729 至 1797）与安诺德（Arneld，1822 至 1888），尤倾慕约翰生与圣伯甫之为人。白璧德非崇古而忽今者，于当代文献亦极留意，通常每星期六上午至大学图书馆之杂志室，浏览新出之周刊等，屡为文发表于大西洋月刊（Atlantic Monthly）。

在白璧德观之，世界自成一单位，历史应为整个人类之记载，孔子释迦耶稣与亚里斯多德，其地位同等重要，又以美国之地位介于欧洲与远东之间，应为沟通东西文化之桥梁，而不应树立东西之壁垒。白璧德希望美国人具有英国民族刚毅之性格，而去其岛国骄矜之态，就处世态言之，美国应师仿中法二民族。白历德以为西方文化之真正中心在法国之巴黎，于巴黎之学术空气最感欣悦，尝谓如能精通法文，则留学生在巴黎大学获益之多或过于牛津大学。白氏尝负笈是邦，于 1923 年重至法国，为巴黎大学交换教授，曾主讲二学程，一以英文讲授，题为英国浪漫派诗人，一以法文讲授。题为卢骚。其于法文深造有得，是邦学人交相赞赏，或谓氏在法国之声誉殆尚在美国之上。白璧德兼通希腊文拉丁文梵文与巴利文（Pali）。其喜佛教过于耶教，遗著有巴利文佛教经典（Dhammapade）之英译本。惟以未习汉文，引以为憾。1900 年氏与德鲁女士（Doaa Drew）在伦敦结婚。白璧德生平未尝游历中国与印度，其夫人则生于中国，曾在中国寓居有年。白氏以为其了解中国之程度非其夫人所能及。夫人初觉不服，以为其夫未尝至中国，于中国未能目验而体察之，何以能真知中国。白氏则谓人之相知，贵相知心，对于一民族一国家亦然，仅赖官觉未必能真知其人，夫人终于首肯其说。白璧德年四十以后，声誉渐起，海内外高才生闻风来集，为其生平快事。吾国人受业于白氏之门者，以梅迪生先生为最先。其初至剑桥，白氏年方五十，精力充沛，对东方留学生所谈者，哲学与宗教尤多于文学。白氏于孔子学说具有同感，于中国传统文化之缺点亦所谂识。白氏住宅书斋中悬有中国山水画数帧，为中国学生所赠贻者，白氏以为画中代表者，非仅为山川风物，而为一种天机洒落之胸襟，心诚好之。白氏深以孔学之衰落为可惜，于中国之门人殷殷致其期望。以为中国之民族复兴，其关系不仅为中国一国而已。

哈佛大学为人才集萃之最高学府，白璧德所最敬仰者有三人，曰诺顿（Charles Eliot Norton）、薛雷（N. S. Shaley）与校长伊里奥特（Eliot）。白氏于诺顿为亲炙，其学实由诺顿启之，时时称道其师不绝于口，敬爱之忱溢于言表（哈佛大学魏特纳图书馆 Widner Library 二楼有诺顿纪念室，余在剑桥，居是室凡二年余，今兹述及，弥深暖席之情）。薛雷为地质学大师，极为学生所爱戴。伊里奥特时任校长，其崇高之人格，使其教育学说为学人所信仰。与白璧德交谊最笃者首推哲学教授鲁一士（Josiah Royce）心宗哲学之大师也。又孙泰耶那（George Santayana）称为当日哈佛“狮子”之一，其所作散文及批评文章，白氏对之深为推许。其与白氏共同提倡人文主义者有摩尔（Paulelmer More），以文学批评家而论，当日美国文人殆无出其右者。白璧德在内心做工夫，身外之活动较少，落落寡合，于各种会社甚少加入。然其人极诚恳，以为吾人应重视义务，过于应享之权利。生平不喜道人之短，即使对某人有所訾议，大都批评其所代表之思想，而非攻击其个人。氏对任何人均无恶感，好学深思，日不暇给，以为君子者乃萦怀于世间人事，不作逃避现实之想，但不应以尘俗之务而蔽塞其廓然大公之心。

谨严乃生命之素质，兴会乃生命之香料，此为白璧德之名言。白氏富于天趣，而雅善谐谑，其言谈之美有约翰生之风。其学生皆谓听其谈话较之读其著作，尤觉有心旷神怡之感。白氏之讲学非为灌输，而为启发，以其自己之经验与学生共享之。氏用力至勤，所谓老马识途，指示人生。知大道，别泾渭，辨瑜瑕，而使学生追随其师，期至于美善相乐之境。每次上课，如航海，如登山，旧学之商榷，新知之涵养，广譬曲喻，使人心醉，学生常感时间忽焉以尽，而切望于下次之课业。白氏讲演之中，有政闻，有轶事，博闻强识，左右逢源，有时兴到神来，间以欢笑之声。氏并非自言自语者，时时以问题询诸生，而倾听其意见。有时谈话中断，则以青眼睐人，似欲发现听者之了解与同情。下课以后，学生亦常至魏特纳图书馆访白氏于书斋（哈佛大学费深之教授在书馆中辟有专室），其意非欲讨论专门问题，仅欲与白氏晤言一室之中。白璧德雍容大雅之君子，如高山大泽，气象岩岩，而蔼然可亲，意味深长，如鸢之飞，如鱼之跃，此心怡然自得，有光风霁月之怀，有君子坦荡荡之乐，学生与之相接，如坐春风中。

白璧德于身体极为注意，以为仪表乃人格之一要素。又崇节俭，谓金钱为时间与努力之果实，欲求个人之自由，财力实不可或缺。其工作不厌不休，表示美国人之特性，虽在假期亦从事于著述，而又力言闲暇之重要，谓闲暇可以变换工作之方向。其身体硕长而美，有体育家之风度，而背微驼，知其为伏案之书生。氏谓有规则之运动与充足之睡眠，于保持健康实为必要，年逾六旬，而颜色红润，精力未衰。家住克尔兰路（Kirland Road）六号即在哈佛坊（Harvard Sguare）附近，每日下午五时向北循麻省街（Massachusetts Avenue）散步，疾行如飞，以锻炼身体。星期日之晨常偕学生作郊游，由哈佛坊至佳士河（Charles River），溯河而上，至奥朋山之墓园（Mt. Aubun Cemetery），此段河畔之路，亦文豪朗弗罗（Long fellow）旧游之地也。白氏与学生临流谈心，且行且谈，常徒步四五英里而返。白璧德于作客之时尤为妩媚可爱，介于修边幅重仪容与不拘形式之间，而恰到好处，使人感觉自然。氏最爱新英伦之风景，新英伦之五月，春光尤美。氏谓山景海景以及森林之景色均有陶养性情之功效。白璧德之人格较其著作尤为亲切有味，氏常谓师生间亲炙之功远非私淑所可及，今日之教学法与苏格拉底时代之教学法曾无少异，即师生间之个别接触是也。白氏殁后，论者以其为人似约翰生，惜无鲍斯惠尔（Boswel）其人为之作传，《白璧德——人与师》一书之刊行，稍可补此缺憾。此书含有回忆录三十九篇，由多数观点叙述白氏之为人，白氏之为师。梅迪生先生以为白璧德之风度可以置于吾国唐宋名贤韩昌黎、欧阳永叔之列而无愧色云。

悼梅迪生先生

楼光来

光来获交于先生在民国十二年之夏。是时光来甫自海外归来，因先生之介，任教于东南大学，与先生同寓太平桥，朝夕谈论，诉合无间。二十五年，先生任教浙大，光来亦在杭任职，复时相过从。二十六年，抗日军兴，浙大转徙遵义，光来随中大入蜀，会合无由。三十四年，先生因病就医重庆，得与再晤。不意数月后，噩耗传来，幽明永隔。回思往事，不胜惘然。

先生为人坦白真率，往往面斥人过，不稍宽假，惟绝不藏怒、宿怨。友人与先生议论不合，直言其非者，先生亦毫不介意。先生讲学论文及品评人物，往往一语破的。盖先生富于直觉，于人生体会极深，故其为学无时不以人生经验为参证，一如英国之约翰孙，与治哲学者之讲求逻辑、从事考证者之好旁征博引而未了解人生，固截然不同也。先生风神散朗，胸襟洒落，如魏晋间人，而遇事直言，主持正义，实有儒者气象。先生以朝野方以功利主义相倡导，欲以泰西人文主义启迪后进，补偏救弊。惟先生为学虽重视人格之养修，理智之训练，而学以致用之意无时或忘。故当其寓南京太平桥时，喜读王荆公、曾文正之诗文，盖先生欲合学问事功为一，不欲徒以文章见称于世也。

今之治西学者，往往于我国固有之文化不甚了解，而治国学者，又昧于西洋立国之精神，欲求如先生之文章学问奄有东西之长，而风度如魏晋间人，气象近儒者，不可多得矣。此先生之未享大年，实为士林之不幸，非仅光来一人之私痛也。

哭梅迪生先生

贺昌群

梅迪生（光迪）先生，三十四年十二月廿七日逝世，渝地友好曾一度公祭于中央图书馆。本文草成后，即寄遵义浙江大学，后辗转始寄还，未及发表于公祭之日。复员后，《国文月刊》征文，爰发表之。今《思想与时代》为出纪念专号，再为整理一过，不尽欲言，聊以尽后死者之哀思云尔。三十六年四月廿八日昌群附志。

这两年来，痛哭了两个在浙江大学的朋友之死亡，前年哀张荫麟先生，今天又哭梅迪生先生。古人说："中年伤于哀乐。"现在才深切地体味到这意义。他们那样活泼的富于创造的生命力，竟溘然而逝，实非我们意料所及。在这个社会中，英俊杰出的人常被迫害，而庸碌无耻之辈却能保留，这是怎样一个惯于戕折人才的社会。荫麟之死，已是中国历史学上不可弥补的损失；迪生先生之死，是中西文化思想上一个巨星之陨落！

迪生长我十四岁，廿七年暑假，我往成都，他赴香港，通信时，我以前辈称呼，随着得他一长函（我们通信总是长函，忙了便不写），意气殷殷勤勤，要我以至友相待。他这忘年相交的盛意，不单使我感谢，亦可见他的虚心，他的真挚、他的年少精神。他是一个不服老的人，当浙大从严州撤退，转江西泰和时，洽周、以中等我们八人——号为"八仙过海"，同乘一木船，溯江而上，道出兰溪，登岸投宿。他同我一号舍，茶房来挂号，问年龄，我随意说了一句，"这位老先生四十七岁"，他登时变色，望着我，什么老先生？倒把我吃了一惊。所以在这篇纪念文中，我以字称他，亦以慰故人泉下之意。

我们初次相见，在"八一三"之前四日，在南京阅中大、浙大、武大三校入学会考试卷，应浙大竺校长的宴会上。看他风致翩翩，绰绰大雅，有点尘不着之概，口里噙着烟嘴，篆烟袅袅而上，谈话时，不时仰屋而视，如有所思，但我们却终席未交一言。我知道迪生是《学衡》杂志社的主将，以反对五四新文学、发扬中国文化自信的人。我是治中国中古史的，当时我的学问兴趣大抵偏于考证，而我的心里对于中国文化却蕴着一种不妥协的态度，对于五四运动的意义，我怀着充分的同情。今邂逅迪生，既自以道不同，不必相为谋，所以终席冰襟，未尝叙同事之谊。

如今对于新文学运动与学衡社两方面，却另有一番新的认识。我以为一种影响于后世几千百年的思想或学说，其本身必含存两个不可分的成分：一是属于时代的，一时代有一时代的问题，一种思想或学说的产生，必是针对那个时代的问题而发，问题愈大，那学说在当时的影响也愈大。另一个成分是超时代的，那是总集一种文化之大成而带有承先启后的作用，才能继续影响于后世，息息与整个历史文化相关。五四运动所攻击的，是儒家思想的时代的部分，这是曾经历代帝王政治利用、墨守、假借，成了一种虚伪的古典的形式主义，演成了中国政治社会、文化思想的种种腐败与停滞，百害而无一利，我们应当绝对排斥的，我们有我们的问题。五四运动所做的是这个破坏工作，我们现在还需要继续做这个工作，要紧的是我们须具备超高的贯通古今的鉴别能力，才能认得清应当攻击应当破坏的目标，再不能做玉石俱焚的勾当了。学衡社所欲发扬的，是那超时代的部分，那是一个民族文化的基石，终古常新，虽打而不能倒，因为我们自身与古代即在这个同样的时间空间内，怎能跳得出这个文化圈外去？孙行者仗他的筋斗矫健，目空一切，然而，毕竟无法打出佛的掌心。不过五四运动的攻击得其时，学衡社的发扬非其时，须知在一个深厚的文化基业上，没有破坏，如何能先言建设？于是一般遂加学衡社以“顽固”之名，是极不清楚的看法。当时双方恐怕都不曾互相了解这些意思。迪生的一篇《孔子之风度》，活泼泼地以一种人文主义的笔调去描写孔子，孔子是那样一个风趣横生、高华可爱的人，因知作者也是这样一个风趣横生、高华可爱的人。

我以“高华”二字称迪生，与王伯沆先生赠他的“迪生守狷洁，美玉自无瑕”（这两句他常引为知己之言）可以参照，足以知迪生之为人。狂者进取，狷者有所不为。在近代人文史上，比较说，长江上游多名士，每喜放言高论，直接间接多曾与政治发生关系；长江下游多高士，狷介自守，有所不为。慧皎《高僧传》序言说：“实行潜光，则高而不名；寡德适时，则名而不高。”名士和同风气，没入于时代中，与时俯仰，偏于广大的空间活动，于文教政俗有提倡鞭策奖掖之功。高士则好比“暗水流花径，春星带草堂”，他是继文化学术一线之传的人，“为天地立心，为生民立命”，具有顶天立地的人格，如日月经天，江河行地。哲学之精微，文学之才艺，史学之识力，聚集于一身，而成人性之最高发展。他不求名，而名自归之；不求名，所以能欣赏自己，虽处忧患，有其自得之乐。谢灵运诗：“潜虬媚幽姿，飞鸿响退音”，可为高士风格的写照。他给社会的，不是有形的功利实惠，而是精神道德的影响，是想象的交流。因其有德而无位，故荣华丘壑，甘足枯槁。非义之所在，虽“天子不得臣，诸侯不得友”，有“素王自贵”的气象。若义之所在，虽老农牧竖，贩夫走卒，亦可与之为伍。

我们要评量一个民族文化价值的高低，当看那个民族在他的文化生活中如何成就下列三个活动：健全愉快的身心，明哲的智慧，高华的性格。神存富贵，始轻黄金，才算得高华，才算得最高的文化性能。

迪生虽以“狷洁”自好，而其实正是他的高华处。狷洁而不高华，啬夫而已。他为什么狷洁？因为他不能达到他的政治抱负（包括在学校内的措施）。他何以高华？因为他有政治家的抱负。他在流离转徙中，Machivelli 的 *The Prince*，Babbitt 的 *Democracy and Le adership* 一类的书，常不释手；王荆公和曾、左的政事文章，他确曾下过一番功夫。他具有政治家胸襟，而绝不想亦不宜做一个政客。做政客，必具三条件：一要身体好，个人的时间精神乃至饮食起居，都不由得自己支配；二要有口辩，临机应变，应对如流，内容尽管空疏，甚至无中生有亦可；三不可有学问，有学问必辨是非真伪，不能寡廉鲜耻。这三者，迪生无一具备。此所以他在大学里，在参政会，一般朋友认为他“潇洒”“不亲事务”之故。东晋过江，王导“为政务为清静”，殷羡谓庾冰曰：“卿辈自是纲目不失，皆是小道小善耳，至如王公，故能行无所事。”而王导自云：“人言我愦愦，后人当思此愦愦！”当今之世，在中国任何地方，要保持一种政治家风度，必然行不通，也不能为人所了解。今日中国举世是一套卑劣的急功近利的思想，他焉得不狷洁？焉得不被认为不亲事务？他说：

> 我辈年事愈长，入世愈深，愈觉一切毫无办法。此或因个性使

然，无可改变，然世间好人实在大少。我任天真，而人用机诈；我本无所为而为，而人则得寸进尺……而弟亦天赋傲骨、当然自有身分……平日喜笑怒骂，纯取玩世态度……昔日之理想规划早已付诸烟云，而弟之“潇洒”与“不管事”，纯是表面作法，实则内心痛苦万状。（三十年四月七日函）

陶渊明《感士不遇赋》序云：

夫履信思顾，生人之善行；抱朴守静，君子之笃素。自真风告逝，大伪斯兴：间阎懈廉退之节，市朝驱易进之心。怀正志道之士，或潜王于当年；洁己清操之人，或没世以徒勤。故夷皓有安归之叹，三闾发已矣之哀。悲夫！寓形百年，而瞬息已尽；立行之难，而一城莫赏：此古人所以染翰慷慨，屡伸而不能已者也。

迪生少年时，“意气发扬，抱负甚伟”（郭洽周兄撰《梅迪生先生传略》语）那是可想见的，在杭州、泰和、宜山的时候，他还不觉得老之将至。五十以后，从他和我几十次的通信和几次重庆会晤的谈话中（可惜这些信札十分之九都散佚了，总以为来日方长，文字所传，毕竟糟粕，未曾加意保存）。他的思想渐次归于平澹了，上面抄录的《感士不遇赋》序正是他这几年来的心情。他原是一个 Classical-minded 的人，今日归于平澹，是很自然的。前年来信，他谦虚地说，我多少已尽立言之意（这语令我汗颜）。他尚无甚成就，战事结束后，生活若较安定，必要写成一两部书。

他对于清代政教风俗，有许多精到的见解。他说：他曾和现在一位号称治清史的朋友谈过，那朋友简直不甚领解，使他非常失望。他很想有人出来把清代士大夫的生活，像 Boswell's Life of Samual Johnson 一样，很有趣地记述一下。这种叙传文学，中国学人从不曾留意，假如有人当时把沈子培言谈生活详细地记述下来，岂不是一桩快事。中国民族性之深处，不单外国人不了解，本国人也不大了解，叙传文学的表现法，在这方面最为亲切。宋明以前的文集和遗事，都不完备了，不能互相参照，清代的文献现在流传的还多，正可着手，近来工作之余，我亦尝以 Boswell 的书自遣，对约翰生的言谈丰采，有时亦颇有会心处。卅四年八月，当他离渝返遵义的前一日，到我那里留了一宿，娓娓谈约翰生到深夜，说到英王一次特意微服出行，去图书馆会约翰生，他事前并不知道，正在低头看书。有人低低地在他耳边说道："Sir, the King is here." 这时迪生意兴飞扬，他似乎感觉学士大夫之享此光荣，与英王之有此逸兴，那个社会的文化生活多么健全愉快呵。这是我们最后的长谈。第二天，英大使薛穆先生通知他，有军车到遵义，他便率夫人子女仓卒成行，不料竟成永别！

我常劝他用英文发表中国文化思想的著作，精力如感不能久持，短篇的论文更好。今日英文已成领导的文字，实际是一种世界语，国际间文化思想的交流，英文比较容易普遍。今日不是中西文化比较的问题，而是中西文化如何合一而成世界文化的问题——如何将旧世界的思想与新世界的行动，融会而为一。这须得对于中西文化学术思想的源流能心领神会，对于现代思潮也能辨章其是非得失，而于文字尤须具有充分的控制与表现能力。迪生确是一个具备这样资格的人。他前后在美国二十年，我在北平时，据美国一个汉学者，他的学生 Creel 说：他的西洋文学的修养，比一个普通美国教授还好。他非常愿意接受我的建议。他说：他的英文，国内知名的英文学者是如楼石庵，苑雪桥、郭洽周都深知。去年暑假，我同石庵先生一起读到他的一篇纪念其本师 Irving Babbitt 的长文，石庵亦频频赞服，那用字之典雅与持论之渊博，足以见他平生学术思想之大体。其实他的中文不如他的英文，这话言自己也承认。他的中文从古文入手，古文的家法，他也不尽守，而他所写的文章的内容，又多半是现代的材料，他的见解虽高明正确，如他在浙大《国命旬刊》上所发表的几篇，然而，其行文终难引人入胜，从这点说，他是失败的。古文的句法和词汇绝不能充分的显示现代意识和现代精神，这层，他未尝不知道，无奈受古文的影响太深，而他的文章遂不知不觉地成了"改组派"的小脚了。

他的西洋文化思想的素养，使我不能窥其涯涘，当然他受白璧德的影响最深。他们虽谊属师弟，而彼此都有知己之感，这可以从他纪念白氏的那篇文章看出。白氏是美国近代人文主义的大师，在国内外观感不一，有的人极佩服，有的人也反对；但从那本纪念白氏的论文集看来，他是一个很有风趣而性情醇厚的长者。他的学问的全貌，非文学非哲学非史学，而亦文学亦哲学亦史学，迪生的学问趋向亦大略与此相同。他们是把这三者凝聚起来，一齐打破，再用水调和，然后"你泥中有我，我泥中有你”，即迪生纪念白氏文中所谓 Philosophical acumen，literary gift，solid scholarship，亦即姚姬传《古文辞类纂》序、曾文正《圣哲画像记序》所称义理、词章、考据，这三者兼而有之，才可以论人生之精微，文化之优劣；辨章学术，考镜源流；由分析而归于综合，虽综合而见其分析之精；发为文章，自然不同凡响；见诸行事，自然深切著明。

迪生在纯文学方面的造诣，我不曾见过所作，但看他圈点的诗词，欣赏力很高，见解很通达。在宜山，我同他住南街的南楼，早晚总是喃喃不息的念念有词，我是要做札记，仿佛认真工作的样儿，对于他的这类起居，其实有点烦。他读诗文每到自己得意处，不管如何，便来拉着“奇文共赏”，这时我更有点烦。其实他是很警觉的人，足见他的情谊之厚。一次，我用了一句“昏昏灯火话平生”，又一次引“风亭把盏酬孤艳”，他很高兴地说，这是荆公的佳句。可见他的欣赏力很高，记诵亦强。在南楼，他同我接连谈了三夜的生平往事，我有所感触，写了一首《浣溪纱》送他看，他起初还表示一种 Coy refusai，后来说：“我们寻弘度去，发起一个诗社好不？诗词要练练才好。”那时刘弘度先生同我们隔了一条街住，可见他很富有文学趣味的。

二十八、九两年，我避居乐山附近古寺中，空山楼阁，寒林晚鸦，几与外界隔绝往来，一意撰述《魏晋南北朝史稿》，承他不断来函相慰，谈今论古，在那样的孤寂生活中，有这样一个热情的天涯知己，亦足以自豪。三十年，我来重庆，陆续抽出史稿三四篇发表，其中两篇是关于魏晋清谈的，承他谬赞，复加以商榷。他说：

> 反复研读，觉大著组织缜密，识解深刻，具有申、韩家法。又弦外之音，所谓“历史非仅纸上陈述”，正见人之贤愚忠奸，千载如一日也。弟意道、法两家之所以同，自史公以来，未有能予以适当之解释者。道家任自然，法家主干涉，各趋极端，有如水火，而何以史公云申、韩“皆原于道德之意?”秦、汉以来，言刑名者亦喜黄、老。此实为历史上一大疑案。兄著亦未能予以明确之解答。兄云：老子之学出于阴，阴之道虽柔，而其机则杀，故学之而善者，则清静慈祥，不善者则深刻坚忍（昌群按：此数语系引魏默深《老子本义》）云云，亦只指出其一二面，实则此中微妙，犹不止此。弟觉其不止此，而亦不能得一更充足之解释，盖须于中西思想史上下

一番功夫，而后或可解决此一问题也。（昌群按：拙稿《魏晋之政与清谈之起》一文，于此意仅发其端，未遑畅论，宜其有疑。去岁成《清谈思想初论》一篇详述此意，迪生来渝时，原稿已交商务付印，仅于谈话中略有解释，他曾首肯。近日此稿已出版，而“人琴俱杳”，悲夫！）再者兄之极好材料，往往埋没于注脚中，如所引司马父子之作伪与阴险诸端，皆当置之正文中，此种材料用来更使文章有声有色，引人入胜也。古今中外不朽之史学名著，皆是文学名著，彼谈“客观”史学，或“科学式”史学者，皆其文采不足动人，故作大官以自卫耳。（三十二年五月二十五日函）

他对于客观与科学的史学之说，容有误解，或言之过甚，而“古今史学名著皆是文学名著”，却是至言。他又说：

久不奉候……实则弟何尝一日忘吾兄乎？通信之遭，在一来一往，不可少断，否则日久则话愈多，话愈多则不知从何说起，愈久愈难动笔，此弟之大病也……前次数函（昌群按：令仅偶然存此文中所发表之三函，其余都散失了！）所论著作事业，其话甚长，非面谈不能尽。简而言之，著作全视题目而定，有考证故实者，有阐发思想者，有描写生活方式者。兄所从事之魏、晋（南北朝）史，关于思想与生活方式者居多，绝非钱文子《补汉兵志》之类，故须传事而兼传人，起古人于九原使之活现纸上，“万古骚人心不死，文章作到还魂时”，此虽为《牡丹亭》而发，史学家亦可资为借镜也。吾国史书称《左传》与《史记》，非以其文章生动、长于传人而有还魂之术乎！（三十三年六月四日函）

他的这段史学见解是对的，“传事而兼传人”，都须要组织力之强，文章技术之妙，原来历史的研究过程是科学，历史的叙述过程却是文学。故史学三长——才、学、识——为古今不易之论。

前面说他的高华，下边说他的可爱。

迪生是一个性情很真率的人，朋友私下都说他是一个“大的小孩子”，“大人者，不失其赤子之心者也”，这是他的可爱处，也是他的伟大处。他是极推崇 Thomas Carlyle 的人，卡莱尔称此为 Childlike greatness，有小孩的天真坦白，而有大人的沉着深厚。他又好像李后主的词，似乎含蓄，似乎也不含蓄，只觉意兴缠绵，一往情深，毫无矫饰。

有时，在一种不调和的场合，他的风趣使得空气变为轻松。但他并无辩才，不善于辞令，却有一种直觉的机智，言谈微中，一针见血，发人深省，约简隽永，有魏晋人之流风。有时，他认为义不可屈的时候，便一怒而不可遏。他却有个好处，怒发过了，便一切烟消云散，不念旧恶。有时，他对最熟的朋友也怒，事情过了，他觉得自己输理了，仍旧来要好，毫无芥蒂存于心。弘度、石庵曾告诉我，我们都受过他这样的怒，弘度手上至今还留着一星钢笔尖点破的蓝记（那是青年时在复旦同学的时候）。我也受过这样的怒，那是从宜山南楼移到乡间的小楼上，弘度亦在座。不过都只此一次。前几天和石庵谈起，还余情袅袅，感激他对朋友的真切。他与石庵虽不常通信，他自己说，却是“太上之交”，可见他在友情上面有着超高的意境，而石庵亦许为知己之言。他能感到朋友的好意而多情，亦善于表示好意给朋友而感愉快。他具着强烈的正义感，大关节目上绝不敷衍，非贯彻主张不可。

我同他在学问的方法上不同，所以在浙大播迁中，两年患难相处，共数晨夕，他的“奇文共欣赏”的情调，当时虽使我有点烦，今日岂能再得？而他的真率，与我性情相契，则无间然。人生会意不多，相知有几！此刻我在更深入静，坐在他不久以前到我这里来坐的书案边，结束这篇吊他的文字、不觉悲从中来，泣数行下，仿佛杜少陵之梦太白，“魂来枫林青，魂返关山黑”，“死别已吞声，生别常恻恻”！

卅五年一月廿九日辱交贺昌群拜述于重庆沙坪坝松林坡

哭迪生

梅李今英

呜呼迪生！抗战终结，胜利来临，而子竟不克享太平之福乎。日夕筹划迁校回杭，而子竟不得参与乎。子所厌倦僻远之贵州，而竟以为长居之所乎。命之所招乎，天之所定乎，抑人生之颠倒刺讽乎。在渝四月，经公私医士检查，无一提及肾脏有疾，是医士之疏忽欤，抑命该如此欤。结婚十八年，英以兼课于外，未能专力家务，又素不善烹饪，未能使子饮食适意，是英之过也，何以对汝。我等之结婚，子尚记忆乎，子所持之理由，为工作上需余为助，余遂不顾一切，以为可为学问牺牲，为子工作牺牲，为人类之高美生活牺牲，又安知为生活奔驰，竟未能助子于万一也。子为人，不偏不苟，不爱钱，不慕誉，不轻动笔，不急出版，故生平落落，著作不多。而国内外各杂志之论文，均在战时散失，未完之书稿，又在杭州被焚。致子于病者此其理由之一也。一生爱国情殷，每见政府派出之国家代表，虽外语流利，而不谙国情，辄愤愧痛心。在美就学九年，在哈佛教授十二年，时刻想念祖国，归心如箭。尚忆民二十五年，决心回国，船票已定，而学生顾立雅在芝加哥大学主持中文系，特来苦留，迄于深夜，子虽为所动，终不能克胜爱国爱家之热情，复不肯失信于浙大，遂决心回国。抗战八年，愤恨哀痛，恨敌之无知，伤城镇市民之受损，此子致病之第二理由也。志虽严正，而对儿女之慈祥，实所罕见，在美友人常引为妙谈。为儿女购买衣物，非最佳者不购，儿女有病，忧虑不已，非即延医不稍放心，常言“汝不知我如何切爱余之家庭，及余儿女”。抗战期间，迟之不带儿女入内地，恐生活骤变影响健康。然友人邀留港任事，则以不能“背弃职务”（desert my post）为辞。及香港事变，不通消息者，三越月，因洞悉港地形势知其危险，不安睡者两月余，又不知延医服药，精神紧张，心绪愁闷，此其致病之第三理由也。去年（三十三年）战事危急，延及黔境，乘舍妹包车之便，促英携儿女赴渝，己则留遵，不忍弃校先行。忧国家大势，虑学校员生安全，朝夕不宁，遂有十二月廿七日之气困脉搏之危急，此致病之第四理由也。抗战八年，同事中有一粥一饭者，有儿女停学者，有学生衣食不敷者，因营养不足病而休学者，子必摇头浩叹。平生爱食豆腐，举碗临飧时，常谓“吾校学生每日不能得一方豆腐之营养”，辄为之饮食不快。每赴渝即将实情向教育部陈述。又浙大分三处，精神不能一贯，耿耿于心，此致病之第五理由也。嗟乎迪生！想念子之生平，余安得不痛心想念。子之寿促，余安得不悲怨乎！抗战八年，校中各种奖助金，绝不肯申请、谓“汝我均作事，虽困苦，不致于最苦，我申请若得，无助者又增一人矣”。尚忆在美时，有交换教授政府人员带玉器或刺绣卖换美金。家况困难时，英曾带笑带真谈说及此，子蹴足怒，曰“让全世界有一人非为金钱而来美”！英亦非善于筹划生计者，以后虽人口加增，弟侄学费担负日重，亦不敢再提此种事矣。近年来，以为总有一日可脱离校务，暂停授课，半亩田园，可以安心著作。呜呼迪生！检阅遗稿，著作计划按年编月，至民国四十三年为止，天竟不假年以竟其志乎！尚有两年即可退休，竟不可得。即教学三十年应得之一年休假，亦因战时而未果。迪生迪生！子尝说英命真苦，然不如子命之苦也。九月间病发时，欲借小包车到筑，卒至病重始得机会，而吾国汽车不少，乘小包车赴宴会消遣时日者大有人也。嗟夫迪生！教学三十年，生而无养身之具，终而无置棺之力。使人望教育门墙而生畏，英安能不为教育界悲怨，不为吾国教育战栗也。病重时，梦中犹以生徒学业，浙大发展，国家分裂为怀，东北困境，上课开会，喃喃不息。医生护士摇头叹息，以其虽病而绝对不能休养也。除呼家人名字外，无一语及家事。英上念老母，下顾儿女，又安能释然于心也。一生待人宽大为怀，有告以潜言者，一笑置之，交好聘任如故。而对学生学业，则极严正，不稍苟且，常以达最高标准尽力工作为诫。对学生貌似冷淡，然内心之关切期望，知之者方知子为人之热情也。在东南大学主持西洋文学系时，某年以主张不行，离职欲去，全系学生苦切挽留，甚至有流泪下跪者，挽留师长，恳切如此，全校异之，而子亦为之感动而复留。呜呼迪生！汝忽尔而去，我何以慰汝，何以自慰，何以慰儿女，又何以慰汝我七十五龄之老母乎！只有祈求上帝赐英力量，以尽汝未尽之责，子如有灵，应为我一助也。英苦痛中，勉以自慰者有二：

一则子自染病至临终时，毫无痛苦，安宁过此生死河，平安到彼岸。二则出乎意料之外，忽欲领洗礼信教。女儿常说恐父今生不肯相信基督，而子最终遂有所觉悟，谓不独个人须有宗教，而全国亦需要宗教，以真诚而负责者少，故国难频频，因此子有圣诞日之受洗。故临终时无所畏惧，无所牵挂。迪生迪生！愿子平平安安，魂升天国，无忧无虑，安心休息。汝之子女，必不至于辍学，汝之老母，必不致于冻馁。在天国稍待，英不久亦至矣。夫复何言，呜呼痛哉！

梅迪生先生追悼大会纪略

《国立浙江大学校刊》

一月二十七日，阴沉欲雨之天。本校同人于该日上午九时前，齐集何家巷五号教室，大门内外，皆扎有松竹门坊，缀以棉字素花，二门内有蒋主席旌表“人师典型”四字，侧室内四壁悬迪生先生生前有关照片殆遍，各方唁函，或贴壁上，或置案头，院内挽联依次密列，直达于礼堂。礼堂布置，一依宗教仪式，中设供台，台上幕幔重重，银烛两两成列，凄然作焰，幕前供桌之上，花香果品殆满，幕上缀有梅迪生先生追掉大会素字及梅先生遗像，左右两壁，挽辞相属，台下花圈簇簇，素馨令人恻恻。

时既逾，乃宣布开会，梅夫人偕子女入场时，俱掩面滴泪，全场数百士女，举为之酸鼻。当由竺长主祭，黄尊生、郭斌龢两教授陪祭，全体肃立行礼如仪，并为迪生先生志哀三分钟，默毕，全体就座。由主祭致开会辞，竺校长沉重久久作“梅先生死了”一语后，呜咽片刻，未能为续，继而谓先生襟怀超然，淡于名利，生平悬格至高以衡天下士，故似落落寡合，然文学造诣极深，不轻落墨，读其欧文·白璧德纪念册中之一文，诚至优美，今人厚责人而躬自薄，非白璧德与先生之所许可，乃如阳春白雪，曲高和寡云云。继献花圈，读祭文，文曰：

惟中华民国三十五年一月二十七日，竺可桢率国立浙江大学全体同人，谨以清酌鲜花之奠，致祭于文学院院长梅迪生先生之灵曰：呜呼先生，竟与世辞，友生陨涕，薄海兴悲，先生德量，如陂千顷，澄清淆浊，无损其静，先生之学，中西综贯，真识所照，明霞天牢，既长文院，七载殷勤，劬心瘁力，卒殒其身，遗德在人，教泽弥久，浙水黔山，同垂不朽，穷乡困处，无以娱嬉，旷怀和气，发我天机，玄言解颐，中蕴至理，四坐倾听，如饮醇醴，相期异日，都讲湖山，孤舟载酒，清波往还，高趣遐情，啸傲丘壑，一暝空棺，永辜宿约。呜呼哀哉，先生少时，游学绝国，怀实来归，思展鹏翼，一试中阻，再渡沧溟，归值大难，国命几倾，禹甸重光，群英骧首，如何先生，乃竟不寿，为天下恸，兼哭其私，九原有灵，庶其听之。呜呼哀哉！尚飨。

继邓爽女士代梅夫人读家属祭文，一字一泪，举座多涕泪交颐，来宾学校刘教育长演说，略谓梅先生不朽，吾人当善承其志，发扬光大云云。

继报告病况，先后由李天助、陈晓光、王焕镳三先生报告病情及死葬经过，至为详尽，并多所提及梅先生真性情处，爱家国，弥留不忘教学，可谓以身殉讲坛。继教授代表及学生团体代表先后致辞。

郭斌龢、黄尊生、张绍忠、张其昀诸先生，及学生自治会、文学院外文系等代表，先后演说。

末家属答辞，由梅公子本修作言。梅公子既登台，同人俱悲不自胜。及梅公子于答辞中称及“爸爸”，同人多至于汎澜，肃穆、凄痛异常。最后再唱圣诗，梅先生虽魂归天上，似栩栩仍在人间也。因于哀音袅绕中，宣告礼成散会。

梅公子本修君答辞

各位伯伯、哥哥、姊姊：

妈妈今天要我代表全家向各位答谢。姊姊和我，不能侍奉爸爸，以致生病，一切的医药看护，都不能救得生命；爸爸竟然离开这个世界，离开我们了！爸爸志愿，还没有完成，我们姊妹，还没有长大；今后没有爸爸教训了！没有爸爸爱护了！年幼丧父，这是我们一生的痛苦！我亲爱的爸爸生病时，各位常来慰问，送许多好吃的东西。今天又开会纪念，我们全家，深深的感谢！爸爸在天之灵，看到今天的典礼，一定点点头，笑微微的，谢谢各位！谢谢各位！

墨泪余沛

追悼会中，充满了悲肃情绪，竺校长以三十余年的老友，主祭发言，一时感情悲不自胜，至于久久不克吐辞，讲毕自认为弱点，然一往情深，举座为之悲抑。

郭斌龢教授忆梅先生生前参与追悼会说的话“生前一棵草，死后一个宝”，又尝刻绘雄辩滔滔、自鸣得意者为“betrider”云，有六朝人的隽永，而发人清醒，最具至理。

张其昀教授拟为梅先生编印遗著，梅先生文虽不多，要其必传，一俟汇抄齐全，即寄上海科学图书公司梓印。黄尊生教授以地下天上为言，尝谓梅先生遗蜕虽在黄泉，而魂归天国，永其不朽。张绍忠教授谓梅先生尝于知道了错误后立时承认，从不自掩饰，虽小节倒如何地令人回味他这人的兀自可爱。

陈晓光先生为梅先生生平拈出一“爱”字，诚哉！记得先前有人提倡“爱、悔、恨”三个字，梅先生即斥“悔、恨”两字为不当，以为中国人传统精神只是一“爱”字，□然慈祥之怀，仅见一片如海的春光。呜呼，此境最是难得，但实目前中国乃至世界人类所急需，胜似布帛菽麦万倍。追悼会依序进行中，有几幕拍人镜头，永留悲思不匮。而梅先生之死和这次追悼会中的沉痛表现，曾给予同人以一次感情净化的作用。

自梅先生逝世消息传出后，各处唁电，来遵不绝，先后收到者有：英大使薛穆夫人、行政院宋院长、教部朱部长、杭次长、内政部张部长、中大吴长、楼院长、王耀武将军、邵力子、雷震、张道藩、陈衡哲、刘永济、罗凤超、范存忠、任鸿隽、张更、卫梃生、陈叔谅、周甦生，陈长蘅、李世家、胡先骕、陈逸凡、胡刚复等诸先生，及本校同学会□长分会、外语班等多件，真可谓为薄海同悲。

重庆方面，由南高、东大、中大同学会及本校同学会负责人陈叔谅、沈同洽、张启华、郭志嵩四先生筹备，拟于二月十日，假中央图书馆举行，并请由朱部长主祭云。

以上两同学会在遵本校追悼会中皆有挽章，南高、东大、中大同学会为：“不激不随，力挽狂澜，出海□瞰启东土；廓新靡故，痛失良导，临风悲泪溢中流。”本校毕业同学会为：“劲节励苍松学硕名尊异国俊髦齐泥首；悲歌动黄竹山颓大坏旧时桃李丰天声。”梅先生两度设教东大、中大，为时约六年，然不及在本校之久，计为十年。特在哈佛大学设教尤长，为期至十二年。

梅夫人李今英女士，现任本校外文学系教授；长女公子仪慈女士，本校一年级；二女公子仪昭女士，肄业遵义高中；三女公子仪芝女士，肄业遵义初中；公子本修君，齿最称稚，肄业本校附属小学。清淑萃于一门。

追悼会场入口，置有三尺素绫一方，参加者签名其上，墨痕殆满。任招待之同学，同时忙为每人束黑布哀徽，颇为周到。

（原载《国立浙江大学校刊》1946 年第 140 期复刊）

记梅光迪与胡适关于文学革命的一重公案

詹寿山

梅光迪死了，我老是想写点什么，可是为了人事的纷扰，没有写出。

他是在去年十二月二十七日病死在贵阳医学院附设医院里的：只有一家报纸载有一则短短的消息。那时我正在读胡适的《藏晖室劄记》，他们那一群当时在美国留学的情形，尤其他和胡氏的“文学革命”之争，真是历历在目。

我不认识梅光迪，可是他给予我的印象，却是相当深刻的。我去东大读书的那一年，他已经离开东大了。可是就在这一年以前，我似乎听到有如此的说法：东大学生笑北大学生中了“狐迷”（胡也），北大学生笑东大学生染了“梅毒”。那时文白之争，正甚剧烈。北大的《新潮》在写白话文、白语诗，东大的《学衡》，仍在写文言，写旧诗（《学衡》就是梅氏主编的，梅氏主张白话可用，文言决不可毁）。旗鼓相当，大有势均力敌之慨。记得当时我的幼稚的心理，真不知这“南梅”“北胡”是两个何等人物。真想他们有个“鹅湖之会”，像考象山一样，来公开辩论一番，究竟还是文言好，白话好。

时间是一转二十年了。我没有读过他专门的著述，有人说他没有写过什么专门著述，不过我在一些刊物中，也曾零星地读过他关于《红楼梦》的写作。他对《红楼梦》的评价很高，但我的感觉是：《红梦梦》胡适早就提倡过，梅氏今天还在谈《红楼梦》，究竟还是胡受他的影响？还是他受胡的影响？

这里我想记出他和胡适关于“文学革命”一重公案，以纪念他的死。不过材料是根据《藏晖室劄记》一方面的记录，是否公允？希望能在他的遗著中，发现他留学时期的记录。

一　文学革命一词最初的提出

初，胡、梅均在康奈尔读书。梅去哈佛（民四，一九一五），胡赠一长诗，中有句云："梅生梅生毋自鄙，神州文学久枯馁。百年未有健者起，文学革命其时矣。"这似乎是"文学革命"一词最初的提出。也许他们平常已经讨论过，但也可于此见胡当时对梅期许之深。

不久胡亦去哥伦比亚，任叔永（鸿隽）有一首戏赠诗，题目是《任生用胡生送梅生往哈佛大学句，送胡生往科伦比亚大学》，诗是："牛敦爱迭孙，培根客尔文。索虏与霍桑，'烟士披里纯'。鞭笞一车鬼，为君生琼英。文学今革命，作歌送胡生。"

胡有一首依韵诗："诗国革命何自始？要须作诗如作文。琢镂粉饰伤元气，貌似未必诗之纯。小人行文颇大胆，诸公一一皆人英。愿共僇力莫相笑，我辈不作腐儒生。"

大概因为这两首诗的原故，梅有书致胡，论"文之文字"（Prose Didtion）与"诗之文字"截然为两途，并谓"若仅移文之文字于诗，即谓之革命，则不可，以其大易也"。胡亦有一覆书，论"诗界革命何自始，要须作诗如作文"之意，略谓："今日文学大病，在于徒有形式而无精神，徒有文而无质，徒有铿锵之韵貌似之辞而已。今欲救此文胜之弊，宜从三事入手：第一，须言之有物；第二，须讲文法；第三，当用文之文字时不可避之。三者皆以质救文胜之敌也。"

此一论战，因任诗而起，任几为当事人，故任亦有一书致胡。而且梅胡争端，任多袒梅，其言常使胡折服。任书："无论诗文，皆当有质。有文无质，则成吾国近世萎靡腐朽之文学，吾人正当廓而清之。然使以文学革命自命者，乃言之无文，欲其行远，得乎？近来颇思吾国文学不振，其最大原因乃在文人无学。救之之法，当从绩学入手，徒于文字形式上讨论，无当也。"

二　胡氏从事文学革命的决心

胡氏从事文学革命的决心，固由朋友，其是梅激而起。同时胡好学深思，对此一问题探讨，亦确有心得。劄记中有《吾国历史上的文学革命》一则，对中国文学史的演变进化之迹，叙述颇为扼要。首论韵文："《三百篇》变而为骚，一大革命也。又变为五言、七言、古诗，二大革命也。赋之变为无韵之骈文，三大革命也。古诗之变为律诗，四大革命也。诗之变为词，五大革命也。词之变为曲，为剧本，六大革命也。"次论文："孔子至于秦汉，中国文体始臻完备，议论如墨翟、孟轲、韩非，说理如公孙龙、荀卿、庄周，记事如左氏、司马迁，皆不朽之文也。六朝之文亦有绝妙之作。然其时骈俪之体大盛，文以工巧雕琢见长，文法遂衰。韩退之'文起八代之衰'，其功在于恢复散文，讲求文法，一脱六朝骈俪纤巧之习……然宋人谈哲理者，似悟古文之不适于用，于是语录体兴焉。"他举二程、朱子、陆子语录例后，再论元人小说与语录体的关系，并举《水浒传》《西游记》的话来证明。他对元代文学及文学革命皆推崇备至："文学革命至元代而登峰造极。其时，词也，曲也，剧本也，小说也，皆第一流之文学，而皆以俚语为之。其时吾国真可谓有一种'活文学'出世。倘此革命潮流不遭明代八股之劫，不受明初七子诸文人复古之劫，则吾国之文学必已为俚语的文学，而吾国之语言，早已成为言文一致之语言，可无疑也。但丁之创意大利文，却叟诸人之创英吉利文，马丁·路德之创德意志文，未足独有千古矣。"

就是因为这样，胡氏有一首《沁园春》的誓词，那是表示他百世文学革命决心的："文章革命何疑！且准备搴旗作健儿。要前开千古，下开百世；收他臭腐，还我神奇。为大中华，造新文学，此业吾曹欲让谁？诗材料，有簇新世界，供我驱驰！"

三 梅氏对胡主张始终反对

梅氏对胡主张，始终持反对论调，不予赞同。胡氏记云："再过绮色佳时，觐庄（梅字）亦在，遂谈及'造新文学'事。觐庄大攻我'活文学'之说。细析其议论，乃全无真知灼见，似仍是前此少年使气之梅觐庄耳。觐庄治文学有一大病，则喜读文学批评家之言，而未能多读所批评之文学家原著是也。此如道听涂说，拾人牙慧，终无大成矣。此次与觐庄谈，即以直告之，甚望其能改也。"胡对梅批评之后，再记他们谈论的意见："吾以为文学在今日，不当为少数文人之私产，而当以能普及最大多数之国人为一大能事。吾又以为文学不当与人事全无关系。凡世界有永久价值之文学，皆尝有大影响于世道人心者也。"

胡对此意见，自注应从极广义言，并举《水浒》、《儒林外史》、李白、杜甫、白居易，及今之易卜生、箫伯纳、梅脱林，皆为有功世道人心之文学。梅大攻之："觐庄大攻此说，以为 Utilitarian（功利主义），又以为偷得 Tolstoi（托尔斯太）之绪余；以为此等 19 世纪之旧说，久为今人所弃置。”

胡对梅此一驳语，极不悦服，故所记对梅批评，有点怒形于色了：“余闻之大笑，夫吾之论中国文学，全从中国一方面着想，初不管欧西批评家发何议论。吾言而是也，其为 utilitarian，其为 Tolstoyan 又何损其为是。吾言而非也，但当攻其所以非之处，不必问其为 utilitarian 抑为 Tolstoyan 也。”

四　任叔永诗引起大战

胡梅争论没有多久，又为任叔永一首四言的《泛湖诗》，胡氏评“小题大做”，又评诗中“猜谜赌胜，载笑载言”二句，上句为“二十世纪之活字”，下句为“五千年前之死句”。梅氏因寄胡以长书，大评其死字、活字之说：“读致叔永片，见所言皆不合我意……天凉人闲，姑陈数言，或亦足下所欢迎者也。足下所自矜为‘文学革命’真谛者，不外乎用‘活字’以入文，于叔永诗中稍古之字，皆所不取，以为非‘二十世纪之活字’。此种论调，固足下所恃为哓哓以提倡‘新文学’者，迪亦闻之素矣。夫文学革新，须洗去旧日腔套，务去陈言，固矣。然此非尽屏古人所用之字，而另以俗语白话代之之谓也。以俗语白话，亦数千年相传而来者，其陈腐即足下之所谓‘死字’，亦等于‘文学之文字’（Literary language）耳。大抵新奇之物多生美（Beauty）之暂时效用，足下以俗语白话为向来文学上不用之字。（此处有胡适眉批：吾并不作如此说法。）骤以入文似觉新奇而美，实则无永久之价值，因其向未经美术家之锻炼，徒诿诸愚夫愚妇无美术观念之口，历世相传，愈趋愈下，鄙俚乃不可言。足下得之乃矜矜自喜眩为创获异矣。如足下之言，则人间才智，教育选择，诸事皆无足算。（此处有胡适眉批：此尤无理。教育选择是仅为保存陈腐古董之用而已耶。）而村农伧父皆足为诗人、美术家矣；甚至非洲之黑蛮，南洋之土人，其言文无分者，最有诗人、美术家之资格矣。何足下之醉心于俗语白话如是耶！至于无所谓‘活文学’亦与足下前此言之。若取西洋之‘活文学’言之，其惟报纸乎！然报纸之文，犹经主笔者呕尽心血而来，非真直抄诸酒店杂货肆者也。文字者，世界上最守旧之物也。足下以为英之 Colloquial 及 Slang 诸字可以入英文乎？一字意义之变迁，必经数十或数百年而后成，又须经文学大家承认之而恒人始沿用之焉。足下乃视改革文字如是之易易乎！足下所谓‘廿世纪之活字’者，乃殊可骇。盖所谓‘廿世纪之活字’者。并非廿世纪人所创造，仍系数千年来祖宗所创造者。且字者代表思想之物耳，而廿世纪人之思想大抵皆受诸古人者，足下习文哲诸科，何无历史观念如是！如足下习哲学，仅读廿世纪哲人若 John Dewey，B. Russell 而置柏拉图、康德于高阁，可乎不可乎？总之，吾辈言文学革命须谨慎以出之，尤须先精究吾国文字始敢言改革。欲加用新字，须先用美术以锻炼之，非仅以俗语白话代之即可了事者也。俗语白话固亦有可用者，惟须必经美术家之锻炼耳。”

这一封信，语气颇不客气，有教训口吻（胡录此书时，中多加按语），胡氏没有覆信，只答了一首长长的白话诗。开头说：“人闲天又凉，老梅上战场。拍桌骂胡适，说话太荒唐。”结尾说：“人忙天又热，老胡弄笔墨。文章须革命，你我都有责。”

就因为这一首白话长诗，胡氏自记：“竟闯下了一场大祸，开下了一场战争。”因为梅接胡诗后，立回一信说：“读大作如儿时听《莲花落》，真所谓革尽古今中外诗人之命者！足下诚豪健哉！盖今之西洋诗界，若足下之张革命旗者亦数见不鲜……大约皆足下‘俗话诗’之流亚，皆喜以前无古人后无来者自豪，皆喜诡立名字，号召徒众，以眩骇世人之耳目，而己则从中得名士头衔以去焉……文章体裁不同，小说、词曲固可用白话，诗文则不可，此早与足下言之，故不赘。今之欧美狂澜横流，所谓‘新潮流’‘新潮流’者，耳已闻之熟矣，有心人须立定脚跟，不为所摇。诚望足下勿剽窃此种不值钱之新潮流以哄国人也……其所谓‘新潮流’‘新潮流’者，乃人间之最不祥物耳，有何革新之可言。”

梅氏这次更尖刻，尤以“从中得名士头衔以去”，伤胡脑筋，故胡氏答书亦悻然：“……来书云，所谓‘新潮流’‘新潮流’者，耳已闻之熟矣。此一语中含有足下一生大病。盖足下往往以‘耳已闻之熟’自足，而不求真知灼见。即如来书所称诸‘新潮流’，其中大有人在，大有物在，非门外汉所能肆口诋毁者也……足下痛诋“新潮流”尚可恕。至于谓‘今之美国之适行小说、杂志、戏曲，乃其最著者’，则未免厚诬‘新潮流’……今足下岂不知诸‘新潮流’皆未尝有‘通行’之光宠乎？岂不知其皆为最‘不通行’（Unpopular）之物乎？其所以不通行者，正为天下不少如足下之人，以‘新潮流’为‘人间最不祥之物’而痛绝之故耳。老夫不怕不祥，单怕一种大不祥。大不祥者何？以新潮流为人间最不祥之物，乃真人间之大不祥已……”

梅、胡二人之信，均涉意气。任叔永亦参加战争，对胡之白话诗，亦不以为然：“……足下此次实验之结果，乃完全失败是也。盖足下所作，白话则诚白话矣，韵则有韵矣，然却不可谓之诗。盖诗词之为物，除有韵之外，必须有和谐之音调、审美之辞句，非宝玉所云‘押韵就好’也……要之，白话自有白话用处（如作小说、演说等），然不能用之于诗。如凡白话皆可为诗，则吾国之京调高腔何一非诗？吾人何必说西方有长诗，东方无长诗？但将京调高腔表而出之，即可与西方之莎士比亚、米而顿、邓耐生等比肩，有是事乎？乌乎，适之！吾人今日言文学革命，乃诚见今日文学有不可不改革之处，非特文言白话之争而已。吾尝默省吾国今日文学界，即以诗论，其老者，如郑苏庵、陈三立辈，其人头脑已死，只可让其与古人同朽腐；其幼者，如南社一流人，淫滥委琐，亦去文学千里而遥，旷观国内，如吾辈欲以文学自命者，此种皆薰莸之不可同器，舍自倡一种高美芳洁之文学（非古之谓也），更无吾侪厕身之地。以足下高才有为，何为舍大道而不由，而必旁逸斜出，植美卉于荆棘之中哉？……今且假定足下之文学革命成功，将令吾国作诗者皆京调高腔，而陶谢李杜之流，永不复见于神州，则足下之功又何如哉！心所谓危，不敢不告。足下若见听，则请他方讲文学革命，勿徒以白话诗为事矣。”

任氏此信，浑厚质直，词意芳菲。胡受梅攻击以后，颇为感动，故复书亦委婉有致。原书太长，节要如下：“足下来书忠厚质直，谆谆恳恳，所以厚我者深矣。适正以感足下厚我之深，故不得不更自尽其所欲言于足下之前。又以天下真理都由质直的辩论出来，足下又非视我为‘诡立名目，号召徒众，以眩骇世人之耳目，而已则从中得名士头衔以去’者（老梅来函中语）若不为足下尽言，更当向谁说耶？”

以下胡氏不承认任书谓其白话诗为“完全失败”，借其乡俗语“戏台里喝彩”而为其诗作结，称颂其诗之长处。说此诗无凑韵之句，此诗乃是西方所谓 satire 者，此诗中大有“和谐音调”，此诗之好处在能达意。

接着讨论任函中几条要紧的议论，认白话可以入诗，并认京调高腔未尝不可成为第一流文学。他说："且足下亦知今日受人崇拜之莎氏比亚，即当时唱京调高腔者乎？莎氏诸剧，在当日并不为文人所贵重，但如吾国之水浒、三国、西游，仅受妇孺之欢迎，受'家喻户晓'之福，而不能列为第一流文学。至后世英文成为'文学的言语'之时，人始知尊莎氏，而莎氏之骨朽久矣。与莎氏并世之倍根著《论集》(Essays)，有拉丁文、英文两种本子。书既出世，倍根自言，其他日不朽之名当赖拉丁文一本；而英文本则但以供一般普通俗人之传诵耳，不足轻重也。此可见当时之英文的文学，其地位皆与今日京调高腔不相上下。英文之'白诗'Blank Verse，幸有莎氏诸人为之，故能产出第一流文学耳。"

以下举出四理由，作他"文学革命之宣言书"，并针对任函信末的话作结："嗟夫，叔永！吾岂好立异以为高哉？徒以'心所谓是，不敢不为'。吾志决矣。吾自此以后，不更作文言诗词。吾之《去国集》乃是吾绝笔的文言韵文也。足下以此意为吾序之，或更以足下所谓'心所谓危，不敢不告'者为吾序之，何如？吾诚以叔永能容吾尽言，故哓哓如是。愿叔永勿以论战之文字视之，而以言志之文字视之，则幸甚矣。"

胡与任友情似较笃，故覆信颇露情感。且文字纵横自如，更见文才。其举例立论，皆能言之成理，持之有故，非空谈文学革命者可比。宜其后日返国，主张文学革命旗帜而能有成也。

五　胡、梅二人对文学革命的纲领

梅胡论战不久，梅复有一书寄胡，提出文学革命四大纲。原书起末如何？是否有刺激感情的话？不可知。因胡氏只记出四大纲："一曰摈去通用陈言腐语，如今之南社人作诗，开口燕子、流莺、曲槛、春风等已毫无意义，徒成一种文字上之俗套（Literary Convention）而已……二曰复用古字以增加字数……字者，思想之符号。无思想，故无字……字数增而思想亦随之，而后言之有物。偶一翻阅字典，知古人称二岁马曰'驹'，三四岁马曰'駣'，八岁马曰'馴'，白额马曰'馰'……又知古人称无草木之山曰'岵'，有草木之山曰'垓'……其余字有精微之区别者，不可枚举。古人皆知之，而后人以失学与懒惰故，乃皆不之知，而以少许之字随便乱用。后人头脑之粗简可知。故吾人须增加字数，将一切好古字皆为之起死回生……三曰添入新名词，如'科学''法政'诸新名字，为旧文学中所无者。四曰选择白话中之有来源、有意义、有美术之价值者之一部分，以加入文学，然须慎之又慎耳（八月八日）。”

胡氏对此书已否作答，未详。谨记以“觐庄以第二条为最要，实则四事之中，此最为似是而非，不可不辩，他日有暇当详论之”。

当时梅胡诸人通信，或者互相传阅。是以梅胡之争，友好中参加者不止任氏一人，朱经农亦常加入。盖朱有寄胡书，说：“弟意白话诗无甚可取，吾兄所作孔丘诗，乃极古雅之作，非白话也……兄之诗谓之返古则可，谓之白话则不可。”胡答以“适极反对返古之说，宁受‘打油’之号，不欲居‘返古’之名也”。

后来胡有一书寄朱，提出“对新文学之要点，约有八事”：“一、不用典。二、不用陈套语。三、不讲对仗。四、不避俗字俗语（不嫌以白话作诗词）。五、须讲求文法——以上为形式的方面。六、不作无病之呻吟。七、不摹仿古人。八、须言之有物。——以上为精神（内容）的方面（八月二十一日）。”

这八事为后来胡氏提倡文学革命，主张八不主义的根由。梅氏四纲提出在胡氏之前，胡氏八事至少受有梅氏影响的成分。

六　胡梅辩论之最后

后来梅、胡二人由学理之争，渐趋意气，甚至伤及感情。盖二人皆年少气盛，梅偏执而胡好胜。因劄记中有《寄叔永、觐庄》诗，自序云：“觐庄有长书来挑战，吾以病故，未即答之。觐庄闻吾病，曰：‘莫不气病了？’叔永以告，余因以此戏之。”诗云：“居然梅觐庄，要气死胡适。譬如小宝玉，想打碎顽石。未免不自量，惹祸不可测。不如早罢休，迟了悔不及。”

这里所称“挑战长书”，胡氏劄记未录。不知如何挑战法？想必有使胡难堪的地方。因胡氏还记有“觐庄得此诗，答曰：‘读之甚喜，谢谢。’吾读之大笑不可仰。盖吾本欲用‘鸡蛋壳’，后乃改用‘小宝玉’。若用‘鸡蛋壳’，觐庄定不喜，亦必不谢吾矣。”不然，胡氏为什么不录原书，或摘其大要？

自此以后，梅、胡二人文字上的辩论，已少见。至晤面口头的辩论，则仍有之。胡氏记他们最后一次的辩论：“此次节假，觐庄与擘黄（唐钺）皆来游纽约。吾与觐庄日日辩论文学改良问题。觐庄别后似仍不曾有何进益，其固执守旧之态仍不稍改。夫友朋讨论，本期收观摩之益也，若固执而不肯细察他人之观点，则又何必辩也。”

梅和胡的意见，可以说始终不合的。这时离胡氏归国已只二月，故以后文学革命之辩，亦告停止。最后，胡于归国前，有诗《别叔永、杏佛、觐庄》，自记：“吾将归国，叔永作诗赠别。有‘君归何人劝我诗’之句。因念吾数年来之文学的兴趣，多出于吾友之助。若无叔永、杏佛，定无《去国集》。若无叔永、觐庄，定无《尝试集》。感此，作诗别叔永、杏佛、觐庄。”

诗一共有七首，当中涉及梅氏的是第五首：“前年任与梅，联盟成劲敌。与我论文学，经岁犹未歇。吾敌虽未降，吾志乃更决。暂不与君辩，且著《尝试集》。”

（原载《中国青年》1946 年第 14 卷第 3 期）

梅光迪

宋　晞

一　家　世

梅先生名光迪（1890—1945），字迪生，一字觐庄，安徽宣城人。梅氏在宣城是望族，宋代文学家梅圣俞、清初数学家梅文鼎等都是他的远祖，学术相传，是梅氏的家风。梅先生说："翻阅《明史》《宣城县志》及《宛陵诗集》，予常觉宣城历代名人不少，见于《中国人名辞典》者约百人。该书所载共计四万余人，宣城所占已多出其所应得之数。而梅氏一姓之名人，在宣城又首屈一指。故以后宣城梅氏之子孙，无论侨居何地，总须保存其宣城籍贯。盖因宣城梅氏在中国族姓中实为最光荣之一也。予考宣城梅氏所产人物有两种：一为文艺家，一为数学家。文艺家自圣俞公以至瞿山、雪坪、伯言（伯言一支自文穆公寄籍上元，然实宣城人也。《柏枧山房集》中屡言之，且柏枧山即在宣城）。数学家定九先生一家相传百余年。而高官厚禄者，除宋之昌言公，清之尔止（名铏，仕至左都御史）及文穆公外，乃不多得。可知梅氏以学术相传之家风矣。圣俞、定九、伯言三老在中国文化史上堪称第一流人物。圣俞之诗，晚近尤享盛名。予亦知好之，每一开卷，如对一冲和澹远之高士。定九一家数学为今日科学所乐道。梅氏家风，合文学与科学而为一，在吾国尤绝无仅有。为子孙者，当如何时时仰止而知所自勉乎。"

先生生于清光绪十六年（西元 1890 年）一月二日，12 岁应童子试，18 岁肄业安徽高等学堂，宣统三年（1911）考取第三届庚子赔款留美生考试。同年赴美入威斯康辛大学，民国二年（1913）夏天自威斯康辛大学转入芝加哥的西北大学。

二　求　学

西北大学校舍分布于芝加哥市及其邻镇艾文斯顿（Evanston），梅氏所进文理学院在艾文斯顿，距芝城约六七英里。当时中国学生在该校求学者尚有滇南董雨苍、江宁刘伯明、襄阳马伯援，及江右邹、胡二君等。梅氏对刘伯明推崇备至，他说："酷暑之中，使人心绪烦闷，坐立不宁，少年尤然，余见伯明之静坐读书，意态肃然，犹一服清凉散也。"又说："伯明在西北，得奖学金者三年，计每年免去学费外，尚有补助金数百元。其处境虽不如清华及他官费生之充裕，然寒素生活，亦勉能维持。日常衣服两三套，绝少新制，他费用更省，惟书籍一项，则不过事吝惜。室中哲学书籍，几夺去其桌椅床榻之地，除上课外，终日枯坐一室。在普通轻浮好动之美国人视之，似一东亚病夫之现身。抑知乃西北研究院中之第一高材生乎?"

先生与董、马、刘三人交往较深，由于性情相近，不喜一般美国青年学生习气，于一切交际娱乐之事，宁作门外汉。但每值休假，四人相聚，以谈笑纵横为乐；或相互徘徊密西根湖畔，羁旅之愁顿消。民国四年（1915）夏季，刘伯明获博士学位，携其新夫人归国。梅氏则转往哈佛大学研究院深造，专攻文学。时白璧德（Irving Babbitt）以新人文主义倡于哈佛，其说远承古希腊苏格拉底、柏拉图、亚里士多德之精义微言，近接文艺复兴诸贤及英国约翰生、安诺德等之遗绪，撷西方文化之菁英，考镜源流，辨章学术，卓然自成一家言。于东方学说，独近孔子。梅氏受业门下，最有深契。

先生留美期间，他的父亲每月或每两月一信，对他的求学计划，多所指导。如宣统三年（1911）七月初五日函："予查外国大学毕业可得学士，再至通儒院，一年得硕士，二年得博士。予之意见，亦望汝能得博士回里也。"又说："尔在外总要始终如一，无论何科，必须学有专长，万不可今日欲学此，明日又改学彼。游学多年，终身无一技之长，真弃材也，汝切戒之。"日常生活如注重卫生、敦品励学、作息有度等，亦再三叮嘱。研读经史书籍，每予指导。宣统三年八月十三日函云："前日晤袁澄浦，谈及尔事，亦以专攻西学为言，谓中学俟回国后再研究亦不迟。我前已再三叮咛，必不得已，亦必于四五之内，只须研究三经，或《诗》《书》《易》，或三礼，或三传及《春秋》，听尔自择。此外，如欲研究小学，可兼及《尔雅》，至多亦不得过四五经，大约每年一经毕业。如此做去，工夫亦可谓猛进矣。不必求其博览，空费脑力也。曾文正亦言专经须专一经，纯求义理，考据均可从略。予言《诗》《书》《易》为一类，三礼为一类，三传及《春秋》为一类，《尔雅》系小学工夫，为识字之阶梯，研究经史者尤不可不致力于小学。予所分之类，朱子尝主此说，亦即曾公专一经之意也。海外哪有许多工夫遍阅群经，任择一类为之，将来有暇再治群经，仍当专主一经，则工夫亦易于着手。史学只看《史记》《汉书》两种，子书先看庄、荀、墨，此外则阳明集及他集三数种而已。我仔细思量，此当为不易之论也。学问宜进之以渐，持之以恒，果能如此，则为有本之学，他日即可以无书不读矣。"

如何习字，也屡在函中提及，民国元年（1912）阳历四月十三号函云："尔在外求学，暇时甚少，即临小楷，大楷可不必兼习。但小楷纯以圆匀为主，其功在一熟字……又用笔须提得起，尔字多苟且，落笔即为笔毫所累，东倒西歪，以致左右不能相顾，钩点撇捺，无一是处，长此不改，终身决无长进，此弊在制笔不住，因制笔不住，遂不用心，流为一种习惯。须知羊毫如悬崖勒马，步步控驭，须要笔笔提得住，最忌顺拖，所谓用暗劲者也。"写字之纸，皆由国内寄去。且于用笔之外告以如何用墨。同年阴历八月十日书："谱纸一刀分作两起邮寄，前因小轮未通，是以迟迟至今。第一次白折十个，每日可写半页或一页。惟写字一道，不独在知用笔，尤贵知用墨。尔向来写字不讲究用笔，至用墨一道更不讲究。大凡写字须先磨厚墨，将笔毫灌饱，然后停顿起落，方能指挥如意。否则仅恃干毫与纸相擦，非枯槁即站不住矣。盖毫干则人不能制笔，推送吃力，钩点即不能中款式，此古人论字之大概也。"

先生的书法在其父亲书面指导之下，颇有进步。在同年九月十五日函中云："此次来信，字尚去得，大概得力于柳，似此则羊毫亦可用，不必定要紫毫、水毫矣……总而言之，波澜意度皆有帖意，其入手之始（无论正楷行草），曰一笔不苟，范我驰驱而已。"梅氏求学时代，得力于他父亲的督导者非浅，称得上学术相传、家学渊源了。

三　任教南高·哈佛

先生于民国九年（1920）夏天自美归国，应刘伯明的邀请到南京高等师范任教，南高于民国十年（1921）改为东南大学，他被任为西洋文学系主任。他的哈佛同学吴雨僧因他的邀请到校讲学。民国十一年

(1922)一月与刘伯明等创办《学衡》杂志，该杂志以“阐扬旧学，灌输新知”为职志，对于一切流行偏激的主张，时加评论，所以不免遭当时所谓学术界权威的嫉忌。在一年多的时间里，先后在《学衡》上发表了五篇论文，那就是《评提倡新文化者》(《学衡》第一期)、《评今人提倡学术之方法》(第二期)、《论今日吾国学术界之需要》(第四期)、《现今西洋人文主义》(第八期)与《安诺德之文化论》(第十四期)。旨在介绍欧西古代重要学术文艺，以及近世学者论学之作，期国人于西方文化有更真切深透的了解，而融新变故，能寻得更适当的途径。他在《评提倡新文化者》中说：“吾国数千年来，以地理关系，凡其邻近，皆文化程度远逊于我，故孤行创造，不求外助，以成此灿烂伟大之文化。先民之才智魄力，与其惨淡经营之功，盖有足使吾人自豪者。今则东西邮通，较量观摩，凡人之长，皆足用以补我之短。乃吾文化史上千载一时之遭遇，国人所当欢舞庆幸者也……而欧西文化，亦源远流长，自希腊以迄今日，各国各时，皆有足备吾人采择者。二十世纪之文化，又乌足包括欧西文化之全乎？故改造固有文化，与吸取他人文化，皆须先有彻底研究，加以至明确之评判，副以至精当之手续，合千百融贯中西之通儒大师，宣导国人，蔚为风气，则四五十年后，成效必有可睹也。”

在《论今日吾国学术界之需要》中特别强调，如能使真正学者辈出，方足以形成深闳切实的学术界，从而建设灿烂伟大的新文化。他论真正学者的训练说：“真正学者，为一国学术思想之领袖，文化之前驱，属于少数优秀分子，非多数凡民所能为也。故欲为真正学者，除特异天材外，及须有严密之训练，高洁之精神，而后能名副其实。天材定于降生之时，无讨论之余地，若其训练与精神，则有可言者。训练之道多端，而其要者有二，曰有师承，曰有专长。至其精神方面，亦有二者最足以概之，曰严格标准，曰惟真是求。”

他当时鉴于欧化东渐，一切知识思想，多为国人所未尝闻，又以语言文字之阻隔，故时人为学之苦，求师之难，更百倍于往昔。所谓学术界者，标准未立，威权未著，故有此议。

民国十三年(1924)，他离开东南大学，到美国哈佛大学任教。十六年(1927)归国，任国立中央大学代理文学院院长。未几，再到哈佛大学担任汉文副教授，迄至民国二十五年(1936)夏。其间于民国二十一年（1932）前后曾回国在中大讲学。他的美国学生顾立雅（H. G. Creel）于民国二十一年（1932）来到中国，他带着家小从南京到上海去迎接，并介绍南京方面许多学者与顾君认识，又写信介绍与北平的学者见面。在此期间他发表《孔子之风度》《九年后之回忆》等文，在《国风》杂志上刊布。《九年后之回忆》一文主要是追念已去世九年的好友刘伯明。他说伯明的为人，美点极多，如宽大为怀、笃于友谊等，而使其印象最深者有二：一以其学术与事功合一，二以其实行人格化教育也。他在《孔子之风度》一文里说："孔子除有最深之道德修养外，更富于艺术兴味，故其发于外者，不为矜严局蹐之道学家，而为雍容大雅之君子。"此文之作，乃针对有挟其一知半解之舶来学说，以揶揄孔子者也。他以一种人文主义的笔调去描写孔子，在他的笔下孔子是那样一个风趣横生、高华可爱的人。

四　执教浙大与任国民参政员

民国二十五年（1936）夏，梅氏自美归国，应国立浙江大学竺可桢校长聘，为文理学院副院长兼外国文学系主任。当其决心回国，船票已定，而学生顾立雅在芝加哥大学主持中文系，特往苦留，谈至深夜，虽为所动，然仍决定回国。此乃其爱国爱家之热情与不肯失信浙大使然。二十七年（1938）受任为国民参政员。二十八年（1939）浙江大学文理学院分为文学院与理学院，被任为文学院院长。梅氏注重通才教育，提倡人文修养，使学生闳中肆外，笃实而有光辉。惟自抗日军兴，浙大自东南转徙西南，僻居黔北遵义与湄潭，风气阻塞，且战乱日久，物价腾贵，生计固极为难窘，然师生朝夕相聚，学生课业不但没有荒废，而且有杰出的表现。此不仅理工科如此，即文科学生亦然，如外文系裘克安考取公费留学，梅氏于民国三十四年（1945）三月三十一日日记里有如下一段话："裘克安亦自青木关教育部出国学生讲习班来函，可见此后大学生虽不习实科，而出国之机会亦已渐多。而克安经过竞争极烈之考试，其一人独入选，尤为难能可贵矣。"

先生对学生学业，向极严正，不稍苟且，常以达最高标准尽力工作为诫。对学生貌似冷淡，然内心之关切期望，知道他的人才知他为人的热情。

民国三十三年（1944），始患心脏病，病发则气逆呕吐。次年春赴重庆休养，稍见康复，六月返遵义。九月病复剧，医生认为病在心肾两脏，旋赴贵阳就医。屡因战局恶化，频尝与家人别离之苦，身心交疲，致使消化不良与心脏衰弱的病况加深，卒以沉疴不治，于三十四年（1945）十二月二十七日殁于贵阳医学院附属医院，享年五十有六，安葬于贵阳六广门外八角岩圣公会墓地。

先生于民国二十六年至三十年间，先后发表《言论界之新使命》《斥伪教育》《近代大一统思想之演变》《英美合作之必然性》（以上均在浙大《国命》周刊刊载）与《卡莱尔与中国》（刊于浙大文学院集刊第一集）等文。抗日战争爆发后两月，梅氏撰《言论界之新使命》一文，有云："今日言论界所首当认定者，则在此次抗战，富于历史意义，而中国民族之复兴，亦从此历史意义中可以推测。"又说："历史意义，即因果意义也……中国今日，皆我祖我宗惨淡经营、智勇卓绝之赐。故人欲知现在，当先知过去，现在者，过去之产物也，亦即过去之化身也……近代学者，对于其本国历史相传之美德，莫不阐扬尽致，以珍惜其民族之本原，以策励其民族之迈进。吾国民族，在今日一致抗战争存、患难相共之中，舍此亦无他途也。故恢复民族自信力，打破劣等民族心理，以求现在抗战之胜利，以求民族前途之光明。一面在前方将士，对于祖传的美德，以身作则，为实际之表现。一面在后方言论家，对之为精深的宣扬，与热烈的拥护。盖明了过去，而后能解释现在，而后能勗进将来也。"阐扬光大我民族的固有美德，实乃对日抗战之精神总动员。

《斥伪教育》一文是针对抗战初期天津伪组织在敌寇指导下修改中小学教科书而作，有云："吾族对本族文化之今日，夏夷两字，已似毫无意义。然吾人所急需申明者，则凡侵占我领土，危害我主权者，我仍当以夷狄视之，斥为'无耻'，为'禽兽'。盖领土与主权之完整，为国家神圣的条件，断不容其有丝毫损失。"

《近代大一统思想之演变》一文对欧西文化传统有所阐述，他说："欧洲自中世纪以至文艺复兴，千年之间，有两大文化传统，支配社会一切。曰基督教，曰罗马帝国。自文艺复兴以至法国革命，三四百年间，更有第三文化传统，即复兴之希腊罗马文化，所谓古典主义者是也。""法国革命为古典主义与浪漫主义之共同产物，且以后者所供给之成分为多。自浪漫主义兴，则个人在宇宙中之地位骤高，各国民族在宇宙中之地位更高。因此各个民族在心理上，皆以本国文化至高无上，万古永存。然由自卫的民族主义，变为侵略的帝国主义，则为拿破仑一生事业所代表。日本素以善于模仿著称，法西斯主义者，为极端的帝国主义。日本维新以来，最钦仰德国文化，故法西斯主义除德、义两国外，独盛行于日本。日本在侵略中国的战争中，欲借武力以实现其大一统的迷梦，是人类之公敌。”

以上三文为梅氏于抗战初期发表的论文，引证据点，不落八股窠臼，足见其忧心为国，形之于笔的表现。

先生在其国民参政员任内，于民国三十三年（1944）曾提两案，一为国立各大学应增设东方语文学系，以加强东方各民族在政治、经济、文化上之联系，而维持世界永久和平案。办法是：（一）改国立各大学现有之外国语文学系为西方语文学系；（二）在国立大学已有文学院而内容比较充实者，成立东方语文学系，应包括蒙藏语文在内；（三）与各国商订交换大学教授办法，其所派之交换教授可请其担任其本国语文课程。二为大学教育在遵行国家教育方针之下应给予相当自由，以利进展案。内容包括行政效率、教员待遇与学生课程等三方面。以课程而言，主张广征各校院系主任之意见，加以修订，充实其内容，减少其数量，求精而不求多，则大学程度必能提高无疑。按这一问题，在近 40 年后的今天，仍是大学教育中求新求变的项目之一。当时部颁大学课程，限定修满 132 学分，始得毕业。1971 年前后，已增至 142 学分，最近则减为 128 学分。关于增设东方语文学系，抗战胜利以后，中央有东方语文专校之设；目前也有几所公私立大学已经设置这一学系，梅氏的心血没有白费，且培养出来的这方面的人才，很合国家的需要。只是对蒙藏语文人才的培养，政府尚未见积极推进。

五　为人处世

先生的为人处世，楼光来说得最扼要。他说：“先生为人坦白直率，往往面斥人过，不稍宽假，惟绝不藏怨宿怒。友人与先生议论不合，直言其非者，先生亦毫不介意。先生讲学论文及品评人物，往往一语破的，盖先生富于直觉，于人生体会极深，故其为学无时不以人生经验为参证，一如英国之约翰孙，与治哲学者之讲求逻辑，从事考证者之好旁征博引，而未了解人生，固截然不同也。先生风神散朗，胸襟洒落，如魏晋间人；而遇事直言，主持正义，实有儒者气象。先生以朝野方以功利主义相倡导，欲以泰西人文主义启迪后进，补偏救弊。惟先生为学虽重视人格之修养，理智之训练，而学以致用之意无时或忘，故当其寓南京太平桥时，喜读王荆公、曾文正之诗文，盖先生欲合学问事功为一，不欲徒以文章见称于世也。”

贺昌群于“八一三”之前四日，在南京初次见到梅先生，他的描绘是：“看他风致翩翩，绰绰大雅，有点尘不着之概，口里噙着烟嘴，篆烟袅袅而上，谈话时，不时仰屋而视，如有所思。但我们却终席未交一言。”他以“高华”二字称梅氏，与王伯沆赠他的“迪生守狷洁，美玉自无瑕”可以参照。梅氏虽以“狷洁”自好，其实正是他的高华处，因为他有政治家的抱负，也有政治家的胸襟。他于民国三十四年（一九四五）四月七日致贺昌群函有云：“我辈年事愈长，入世愈深，愈觉一切毫无办法。此或因个性使然，无可改变，然世间好人实在太少。我任天真，而人用机诈，我本无所为而为，而人则得寸进尺……而弟亦天赋傲骨，当然自有身分……平日嬉笑怒骂，纯取玩世态度……而弟之‘潇洒’与‘不管事’，纯是表面作法，实则内心痛苦万状。”

他的美国友人斯泰加（Dr. G. N. Steiger）说：“先生眷恋国家之福泽，其深邃热烈之忱，盖无有出其右者焉……先生之爱国雄心与学者风度，融合而发扬更明亮之光辉，实因先生对现实之真确批判，少受浮浅之外表诱惑所致。”

他的美国学生顾立雅说：“他给予学生的知识，固然不少，但大家对先生的印象最深的还是他的品格。他常说真正的学者须具有嶙峋的气节……不肯逢迎献媚，更不屑作一个随俗浮沉的乡愿……先生气度汪洋如千顷波，实因他是一个忠实的孔子信徒，继承孔子所说‘居天下之广居’的精神。他不愿仅作一个穷则独善其身的教授，更希望达则兼济天下。但因他富于理想主义，不肯随众附和，所以无缘施展他的抱负，竟以教学终其身。”

先生对儿女的慈爱，实所罕见。梅夫人说：“为儿女购买衣物，非最佳者不购，儿女有病，忧虑不已，非即延医不稍放心。常言‘汝不知我如何切爱余之家庭及余儿女。’”他给儿女的书信，都用白话文写的，非常亲切，慈祥之忱跃然纸上。他有三女一男，长女仪慈，次女仪昭，三女仪芝，子本修。抗战胜利后，梅夫人携子女赴美定居，现子女均已学成，且次第成家。长婿费维恺博士（Dr. Albert Feuerwerker）为美国研究中国近代现代史的专家之一。

六　学问渊博

先生的学问渊博，但不轻易动笔，不急求出版，所以一生著作不多。中文的著述在前面都已提到，英文的著作也少，收入《梅光迪文录》的只有三篇，即《西方觉醒了吗?》(Is the West Awakening?)、《人文主义与近代中国》（Humanism and Modern China）与《白璧德——人与师》的一篇（Article in Babbitt：Man and Teacher）。他受他的老师白璧德的影响很深，按《白璧德——人与师》一书是白氏于 1933 年病殁于康桥，其生平友好与及门弟子各为文以述其言行，凡三十九篇。先生所撰者乃该书第十五篇。篇末引中国古语“经师易得，人师难求。”(“It is easy to find a teacher of the classics，but difficult to meet with a teacher of men.”）说明白璧德确是够得上为人师。收入《梅光迪先生家书集》有四篇，此即《The task of our Generation》，《Our Need of Interest in Nationnal Affair》，《The New Chinese Scholar》，《The Chinese National Vitality》。前三篇系其在哈佛大学求学期间（1916 年）为《留美学生月报》所写的论文，最后一篇是其未刊稿。

他对中国经典文学与西洋文学都有深邃的研究。楼光来说：“今之治西学者，往往于我国固有之文化不甚了解；而治国学者，又昧于西洋立国之精神。欲求如先生之文章学问奄有东西之长，而风度如魏晋间人，气象近儒者，不可多得矣。”他的英文造诣，也为中外学者所赞佩。他的学生顾立雅说：“我知道他对中国文学，创见很多，即就对西方之了解而论，中国人能胜过他的似乎寥若晨星。他的英文写作，既达且雅，比之西方名著，也毫无逊色。”梅氏自己也说：“藏云极赞予论述白璧德先师之文，谓予之想象力表现于英文著作者远胜于中文著作。此言极是。盖两种文字不同，英文比较自由也。”

他的老师白璧德是美国近代人文主义的大师，是一位很风趣而性情醇厚的学者。他的学问全貌，非文学非哲学非史学，而亦文学亦哲学亦史学。梅氏的学问趋向大略与之相同。

他对清代的政教风俗，有许多精到的见解，他很希望有人出来把清代士大夫的生活，作很有趣的记述，因为清代的文献现在流传的还多，正可着手。这种叙传文学的表现法，对中国民族性的刻画，最具亲切的效果。叙传文学就是亦文学亦史学的体裁。民国三十二年（一九四三）五月二十五日他给贺昌群函有云："古今中外不朽之史学名著，皆是文学名著，彼谈'客观'史学，或'科学式'史学者，皆其文采不足动人，故作大言以自卫耳。"又说："吾国史籍称《左传》与《史记》，非以其文章生动，长于传人而有还魂之术乎!"原来历史的研究过程是力求客观，接近科学；历史的叙述过程要文采动人，则近文学。史学的著作能传事而兼传人，有赖组织力之强和文章技术之妙。梅氏的这段史学的见解是值得钦佩的。

他对家乡文献的整理，极为留意。他说："予与（黄）尊生谈及宣城文献，予云有重修宣城县志之意。盖旧志成于光绪十四年，最近五十余年之材料皆不在内，且其主持者亦非名手，故讹误甚多。予又云若能搜集宣城贤达之著述，刻为宣城丛书，亦大快事……宣城人才极盛于明末清初，乾隆以后大衰，近数十年则更寥落无人。每念乡贤，不觉神驰。予常谓爱人类必先爱国，爱国必先爱乡，爱乡必先爱家，爱家必先爱身。由小及大，由近及远，而后一事乃有所着手。"

他治学喜综大体，为哲学式之参悟，及艺术式之欣赏，对中西文化能洞见其底蕴，详悉其源异同与短长。梅夫人检阅先生遗稿，知其著作计划按年编月，至1954年为止。他有志于中国文化述要与近代西洋思想述要、近代西洋文学趋势的撰述。在他民国三十四年的日记里有如下的记载：

〔二月二十五日〕连日翻阅《明史》后半，曾想及能撰《明季士风》一书，岂不大快。书中可分问题十余种，如党争，好名，诗古文之变迁，制举文之变迁，评点学，布衣山人之声势，书生谈兵，白门歌场，满清入关后之抵抗，遗老等等。所取材料，除正史外，尤在野乘笔记、诗文集。此书可富有兴趣，然试问予力能为之乎。

〔二月二十六日〕昨日偶及《明季士风》一书，此乃近日所想到者，因思予近年来蓄志关于中国文化撰述，有以下数种，曰《洛下风裁》，述东汉末年党锢史实。曰《正始遗音》，述魏晋清谈状况。曰《韩文公评述》。曰《欧阳公评述》。曰《袁随园评述》。曰《曾文正评述》。曰《中国两大传统》（The Two Chinese Traditions or Man and Nature）。评述吾国人忠节与隐逸。盖入世则为忠节，出世则为隐逸。吾国数千年士大夫之立身行己，不外两途，实则一而二，二而一者也。《韩文公评述》则可阐明吾国自唐以来之文学源流。《欧阳公评述》则可窥见北宋文化及其士大夫生活之一斑。《袁随园评述》则可描写乾嘉极盛时代之景象。《曾文公评述》则可将中国固有文化最后之光荣表露作一颂词，作一总结。并欲将各书用中英文并写，一以诏示国人，一以传诸西方。至于关于西方文化方面，予亦欲作以下各种之介绍，曰《近代西洋思想述要》，将自文艺复兴以来之思想于人生上发生效力者，如理智主义（Rationalism），情感主义（Sentimentalism），由此两思想酿成美法革命，以及十九世纪至今之社会主义、共产主义、进化论、帝国主义等等，作一简要说明。纯文学方面则曰《近代西洋文学趋势》，叙述文学上之各派，如 Egotism，Primitivism，Humanitarianism，Exoticism，Etheticism，Scepticism，Medievalism，Nature，Love，Scientific Determinism，Realism，Naturalism 而总归于天才论（The Theoiy of Original Genius）。又欲取近代作者声势最显赫者二三十人个别评述。其名单暂定如下：Voltaire，Rousseau，Johnson，Goethe，Schiller，Scott，Byron，Richardson，Wordsworth，Madame Stael，Chateaubriand，Hugo，Heine，Carlyle，Emerson，Arnold，Tolstoy，Ibsen，Nietzsche，France，Whitman 等。然予忽感衰病，志强力弱，每一念及，为之怅然。若天能假我以二十五年至三十年，则可能成其十之三四，然而天意竟何如乎。

他是最适宜撰写这几部巨著的人，惜天不假年。他不失为我国现代对中西文化思想很有研究的一位学者。

1973 年

（本文有两个版本，初版题目为《梅光迪》，行文多用先生。后收入《中华民国名人传》，有改动，行文将“先生”改为“梅氏”，并加节题，文字亦有少量改动。本文采用初版，但节题名称用修订版。——编者注）

梅光迪与儒家思想

侯　健

一　前言

宣城梅光迪（1890—1945），字迪生，一字觐庄，按说应该是个颇为平凡的人。他论功名不过是位生员，论学历只到文硕士，论事业在国外仅熬到副教授，在国内仅做过遵义时代的浙江大学的文学院长，论官阶（假如算官阶的话）只当过7年的国民参政员，只提过有关教育的两个提案，却都是颇为枝节的；论著作则薄薄一本文录，连日记带家书和提案不足77页，此外附了3篇英文的，以及未收入而在《留美学生月报》上找得到的两篇半，也只得10万字上下。梅夫人说他在波士顿一家英文报上尚有文章不少，但已无从搜集，可见他自己并未十分重视那些作品。再就看得到的文字内容来推测那些见不到的，我们还是可以说，他也许惜墨如金，写起文章来也许严谨审慎，但其著作报纸性远大于学术性。最简单的证据，是他的文章，没有一篇是加过脚注的。此外，他往往发表了意见，却缺乏发挥与支持，使人无法了解他的结论，是怎样下得来的。最最麻烦的是，白话文的兴起，其来有自，其后更是翕然影从，乃至到了现在，连政府公文，也都改成了白话。梅光迪却不仅在白话运动之初，竭力反对，甚至在全国学校业以白话为教材之后，仍要独违众议，一以贯之，一直到抗战末期，提笔还是要用文言。冬烘一至于斯，岂不可笑亦复可怜？在这一点上，连与他系出同门，且曾受他一度援引的梁实秋先生，也曾期期以为不可。

纵观他的学者作家生涯，则亲如梅夫人，只能辩称他立言过分谨慎，亲如他的长女公子仪慈，在讨论民国文学时，也仅能说胡适未能了解他的传统主义，是何意义。然而他的名字，几乎是靠一篇《评提倡新文化者》留下来了，仗着胡适的《藏晖室劄记》和《四十自述》留下来了。

到了现在，任何人不讨论民国新文学动的经过则已，论到则总难免提上他一笔。虽然他常被描绘成一位反派角色，但能在不少传记专著里，特别是布尔曼的《民国名人传记》占一席地，究竟不是容易事。而名扬后世，是三代以下人人心向往之的。他能够留下姓名，显然是因为跟胡适打过笔仗。这岂不是附骥尾而登龙门的最侥幸的例子？

假使他只是如此平凡而侥幸的人物，我们尽可以羡慕，但大约不值花功夫讨论他。他的真正价值，在于他女儿提及但未详细讨论的维护传统的努力，或者如罗森所谓的，在于他是一位现代的保守主义者。后者的说法，并未能盖梅氏思想的全貌，但却绕有兴味。在中国当代文艺与思想史里，他占据一个至为特殊的地位。在年龄与教育背景上，他跟当年的所谓偶象破坏者相同，却能在众醉中维持其择善固执的态度。他对传统的认识，半自因袭，半自白璧德，或者未必深入，但他的特殊条件，却使当时的人不能漠视他的见解。同时他还纠合同道之士，进行正本清源的工作。尽管客观环境使他的努力似乎颇似白费，却不啻为今天的文化复兴运动重归灿烂埋下了火种。这当然不是说今天的文化复兴与他有必然的关系，但与他同时代的人，除了他的切近朋友以外，再没有肯为传统，实际上也便是儒家思想，冒天下之不韪，来大声疾呼的。我相信，他在自打倒孔家店到重新认定儒家思想的价值上，尽到了建立转捩契机的力量。要了解这一点，我们就要首先检讨自排斥到重新认识与接受儒家思想的过程，以及梅光迪对儒家的特殊认识。

我相信，儒家思想所以成了问题，是鸦片战争以后的西方冲击的结果。前所未有的困境，使我们大有病急乱投医的心情。希望从自身的传统里找答案的，最早的是倭仁，翼望以不变应万变，显然是昏庸老朽的办法，不切实际。俟后的体用之说，在让步中已显现了无可奈何的意味。到了康有为出来，体用有了另一变化。《孔子改制考》《新学伪经考》一类，名义上是为传统觅致新的解释，一面是古已有之，一面要使孔子符合“时者”的精神，实际上却不啻是挖文庙的墙角。然而百日的新政只使南海的圣人抓紧了孔子的牌位不放。民国肇建以来，热中的康先生，鼓动他的门徒，要袁世凯恢复祭孔，要在宪法里规定儒教为立国大本，却不仅非其时，尤其非其人。君子恶居下流，儒家乃成了因其往来非人更见其罪孽。康、梁、陈献章的努力，加上辫子军的入京，徒使儒家抬不起头来。即使没有《新青年》兴风作浪，儒家的门面便已不易维持。然而《新青年》出来了。

民国四年的《青年杂志》，笼统说来，相信个人主义，但不以儒家的修养为根据，而以卢骚的民约思想立论。卢骚与孟子同讲性善，但其动机与解释及其指归有根本上的差异，因为卢骚的性善，是说只要率性而行，便能如高一涵所说，“人人其独立自由之良心，以证公共，以造舆论”，没有求其放心的认识与要求，却是末流所趋，要以多数压迫少数的。它也相信功利主义，也便是有奶就是娘，与实验主义同样随时视环境而改变初衷，其世界是流动而无固定原则的。它还要反宗教——其实是反符瑞五行，地气风水，显示它并不知道宗教是什么，只是要表示天命不足畏，祖宗不足法，人言不足恤而已，所以它也反对旧伦理，不承认中国儒家的三纲五常，各有相对义务，却如李亦民所说，青年所受的教育，是“为人之教育”，忠孝节义，既非“植根本于汝身，由身外之伦理，课汝以片面之义务”，便非加以否定不可。所以陈独秀要说，“周礼崇尚虚文，汉黜百家而尊儒重道。各教之所昭垂，人心之所祈向，无一不与社会现实生活背道而驰。倘不改弦而更张之，则国力将莫由昭苏，社会永无宁日”。此后出现的是“只手打倒孔家店”的吴虞、“救救孩子”的鲁迅等，简直把儒家思想看做洪水猛兽，必须肃清不可了。钱玄同就说，“欲使中国不亡，欲使中国民族为二十世纪文明之民族，必以废孔学，灭道教为根本之解决”。思想要改弦更张，作为原来的思想外缘的语言，当然也非除旧布新不可。胡适提倡白话，与清末的白话运动，分别便在于后者以白话便利传统，前者则以白话推翻传统。胡适在国外，不了解国情，所以处处要为白话找传统的依据，但《新青年》激进如钱玄同，便要“以为中国文字断非新时代所适用”，而要“主张废灭汉文”了。激进的如此，缓进的则有釜底抽薪的办法，也便是提倡诸子，至少也要把儒家挤到与他家并列的地位。

当时不是没有较为清醒的，如陶履恭便“绝对地不信世界语可以通用”。刘师培、黄侃等创办了《国故》月刊来参加反抗。但他们或限于讨论枝节，不及本源，成了所谓见树不见林，或者自说自话，或者如抱着《天演论》的严复，认为文言最为完美，要废它的必然徒劳无功，只愿一笑置之，或者如最佳的代表林纾，只知道“知孔孟之不可废，则知文言之不当废"，但"余知其然而不知其所以然"。完全感情用事，说不出道理，如何说服他人？

二　梅光迪与白璧德

跟这些人比较起来，梅光迪有他的思想体系，所以声势便自不同。他在美国与胡适争论白话文的问题，焦点便在于胡要革命，他要改良。革命是要否定过去，改良则在既有的基础架构上加变化，破坏与建设的分别便很显然。而他的主张，如前面所说，半出自白璧德。白璧德根据希腊哲学、佛学和儒家思想，建立了自己的思想体系。其要点在于承认世界上各种现象，无不经常在变化中，这种变化本身便是个"常"，可见"常"是有的，依柏拉图的说法，便是一与多的现象，这说法与朱子的"理一分殊"是可以贯通的。依佛家的说法，则变属虚幻，不变的是常。我们置身世上，需要的是通常而达变，在慎思明辨中，持中庸之道，来寻觅最正确的行为标准，用儒家的（其实也是亚里斯多德的）办法，以个人行动为榜样，以求变化他人，而非如卢骚那样，在讲了半天自由以后，拍出一个共同意志来，"强迫不愿自由的也非自由不可"。在这种认识下，传统或过去的行为准则与经验便成为标准的最大根源，不能轻言更张与破坏，而其重点在于个人的修养与实践力行。其大原则是平凡而费力气的，不能危言耸听，不能哗众取宠。它甚至必然把人性看作恶的，或至少是好逸恶劳，非自求纪律不可。

梅光迪受老师的影响，但也深深地影响了老师。艾略特等白氏高足弟子，都说白氏早谙汉学。但在1919年的《卢骚与浪漫主义》出版以前，白璧德从不曾在著作里提到过中国或中国思想。梅光迪是1915年开始进哈佛，以"追随这位现代圣人"的。白氏其后的书里，不惟有时提到这位与其他中国弟子（张歆海、郭斌龢），而且提到儒家思想的地方愈来愈多。《民主与领袖》一书，几乎是以儒家思想立言的，甚至还接受孟子的"大人者不失其赤子之心者也"，虽然这句话与他一向的想法为扞格。1930年白璧德所领导的新人文主义，出版《人文主义与美国》，做最广泛的呼吁时，白氏在这本里的一篇文章（Humanism a Definition），几乎要以孔子为人文主义的最大权威了。在起初的时候，孔子是与约翰逊博士等量齐观的。他的思想与判断的转变，实在非同小可。而梅光迪所想到足堪酬庸他这位先师的，也是文庙的两庑。白氏以外，梅光迪显然深深影响了业在支加哥大学退休的顾立雅。顾的博士论文是《儒学》（*Sinism*），此后著作至丰，而刊为纸面本的有《中国思想》（*Chinese Thought*）和《孔子与中国生活方式》（*Confucianism and the Chinese Way*）两书，对儒家思想更属推崇备至。纪念梅光迪去世的美国弟子中，还有一位斯泰加，但我所知道的只限于那篇悼文，无法多说。梅光迪在国外执教十多年，在提倡儒家思想上的成就，显然较他在国内的表现，更为成功。

三　梅光迪的儒家思想

自民国四年梅光迪和胡适在美从事文学辩论开始，梅光迪对中、西传统的认识，渐趋明朗。在宣扬儒家思想上，他的英文文章，似乎远较他的中文文字重要。民国五年十一月起，梅光迪轮编《留美学生月报》的第十二卷。胡适的《文学改良刍议》发表于民国六年元月的《新青年》，恰与梅光迪在《留美学生月报》同时发表第一篇文字。这一巧合，很足以说明，虽然两人同其指归，亦即中国的国运，在认识上则属南辕北辙。梅光迪的文章前后共有三篇，题目分别是《我们这一代的任务》《我们需要关切国事》和未完成的《中国的新学者》第一部分《学者的为人》。在第一篇里，他指出，在目前的文化复兴时代，伏尔泰主义，亦即向传统挑战，有其必要。但仅以进化论为根据，来作评判的标准，则其思想必与人性中的破坏倾向相结合，而否定了恒常性的一切选择标准，只以打倒偶像传统为满足，不知这种行为，其实是以暴易暴。这种态度是卢骚式的，过份偏颇，以致忽略今天真正的需要，也便是如何求和谐，以协调当前一时的现象，刈取新旧思想融合的最佳成果。他说："我们今天所要的是世界性观念，能够不仅与任一时代的精神相合，而且与一切时代的精神相合。我们必须了解与拥有通过时间考验的一切真善美的东西，然后才能应付当前与未来的生活。这样一来，历史便成为活的力量。也只有这样，我们才有希望达到某种肯定的标准，用以衡量人类的价值标准，借以判断真伪，与辨别基本的与暂时性的事物。"这番话是安诺德的文化论和白璧德的历史透视（historical perspective）的注脚。而在精神上，却与六经皆史、孔子圣之时者，以及吾道一以贯之的主张，全合符节。梅光迪讲求评判的态度，实际是儒家所要求的慎思明辨，主诚主敬的工夫。慎思明辨的标准是历史，也便是人类经验的累积记录，积极的方面，是圣经贤传，消极的方面，是兴衰存毁，而必以祛私为首务。这些是儒家修养的鹄的，其终极要使士必为君子，必为大丈夫。对社会国家而言，君子必是良好的公民。因此，“我们需要关切国事”，便以公民立言，而以孔子为公民的最佳楷模，以曾国藩为无忝孔门弟子。梅光迪说：“今日学术领域开拓，学科遽增，我们也都学业有专攻，所以治国的事，只有委诸少数人。但能确定的是，我们纵为工程师或考古学家，总要先是公民。”最后一篇则指摘中国传统里的文人无行，胪列这种人的荡检逾闲、愤世嫉俗、不务实际的毛病，引了孔子的话来责备他们：“鸟兽不可同群。吾非斯人之徒与而谁与?”——梅光迪是反对不食人间烟火的。他最后的结论仍然是，学者必当君子，为“绅士”，而愿当代能追美孔子的时代，产生出子产、敬宣、晏平仲一流的人物来。

《梅光迪文录》中的三篇英文文章，即民国十五年刊于《国家》月刊的《西方觉醒了吗?》、廿年的《读书人》的《人文主义与现代中国》和追悼白璧德的纪念文，也都较他因而出名的《评提倡新文化者》等，更能表现他的儒家思想与传统精神，而尤以第一篇最关重要。在这一篇里，他谴责西方对中国文化欠缺了解，所以沾沾自喜，自诩高明，并且认为金钱万能，商业重于一切。梅光迪指出，这样下去，势必使西方文明，趋于毁灭，解救之道，“不在无产阶级的反叛（因为我们很容易猜想，他们能有今天豪富的地位，作为亦必相同），而在于重张中国对社会缔构的传统看法：士先商后”。他反对无产阶级，亦即反对共产主义的阶级斗争说法，立论则与北伐后梁实秋、周作人的观点同，而维护士、农、工、商的社会体系，固似保守反动，却有其实际考虑与认识在。“民以食为天”，无农就没有饭吃，而士则是主持分配的。至于工，便有流入奇技淫巧、诱人物欲的可能，商固能通有无，必但以诱人物欲为能事。人力有限，物欲无穷，其满足只导引更多的不满足。儒家虽直到朱熹，才矫枉过正地说“灭绝人欲，天理流行”，其传统总是教人“寡欲”的。《人文主义与现代中国》一篇，主要在说明白璧德及其中国弟子在提倡人文主义上的成就，立论却以维护中国传统，反对西化为宗旨。他还提出了他景仰的儒者：孔、孟、杜甫、韩愈、朱熹、曾国藩。他指陈当时思想混淆，对西方懵懂追求，但有识之士，终会醒悟，“国家与个人类似，本身所有和所欲模仿的对象之间，如先天上无和谐可能，则专恃外在模仿，必不能获益”。所以，尽管他相信中国不能复古，却能改造，而改造端赖一种新儒学运动。这简直是新生活运动、十教授宣言和 1951 年前后香港若干学者的新儒运动的先声了。纪念白璧德的一篇，推崇白氏为人师，足可在文庙配享。此外，他又重复了对韩愈与欧阳修的称扬。

与上述六篇比起来，他于民国廿一年在《国风》第三号发表的《孔子之风度》，并不见得深入了多少，但其翊赞圣教，力排诸子的用心，却是十分明显的。他说明孔子平易近人，尽管在基本原则上决不让步，却非日日正襟危坐、不苟言笑的道学家。他说，孔子“用行舍藏”的意见，足征我国“仕与隐的人生观”，不必外求老庄，儒家的传统已足。孔子排斥过分个人主义的楚狂接舆、长沮、桀溺等人，梅光迪显然视之为对老庄一流的指摘。另一面，孔子视为“德之贼也”的乡愿，梅光迪认做“昔日则开口尧舜禹汤文武周孔”，“今日则开口进化，自由平等恋爱科学方法”的假道学、新名流，其特定时地性的暗指不计，却也可以想见他心目中的传统，必以儒家为中心。由于这种认识，梅光迪又一次提出他心目中的完人及其抉择准绳：“与其取南宋之道学，无宁取北宋之名贤——范仲淹、韩琦、司马光、欧阳修、王安石（这个选择可能值得商榷），前之者的文王、周公、子产、诸葛亮、陆贽、颜真卿，后之者的曾、胡、左、彭。他对孟子似有微词，对朱熹则觉得他“自是大贤，然窃惜其未尽得孔孟真传耳”，原因是“其哲学趋于玄想”。

他前后几份名单，却透露梅光迪曾经深受曾国藩圣哲画像的影响，但更为狭隘。他显然特别重视与实际政治行动有关的行动人物，我们甚至可以想到，他真正津津乐道的典型是曾国藩。这一点十分有趣。曾国藩与朱子在夷夏之防上立场似不相同，前者以文化立言，后者正在受到异族威胁的时代，自然较重宗族。梅光迪毕生致力的是文化，他的老友吴宓甚至认为民族存否不足计，文化能够衍续就够了。但考亭先生未尝不是参预实地政治的人，只是相形官卑职小而已。孔子许之以仁的是夷、齐，频加夸奖的是“吾见其进也”的颜渊，所重在内心修养表现的外在操守。白璧德也重内心戒律，甚至引颜回为真正进步——其实是进德——的榜样。梅先生大约很希望献身实际行动。这是他的儒家思想特殊的一面。

梅光迪虽然几乎要模仿韩文公，称朱子为大醇小疵，他的儒家思想，倒颇多近理学与修正理学之处。依前面所引他的话看来，他的主张，包括士当为君子，其实是朱子的希圣希贤，以道和天下为任，所以君子不仅“不器”，还要为转移风气的领袖。因此，他是要严社会阶层之防，而要人人各安本业的。而这各安本业，以及兢业而为君子，则又出于他受西方影响得来的性恶论。朱子在表面上对荀子与韩愈一样表示不满，但却要灭绝人欲，以使天理流行。这较荀子的节欲更为严厉。如非相信性恶，所以人必不能率性而行，就不会这样想了。梅光迪也很少提及荀子，但至少认为人类好逸恶劳，所以才须内外兼修，特别是内省自制的工夫，并且进一步反对重商主义。不仅此也，他推崇王安石，王安石的政治措施在外，最麻烦的是天命不足畏等恰像跟孔子的三畏打对台。荆公的话似乎只能以荀子的立场加以解释，才能为他配享文庙找理由，也才能看出他与宋儒的渊源。天命不足畏，即荀子《非相》《天伦》之反宿命，但更极端地强调人类自由意志。祖宗不足法，大约只好说是法家所见的“三代不同俗”，但也是说必不能开倒车，为古人奴隶。人言不足恤，则是白璧德与梅光迪都反极端民主的理由。拉丁文 vox populi，vox dei 常被释为“天听自我民听”，其实恰恰相反，它说的正是众人不足与谋，否则必是筑室而道谋，只堪随波逐流，人未亡而政已不学。《学》《庸》二书均主慎独诚敬在己，择善固执，则“人言不足为重轻”。他特重道德意识，文章无一篇不是载道的。他又特重师承家法。这义理之求，大约是他不能否认的。他主张改革，但不是革命。这些趋向在《学衡》等里面更为明显。

四　梅光迪与《学衡》

梅光迪于民国八年秋返国，任南开大学英文系主任，同时在上海创办了《民心》，英文命名是 *The Nation*，套用了美国新人文主义早期根据地的刊物的名称。这本杂志，见于周策纵和胡光麃的记载，梅光迪自然要写若干文章，但我不曾见过。他在九年受刘伯明之邀，到了东南大学，便结合更多志同道合的朋友，于民国十一年一月推出了《学衡》。如陈子展所说，这批人是真正的改革者，就现有的加以修正，而不是要平地起楼或另立炉灶。在弁言里，《学衡》自称“于国学则主以切实之工夫，为精确之研究，然后整理而条析之。明其源流，着其旨要，以见吾国文化，有可与日月争光之价值……于西学则主博极群书，深窥底奥，然后明白辨析，审慎取择，庶使吾国学者，不至道听途说……陷于一偏而昧于大体”。它还力主小说而外，非用文言不可。最后这一点，不仅有些迂腐，也多少似乎自不量力。至少梅先生与吴宓先生的文言文，都似乎并不十分高明。但《学衡》如此坚持其信念，固然可能是梅光迪与胡适在美争执的余波，却也可能是真正怵忧于未来。现在能读祖先遗著的人，已是愈来愈少了。《学衡》编务由吴宓负责，但其目标宗旨，无一不似梅光迪的。甚至第一、二期里刘伯明《论学者之精神》，几乎连题目都与梅光迪在《留美学生日报》上的文章雷同。

《学衡》里的梅光迪所为文章，勉算为四篇半，因为其中绍介《现今西洋人文主义》的，只是第一章《绪言》。他是连绍述师承也不肯勤快些的。其余有三篇都是针对胡适的文学革命及其余波而发——事实上，这时的胡适，早已和陈独秀决裂，虽然决不肯放弃白话，业已展开国故研究的努力。即将创办《努力周报》，北洋政府也以白话为中小学教材了。梅光迪的反应，表面看来可谓迟钝。但如撇开这种想法，我们仍可以领会他对于原则的不舍精神。不仅此也，梅光迪所谴责的情形，今天在台湾并未完全消失。时至今日，国家民族，罹受空前浩劫，仍还有人大言炎炎，欺世盗名，高唱所谓的五四精神呢。梅光迪的《评提倡新文化者》《评今人提倡学术之方法》《论今日吾国学术界之需要》，无不有振聋发聩之心。当然，言者谆谆，听者藐藐，倒也是无可奈何的事。梅光迪在这几篇文章里，指出“若政制法制，则原于其历史民性……非深入者不能窥其究竟，而又以东西历史民性之异，适于彼者未必适于此，非仅恃模拟而已。至于教育、哲理、文学、美术，则原于其历史民性者尤深且远，窥之难，采之宜益慎”，而“惟其难也，故反易开方便之门，作伪之道，而使浮薄妄庸者，得以附会诡随，窥时俯仰，遂其功利名誉之心”。我们敢说这种情形绝迹于今天吗？第二篇认为“盖学术之事，所赖于群众协作联合声气者固多，所赖于个人天才者尤多也。天才属于少数。群众碌碌，学术真藏，非其所能窥。故倡学大师，每持冷静态度，宁守而有待，授其学于少数英俊，而不汲汲于多数庸流之知”。我们如仅想民主，仅想平等——国父所说的假平等，对梅光迪必抱反感。但如冷静思考，便知哗众取宠，决非学术之道，徒叫“人生随时代而异”，忽视其中的常，则必要事事躬亲，事倍功半。这正是实验主义的弱点。最后一篇强调为学必一有师承，二有专长。君子任重道远，自是知识贵族，劳心的领袖，所以非经训练不可。而专长与君子不器并不冲突，因为君子也要穷理研几，不能浅尝辄止，否则如何“保守纪律，惟真是求”呢?《现今四洋人文主义》显然是针对杜威、罗素等来华而发的，同时还响应了白璧德在民国十年九月对波斯顿留美学生会的谈话：“白璧德先生尤期东西相同之人文派信徒，起而结合，以跻世界于大同。”白璧德当时希望中国能派学者去美教授汉学。这一点如今是实现了。但担任这项工作的我国同胞，能否力行中国文化精义，或仅谋稻粱，甚至忘祖事仇，哗众取宠则是另一回事。

吴宓于民国十三年离开南京，前往东北大学。此后《学衡》经常脱期，到民国廿二年停刊时，只出了 79 本。但《学衡》不仅在介绍与评析中外思想上做了不少的事，例如柏拉图的《理想国》，至今也只有它的文言译本，不仅有汤用彤、景昌极等人的佛学等研究，以及柳诒征的《中国文化史》，萧纯锦的一篇《中国提倡社会主义之商榷》，应当是中华民国第一篇自学理上反□的文字，与胡适先生自实验主义立言，避重就轻，不谈是非者大不相同，而胡先生的《我的歧路》，究竟还迟了几个月。令人愧惑的是，民国十七年以后，普罗文学之争闹翻了天，自始就反□的《学衡》，竟似完全置身事外，无一语道及。

虽则如此，《学衡》虽一直到 1966 年的《文艺年鉴》上，仍遭攻讦，在当时却能联络若干志同的人与刊物，同为维护中华文化亦即儒家思想而努力。《民心》而外，当时及前后同“派”的有《史地学报》（南高，民十至十三)、《湘君季刊》（长沙明德学院，民十一)、《国学丛刊》（南高，民十二至十五)、《华国月刊》（十二至十五）等，其“盟友”至少有章炳麟、黄侃、吴梅、汪荣宝、朱祖谋、吴芳吉、钱基博等人。章孤桐的《新甲寅》，也可算同调，只大约无大来往而已。它其后又有《国风》、《国命》、天津《大公报》文学副刊及抗战时期的《思想与时代》。今天的张晓峰（其昀）先生和他在华冈的举措，仍是承继这种精神的。《学衡》的缺失不论，其成就是不能仅依成败来认定的。

五 结语

在开始的时候，我们说梅光迪几乎是“貌不惊人，艺不压众”的。这种话自然符合一部分事实，但对我们仍有相当的鼓励作用。再回到梅光迪所景仰的曾国藩，这位“中兴名臣”不是说过么，“风俗之厚薄，系于一二人之心”。梅的老友、“宿敌”胡适也常重复“功不唐捐”一句活。梅光迪当然未能挽狂澜于既倒。事实上，挽狂澜于既倒根本是不可能的事。可能的是大厦将倾，一木难支。但人类精神的可贵，由古希腊哲人看来也好，由儒家看来也好，都在于知其不可而为之，自反不馁，义无反顾。梅光迪的可敬处，端在他锲而不舍的执着勇气。我们也许可以嘲笑他顽固反动。但据他自己说，在他民国四年读到白璧德的《现代法国文学批评》一书前，也陷溺于当时流行的浪漫思想，既经皈依于白氏的新人文主义，才终生未改其操的。至少他的一以贯之的态度，与胡适先生颇有与世浮沉的情形有异。当胡适未与陈独秀交往时，“孔教方喧呶于国中”的时候，胡先生表示他并不反对以孔教为国教的。他转而对“只手打倒孔家店”的吴虞，加以揄扬，倒多少有点看风转舵的意味。梅光迪如果迂而愚，恰是“其愚不可及也”。

尽管他未能力挽狂澜，梅光迪以其个人来说，成就仍是辉煌的。他在国外国内，都在散播儒家思想上，有明显的成绩。《申报》五十周年时，胡适写《五十年来中国之文学》，曾对《学衡》加以嘲笑，但《努力周报》和整理国故，为什么不在民国十年五月或更前，而在《学衡》问世第五个月的民国十一年五月呢？《新青年》分裂，是民国九年底的事。我们不敢说胡适一定受了梅光迪的影响——他只肯承认梅光迪会使他一面态度更为激烈，一面“刍议”里分外谦和。胡先生平易近人，也十分肯于奖掖后进，但是不大肯承认错误，虽则据梅夫人说，他曾在纽约对她讲过“老梅是对的”。

梅光迪和他的朋友，竭力肯定中国亦即儒家的传统，在当时固然由于他的特殊地位，多少发生了些力量，近年在各方希望从历史里觅致经验与教训，以应付目前知识的混乱的学者，似乎也颇有转而研究以他为中心人物之一的所谓“中国现代保守派”的。我自己的皮毛钻研以外，见到的便有罗森已为加州大学贝克莱分校所写博士论文，和史耐德在纽约州大水牛城分校所写的另一篇。也在大水牛城分校执教的董保中博士，正致力于举行这方面的讨论会呢。

一个人的力量应该是有限的。儒家不这样相信。梅光迪也不相信。如果我们都不肯接受宿命，却各尽努力，中华民族的文化传统应该可以复兴与发扬、光大。

（原收入《中国现代史专题研究报告》第七辑，1977 年）

梅光迪与新文化运动

林丽月

梅光迪的思想，受哈佛大学文学教授白璧德的影响最大。白对中国传统文化一向深为向往，尤其钦仰孔子的中心思想“仁”。白的学术思想，远宗希腊哲人亚里斯多德，近师英国文学家安诺德。白璧德接受安诺德的文化见解，为现代价值标准的混淆而忧虑。他认为，要拨乱反正，必须以“克己复礼”为手段，亦即兼顾内省工夫及文化传统，以期在培根和卢骚所代表的功利主义和浪漫主义，及墨守旧章的古典主义之间，求得一条中庸之道，此即白璧德的新人文主义。梅光迪秉承白璧德学说，对民初以来的社会现状与学术思潮，也抱悲天悯人的忧时心情。他对五四的抨击，前期以反对胡适的文学革命为主，后期以抨击五四新文化运动为主，立论重心在文化。他强调文化不论中西，都须经过严格的批判，即须有审慎的选择。梅光迪理想中的新文化，绝非以实现儒家的人文主义为满足，其终极目标在建立一个融贯中国传统与白璧德人文主义的文化。这种新文化一方面由中国传统中衍生，一方面自西方文化精髓的吸收中得来，而其基本态度就是“审慎的评判”。这是梅光迪始终不同意胡适派所提倡的新文化运动的关键所在，也是梅光迪理想中的新文化之精华所在。

在民初反对新文化运动的人物中，梅光迪曾是相当重要的一位。当五四文学革命及各种主义甚嚣尘上之际，梅氏与吴宓、刘伯明、胡先骕等人在南京东南大学创刊的《学衡》杂志，以“阐扬旧学，灌输新知”为职志，抨击胡适等人的学说，其结果虽看似失败，未能挽狂澜于既倒，但在新旧之争的浪潮里，《学衡》诸人的态度与一般极端守旧的保守派在方法和观念上均有相当程度的差异，其反对亦有不同于保守派的份量及贡献。

梅光迪与胡适的的辩难，系开始于民国四年夏天有关“文学革命问题”的歧见。梅、胡二人是前后期的庚款留美学生，胡为第二届，梅为第三届，抵美后，时有长信往还，论学不辍。民国四年夏天，梅光迪、胡适、任鸿隽、杨铨、唐钺等人都在绮色佳度假，经常讨论中国文学问题，胡适认为古文是半死或全死的文字，梅光迪大不以为然，两人展开辩难，“文学革命”的口号即自此时喊出。民国五年，梅胡的争辩更趋激烈，以后有关文学革命问题，二人各趋极端，歧见愈深，因此在文学革命的私人讨论阶段，梅光迪是反对胡适最力的代表人物。由早期梅氏个人与胡适的辩难，到学衡派对胡适等人的抨击，其反对胡氏所提倡的新文学运动的主张始终如一，而学衡的基本立场在“以文化为体，以文学为用”，因此梅光迪的反对五四式的新文学运动，实际就是反对五四式的新文化运动。梅氏的思想及其对新文化运动的态度，是一个颇具意义的问题，值得深入讨论。

学者以梅光迪为主体的研究成果不多，国内迄今仅有侯健先生曾对梅氏个人及学衡派做过若干专题研究，国外的有加州大学柏克莱分校的罗森与纽约州立大学水牛城分校的许乃德以梅氏为中心讨论“现代保守主义”的论文，而梅氏本人的著作甚少，总共不过薄薄一本文录，内收十二篇文章，其中五篇且曾发表于《学衡》，因此研究梅氏的直接史料不多。这篇短文不拟涉及五四时期胡适等人有关文学革命的理论，以及新旧学者之间的论战内容，只拟就梅氏个人对五四新文化运动的认识及其对胡适等人的抨击，试析其特有的基本思想，以阐明梅氏所欲提倡的新文化，希望透过本文的讨论，能使有关梅氏与新文化运动的问题，获致若干较为客观而公正的解释。

梅光迪的生平及其思想渊源

梅光迪，字迪生，一字觐庄，安徽宣城人，清光绪十六年（1890）生。宣统三年（1911）以庚款赴美，初入威斯康辛大学深造。民国二年，转往芝加哥的西北大学文理学院，四年春毕业，旋以柯瑞恩的介绍，读了美国新人文主义大师白璧德（1865—1933）的《现代法国批评大家》，惊为圣人复生，遂于秋间转往哈佛大学研究院从学于白氏，专攻西洋文学。九年，自美归国，出任南开大学英文系主任，不久应南京高等师范学校文理科主任刘伯明之邀，转往南高任教，并担任西洋文学系主任。

翌年南高改为东南大学，在哈佛与梅氏同学于白璧德的吴宓也应邀至此讲学。民国十一年一月，梅光迪与刘伯明、吴宓、胡先骕等人创办《学衡》杂志，白璧德的思想经由这些学者的介绍，开始在中国传播。民国十三年，梅氏至哈佛大学任教，此后以旅美时间居多，只在民国二十年至廿一年曾执教于南京中央大学，民国二十五年应竺可桢之聘转往国立浙江大学担任文理学院副院长兼外国文学系主任，此后数年是梅氏留在国内最久的一段时期。抗战期间，浙大迁往贵州遵义，梅氏出任浙大文学院长，并连任四届国民参政员。民国三十四年（1945）去世，享年五十六岁。

梅光迪的思想，受哈佛大学文学教授白璧德的影响最大。白氏虽不谙中文，亦从未来过东方，但对中国的传统文化一向深为向往，尤其钦仰孔子的中心思想“仁”。白氏认为，孔子主张的“克己复礼”与希腊哲人亚里斯多德及其以后的西方人文主义学者的精神是一致的，所以“凡能接受人文主义的纪律的，必趋于成为孔子所谓的君子或亚里斯多德所谓的持身端严的人”。因此论者以为，白氏思想近似入世的儒家。

白氏的学术思想，远宗希腊哲人亚里斯多德，近师英国文学家安诺德，而其有关文化的看法，得后者的见解者尤多。安诺德文学思想的主旨，源自他对十九世纪中叶西方物质文明导致的宗教式微，轻义重利、贫富不均等现象的忧虑，而对中产阶级的安于现实，旧式贵族的耽于享乐，下层群众的质鲁无文，尤感忧心。主张以文化和文学为手段，使文化为道德准绳，文学为载道之器，则文学便能达到“生的批评”的功能，促进人类社会之融洽。白璧德接受安氏有关文化的见解，也为现代价值标准的混淆而忧虑。白氏认为，当代所有的混乱现象，都是自然主义作祟所致，所谓自然主义，一面是以培根为始的科学主义，以征服自然，追求人类的舒适为职志，另一面是以卢骚为首的感情主义，以绝圣弃智，追求自然为理想。流风所及，前者造成了急功近利的功利主义，后者助长了放纵自我的浪漫主义，此为十六世纪以降西方文明发展的两大特点，亦为白氏深以为忧的时代危机。白氏认为，要拨乱反正，必须克制自然主义的扩张，而以“克己复礼”为手段，亦即兼顾内省工夫及文化传统，以期在培根和卢骚所代表的功利主义、浪漫主义，及极端墨守旧章的古典主义之间，求得一条中庸之道。此一中庸之道，即白氏的新人文主义。

因此白氏与安诺德一样，认为宗教、政治、经济等，同为人类文化活动的一部分，文学有其增进社会融洽与维护人类道德的功能，文学本身的美学特质虽亦不可忽视，但若二者无法兼得，白氏主张舍美感而取道德，换言之，其思想自人主义出发，而以文学的功能为其归宿。

梅光迪秉承师说，对民初以来的社会现状与学术思潮，亦抱持悲天悯人的忧时心情。民国十一年一月《学衡》创刊后，梅氏于一年内陆续发表五篇议论文字，其中的《现今西洋人文主义》《安诺德之文化论》即在宣扬白璧德与安诺德的文化史观。梅氏自留美时代之反对“文学革命”，至稍后在南京抨击“新文化”，基本立场是以文化立言，而兼及文学，很明显的是受安诺德与白璧德两人文化论的影响。

梅光迪对五四新文化运动的抨击

梅光迪对五四的抨击，以著述时间分，以民国四年至十年为一期，民国十一年至廿一年为另一期，依议论内容分，前期以反对胡适的文学革命为主，批评的重心在文学，后期以抨击五四新文化运动为主，立论重心在文化，而其驳斥浪漫主义影响下的新派人物的态度则并无二致。

梅光迪反对胡适有关文学革命的看法，但基本上仍赞成中国文学有改革的必要，只是手段不同而已。民国五年八月八日，梅氏在给胡适的信中，提出他的“文学革命四大纲”为：一、摈去通用陈言腐语。二、复用古字以增加字数。三、添入新名词。四、选择白话中之有来源有意义有美术之价值者之一部分以加入文学。梅氏这四大纲与胡适的“八不主义”有其共通之处，两人都是以文学改良为始，以期言之有物。四大纲中的第二条，胡适批评其“最为似是而非”，亦为两人有关文学革命最大的歧见之一。此因梅光迪重视传统，肯定古字的价值，注意字义的精确，胡适则以进化论的眼光看文字演变，力主弃旧用新，自然反对复用古字。所以胡氏的八不主义的目的是“文学革命”；而梅氏的四大纲的目的是“文学改革”。直到民国十一年，梅氏对胡氏的抨击虽益趋激烈，但对文学改革的看法并未坚持守旧的极端，梅氏认为，文言白话的递兴，只是文学体裁的增加，并非革命，文言与白话各有所长，“不可更代混淆，而有独立并存之价值”。可见梅氏不是反对白话，只是不赞成尽弃文言而独尊白话。而胡适主张文学革命应自民间文学入手，以“普及”为目标，主张“平民文学”，梅氏则主张“提高”文学水准，文学修养绝非贩夫走卒所能尽有，因此被指为提倡“贵族文学”。胡适追记两人民国五年七月二日的谈话说：“吾以为文学在今日不当为少数文人之私产，而当以能普及最大多数之国人为一大能事。吾又以为文学不当与人事全无关系，凡世界有永久价值之文学，皆尝有大影响于世道人心也。觐庄大攻此说，以为 Utilitarian（功利主义），又以为偷得 Tolstoy（托尔斯泰）之绪余，以为此等十九世纪之旧说，久为今人所弃置。”梅光迪则认为，人类的智愚各有不同，所谓“文学不当为少数文人之私产”，只能是一种理想，实际上文学修养并非人人所能拥有。至于梅氏抨击胡氏的“功利主义”，实则反对的是“急功近利”，其精神一方面契合我国孔孟的思想，另一方面承袭了安诺德与白璧德文学的道德功能的看法，并非如胡适所批评的认为文学与人事全无关系。在白话文运动中，梅氏被视为反派小丑，当作嘲笑的对象，往往有意无意地曲解或忽略其见解的全部意义，未免有欠公允。

梅光迪对五四的抨击，最具代表性的是民国十一年月发表于《学衡》第一期的《评提倡新文化者》，梅氏认为当时我国经过近数十年的革命，工商制造虽颇有成绩，政治法制却仍无进步，而“其言教育哲理文学美术，号为新文化运动者，甫一启齿，弊端丛生，恶果立现”。梅氏批评“提倡新文化者”四点：一、不是思想家而是诡辩家；二、不是创造家而是模仿家；三、不是学问家而是功名之士；四、不是教育家而是政客。梅氏认为：提倡新文化者以白话诗文乃各种时髦之主义为“创造”，实则彼等于欧西文化，并无广博精粹之研究，不过争奇炫新，震骇流俗，趁思想学术之标准未立，受高等教育者无多之时，以其“伪欧化”为沽名钓誉之手段。梅氏又指出，民初以来，因五四运动受害最烈者，莫如教育，尤其中小学生头脑简单，不辨是非，为政客所利用，使国家教育根本斫丧更甚。因此梅氏虽不否认建设新文化之必要，但以为我国文化“必有可发扬光大，久远不可磨灭者在”，而西方文化“亦源远流长，自希腊以迄今日，各国各时，皆有足备吾人采择者”。他主张，改造固有文化，与吸取他人文化，“皆须先有彻底研究，加以至明确之评判，副以至精当之手续，合千百融贯中西之通儒大师，宣导国人，蔚为风气”。其目的在透过对中西文化的审慎评判，以纠正新文化运动者过激的改革手段。

梅光迪在《学衡》发表《评今人提倡学术之方法》与《论今日吾国学术界之需要》，与前述《评提倡新文化者》，同为抨击五四而作。梅氏在《评今人提倡学术之方法》里，一方面抨击胡适、陈独秀、钱玄同等人妄加名词与好用新词，如“死文学”与“活文学”“实验主义”“我的朋友”（胡适），“国民文学”（陈独秀），“桐城谬种”“选学妖孽”（钱玄同），批评新文化运动者对西方各派思想艺术发达变迁之历史，与其比较之得失，茫无所知，而“言政治经济，则独取俄国与马克思，言哲学则独取实验主义，言西洋文学，则独取最晚出之短篇小说、独幕剧及堕落派之著作”，假平民主义为名，以沽名钓誉、震骇流俗为目的，而又不肯容纳他人，俨然上下古今，唯我独尊。另一方面，亦提出其有关学术发展之积极见解，梅氏认为“学术之事所赖于群力协作者固多，所赖个人天才者尤多也。天才属于少数，群众碌碌，学术真藏，非其所能窥；故倡学大师，每持冷静态度，宁守而有待，授其学于少数英俊，而不汲汲于多数庸流之知，盖一入多数庸流之手则误会谬传，弊端百出，学术之真精神尽失”。此与白璧德“知识贵族”观念相契合。梅氏在《论今日吾国学术界之需要》中再度强调：“真正学者，为一国学术思想之领袖，文化之前驱，属于少数优秀分子，非多数凡民所能为也。故欲为真正学者，除特异天才外，又须有严密之训练，高洁之精神，而后能名副其实。天才定于降生之时，无讨论之余地，若其训练与精神，则有可言者。训练之道多端，而其要者有二，曰有师承，曰有专长。至其精神方面，亦有二者最足以概之，曰严格标准，曰惟真是求。”梅氏抨击新文化运动者，虽留学美国，但为时太促，尚未能于学术界有重大贡献，而少数捷足之徒，急于用世，不惜忘其学者本来面目，以迎合程度幼稚之社会，结果学术之权不操于欧美帝国之人，而操于学无师承的少年。学术不重师承之弊，造成“野狐禅”的“谬种流传”，实则所谓西洋学术，只有一知半解的皮毛而已。

梅氏抨击提倡新文化者盲从新说，不问是非真伪，只重趋时与否，以“顺应世界潮流”为务，结果流为“新式之冬烘”，他说：“昔之冬烘，开口仁义礼智，尧舜周孔，而实则一无所知。今人亦开口社会主义及各种之时髦学说，亦实一无所知，非新式之冬烘而何？……以彼等而言提倡新文化，岂非羊蒙虎皮乎？”梅氏痛斥文人以剽袭、贩卖为能，尤深恶道听途说之应声虫。他认为除弊的方法是凡治一学，必须有彻底研究，“于其发达之历史，各派之比较得失，皆当悉其原委，以及上下古今融会贯通之功，而后能不依傍他人，自具心得，为独立之鉴别批评”。此即梅氏所谓之“专长”。

梅光迪以“知识阶级即知识贵族”的观念，抨击新文化运动者的“平民主义”，认为人类智愚不一，加以教育修养不同，因此学术上无所谓平等，而当代学者“妄以平民主义，施之于天然不可平等之学术界，雅俗无分，贤愚夷视，以期打破知识阶级”。实际上平民主义的真谛应在提高多数的程度，使其同享高尚文化，及人生中一切稀有可贵之产物，如哲理、文艺、科学等等，并非降低少数学者之程度，以求合于多数。梅氏强调，学术是万世之业，学者的令名，积久而后彰，“其所恃者，在少数气味相投，不轻许可，而永久继续之知识阶级”，若以学术为“多数”及“一时”之事，则失去严格标准，其流弊不可胜计。

梅氏并抨击提倡新文化者盛言科学方法，而实不知科学方法为何物，因此为学缺乏审慎客观之态度，“先有成见，而后援引相合之事实以证之，专横武断，削趾就履”，动辄称引进化论，标榜顺应“世界潮流”与“社会需要”，其结果所谓科学方法亦不过为曲学阿世之工具而已。

综观梅氏对新文化运动的抨击，其焦点有三：

一、反对提倡新文化者以西洋各种流行主义为“新”，为“顺应世界潮流”。梅氏认为彼等当时引进之外来思想，只是西方众多学派之一部分，由于没有经过彻底的研究与审慎的评判，因此流于模仿，且其模仿，“仅得糟粕”，只因国人多不谙西文，未出国门，西方各种时髦主义遂得乘虚而人。误以“糟粕”为顺应世界潮流的新思想，梅氏认为是令人痛心疾首的危机。

二、反对新文化运动的“平民主义”。梅光迪肯定人类文化的进步，系于少数聪明特出、不辞劳瘁之士，学术界的任务是赖少数学者提高多数大众的程度，不应为迁就多数大众而降低少数学者的水平。梅氏认为介绍西洋文化，应有两个确定的标准：①其本体有正当之价值，而此本体之价值，当取决于少数贤哲，不当以众人之好尚为师。②须适用于我国，即与我国固有文化之精神不相背驰，或为我国向所缺乏，可截长以补短者，或能救语国之弊而为革新改进之助者。若纯任平民主义取决于多数的原则，则以其平易近俗，或能风靡于一时，却难普遍而久远，新文化运动者以平民主义为号召，实则犯了利用愚众、混淆标准的严重错误。

三、反对新文化运动的蔑视传统。梅氏抨击胡氏以文言文为“旧文学”“死文学”的看法，并反对彼等所提倡的实验主义与浪漫主义，及其鄙弃中国传统，盲从西方学说的态度，认为要建设新文化，必先对固有文化与西方文化作严格的评判，而评判的标谁必须自历史中寻求，因为观古可以知今，而一切的今，都自传统衍生，惟有经过上下古今融会贯通的鉴识与批判，才能建设真正的新文化。实验主义以“一时”的效果为判断标准，进化论以打倒偶像传统为满足，都是过于偏颇的态度，其结果流为以暴易暴，破坏社会的和谐，抹煞新旧融合的可能。

由此观之，梅光迪对新文化运动的态度绝非顽固的守旧，只是强调文化不论中西，都须经过严格的批判，也就是说，须有审慎的选择，因此梅氏并不反对引介西方思想。《学衡》的另一中心人物吴宓，在《论新文化运动》一文中也说：论学、论人、论事都不应拘泥于新旧，“旧者不必是，新者未必非，然反是则尤不可”，主张多读西方好书，旁征博览，以取其精髓，洞见西洋文化全体之真相，其基本态度与梅氏实无二致，此亦《学衡》杂志“以中正之眼光，行批评之职事”宗旨之所在。美国学者许乃德把《学衡》纳入“国粹派”的系统，以为两者同为拥护传统国粹的保守主义者，在新文化运动的论争中，国粹派认为“国粹”是分辨华夷的关键，到了《学衡》时代，“国粹”被视为“贵族的”与美学的文化宝藏，非一般民众所能尽有，许氏认为，从《国粹学报》到《学衡》，其保守主义的思想虽有所改变，但二者基本立场始终坚持国粹之不可废弃，强调国人须以维护传统、保存国粹为己任，学衡对新文化运动的白话文学、打倒偶像的史学、实验主义的哲学等等的大力抨击，都是承接国粹派的后绪而来。因此，国粹派与学衡派是中国近代保守主义的前后两个代表。惟衡诸本文前述梅光迪对新文动的抨击，《学衡》维护传统的方式，不仅异于国粹派，且二者对西方文化取舍之态度，亦大不相同，许乃德将梅光迪《学衡》诸人归入国粹派之后的保守主义，实在没有真解他们的主张与思想。

梅光迪理想中的新文化

梅光迪虽抨击五四运动，但并不否认建设新文化的必要，梅氏颇欲自中西传统中寻绎其共通不变的常经，以为建设中国新文化之思想基础。民国六年一月，梅氏在《留学生月报》发表的《我们这一代的任务》中指出，这一代的伏尔泰主义在目前的文艺复兴中虽是必要而无可避免的，但人性的破坏倾向很高，如果不能慎思明辨，只以打倒偶像、传统为满足，则必将玉石俱焚。梅氏认为当前所需要的，不是以暴易暴，而是谋求和谐，他说："我们今天所需要的是世界性观念，能够不仅与任一时代的精神相合。我们必须了解，拥有通过时间考验的一切真善美的东西，然后才能应付当前与未来样的生活。这样一来，历史便成为活的力量。也只有这样，我们才有希望达到某种肯定的标准，用以衡量人类的价值标准，判断真伪，与辨别基本的与暂时性的东西。"

梅光迪理想中的新文化，便是在这样的基础上建构起来。梅氏重视历史，重视传统，但所重在成为"活的力量"的历史，以及能够通过时间考验的传统，换言之，梅氏所要建立新文化的基础，虽自传统中衍生，但绝非纯粹的传统，而是透过评判的结果。

1921 年 9 月，白璧德在美国波士顿举行的美东中国同学会年会上，以《中国与西方的人文教育》为题发表演说，呼吁中国人在渴望进步之时，不要一味打倒传统，效法西方"把孩子与洗澡水一起倒掉"。换言之，中国不论如何扬弃传统中形式主义的部分，仍应审慎从事，以维护伟大传统中的真理精神。白氏针对当时我国的新文化运动提出忠告，强调我国在一片"文艺复兴"声中，万万不能忽视伦理的一面，否则很可能因此失去传统中伟大的文明精粹，却未能得到西方的真正文明。梅光迪从早期在《留美学生月报》到以后在《学衡》杂志上陆续发表的几篇文章，一再强调明辨久暂与判断真伪的重要，主张就中西文化传统作一番审慎的评判，对中国传统固不应完全摒弃，对西方文化亦不宜全盘接受，其旨归都与白璧德"不要连孩子跟洗澡水一起泼出去"的警语互相契合，也是《学衡》杂志一向引为指标的文化史观的真义所在。

梅光迪的思想渊源，一方面来自儒家的慎思明辨和主诚主敬的工夫，另一方面得自西方理性主义的影响。就西方文化背景而言，五四时代，浪漫主义与理性主义一度呈对垒的状态，胡适属于前者，梅光迪属于后者，五四时代是浪漫主义盛行的时代，梅氏继承白璧德西方理性主义的影响，在提倡新文化的声浪中，其固执评判与理性的态度自然不易获得广大的回响。但梅光迪深信理性主义的真谛是亘古常新的，惟有通过理性评判的选择，才是有正当价值的选择，才能自中西传统中抽绎出世界性的共同特征，而此一传统的共同特征，便是人文主义。白璧德是美国新人主义的大师，梅在哈佛亲炙于白氏，回国后亦以宣扬白氏的人文主义，为中国文化问题把脉自任，但梅氏的儒家思想对其师亦有深刻的影响。在 1919 年以前，白氏从未在著作中提到中国或中国思想，此后因与梅光迪等中国弟子论学日繁，白氏著作中谈论中国儒家思想者亦愈来愈多，到 1930 年出版《人文主义与美国》一书时，白氏对孔子更备极推崇，几乎以孔子为人文主义的最大权威。而 1921 年 9 月，白氏在《中国与西方的人文教育》的演说辞中，已经指出："东西方的人文主义者，都以砥柱中流的少数的说法，反对民主的随波逐流的说法。凡能接受人文主义纪律的，必趋于成为孔子所谓的君子或亚里斯多德所谓的持身端严的人。"因此白氏极为钦仰孔子"仁"的哲学，强调知识分子克己复礼与公正无私的重要，以期进于所谓"君子"的境界。白氏深感十九世纪以降东方与西方的文化发展有其相似的危机，认为症结所在，"在于未能促成一种健全的国际主义"，他说："从某一意义上说，科学是国际性的，而其实际徒然达到国家势力扩张的目的。人道主义所宣扬的泛爱，其结果更属虚幻。我们为什么不促成一个'人文国际'？我们不妨说，在这个由君子组成的'国际'里，大家虽不必考虑宗教之类的微妙问题，仍可感觉他们至少能在稳健、常识与一般礼法的纲领下，团结在一起。假使这么一个人文主义的运动，能在西方创始，我希望中国也能有一个新儒家运动，以扬弃儒家思想里千百年来累积的学院与形式主义的因素为特质的新儒家思想，予以响应。"

梅光迪在新文化运动时期宣扬的人文主义正是儒家的人文主义，梅氏认定儒家传统有其恒久不变之价值，因此对五四以后一味破坏传统的新潮深以为忧，而"打倒孔家店""吃人的礼教"之声盈耳，尤令其痛心疾首，他说："自吾先圣之殁，迄今二千五百余年，其殁后本身之遭遇，虽递经波折，然未有今日之甚者……此非仅孔子一人之厄运，实亦吾民族文化之厄运也。”其维护圣教，尊重中国传统的用心，相当明显。

但梅氏理想中的新文化，绝非以实现儒家的人文主义为满足，其终极目标在建立一个融贯中国儒家传统与白璧德新人文主义的文化，因此梅氏虽反对激进派的鄙弃传统，但他所提倡的人文主义既非中国的，亦非美国的，而是国际的、世界的，这种“人文的君子的国际主义”，一方面由中国传统中衍生，一方面自西方文化精髓的吸收中得来，而其基本态度，都需透过批评，亦即梅氏所谓的“审慎的评判”，此为梅氏始终不能苟同于胡适派所提倡的新文化运动的关键所在，亦为梅氏理想中的新文化之精华所在，值得国人深思。论者往往视其为新文化运动中的顽固人物，忽略梅氏以批评与选择的态度建立新传统的用心，不仅失之偏颇，且未触及梅氏思想的核心。

结　论

十九世纪中叶以后，我国由于遭受一连串的西方冲击，国人渴望进步与富强的心愿日殷，传统思想在检讨过去与寻找方案的过程中，不断引起知识分子的重新评价，民初以来，西方思想大量涌入国内，各种主义学说蜂起，传统文化的权威愈发令人怀疑，五四以后，西方文化大盛，打倒偶像与破坏传统的思潮几乎淹没了悠久传统的潺潺清流，新文化运动时代几成中国传统沦亡的时代。

梅光迪在新文化运动时代，其年龄及教育背景皆与提倡新文化诸人相若。但在一片破坏偶像声中，梅氏始终坚守其重视传统的立场，尽管结果其择善固执的努力近乎白费，但在中国现代思想史里，梅氏的反对胡式新文化运动实有其特殊的地位，论者以为，梅氏“在自打倒孔家店到重新认定儒家思想的价值上，尽到了建立转捩契机的力量”。鉴诸五四以迄今日历次文化内涵的论争，确是相当平允的看法。

梅氏的思想，一方面得儒家思想的传统背景，一方面受到白璧德新人文主义的影响，对中西文化主张不拘新旧，但问真伪久暂，强调慎思明辨的评判态度，因此其中心理想在建立一个“世界的人文主义”文化，此人文主义的基础不仅植根于中国的儒家思想，而且可自西方古典主义以下的文化传统中得之，历史之成为活的力量，即是自此种通过时间考验的永恒价值中衍生。可见梅氏不仅在重新认定儒家思想的价值上有其贡献，而且具有调和中西、重建文化的积极理想。梅氏所维护的传统，是必须通过批判的新传统，引进西方文化固须有审慎的选择，但对中国传统亦不可不做理性的评判，因此，梅氏不仅不是新文化运动的守旧派，而且就现阶段的中华文化复兴运动而言，其调和中西与审慎评判的主张仍值得国人借镜与深思。

1979 年

（原载《五四研究论文集》，台北联经出版事业公司 1980 年版）

梅光迪先生传略

梅光道

先生字觐庄，名光迪，1890年正月二日生于安徽宣城县西梅村。6岁随其父素青公学塾就读，14岁通四书五经，参加府学乡试，中秀才（童子试）。时晚清末叶，国势孱弱，不提倡新学，难以拯救垂亡之国家。先生遵从父命，考取安徽省高等学堂，为堂长（即校长）严复（又陵）得意门生。严氏系学习海军之留英学生，中西文学，俱臻上乘。三年后，先生转学上海复旦公学（今之复旦大学）为校长李登辉博士学生，先生21岁考取官费留美学生，先在北京清华学堂留美预备班学习两年，始买棹往美利坚，考取西北大学，攻读西洋文学，四年获文学士学位。先生企求深造，继考取美国哈佛大学研究院，仍攻读西洋文学。盖哈佛为全美第一流学府，欧美著名学者，无不出身于该校。先生发愤钻研，五年后获文学博士，时先生已去国十稔，不无家国之思，遂于1920年冬回国受天津南开大学之聘，任西洋文学教授，两年后，受聘于南京国立东南大学，任西洋文学系主任。六年后，先生应其师哈佛大学文学院院长白璧德氏之邀约，前往该校担任东方文学教授，讲授东方文化与哲学等课程。在其任教十年中，为美国造就不少汉学家及熟知东方文化之学者。1937年夏，先生回国，在杭州任国立浙江大学文学院院长职务，兼任国民参政会参政员。1945年，抗日战争胜利，国人均翘望先生在学术上有所作为，孰知病魔竟夺去先生之生命，因心脏病逝世，时年五十有六，呜呼痛哉！

附录：民国三十四年十二月三十日《民国日报》第一版载《梅光迪病逝》：“（中央社贵阳二十八日电）国立浙江大学文学院长梅光迪因患心脏病及肾病，由遵义来筑医治罔效，于二十七日下午四时病逝于贵阳医学院附属医院。享年五十五岁，身后萧条，遗妻一及子女四人。”

1984年11月摘抄于皖南农学院图书馆

（原载《宣城县文史资料》1985年6月总第1辑）

我的伯父梅光迪

梅浮娟

我的伯父梅光迪，字觐庄，又名迪生，诞生于1890年（清光绪十六年一月二日），今南陵县奚滩乡西梅村（原属宣城县）一个清末秀才家里，世代书香人家（远祖，清初梅定九以天算之学卓绝于一代），家境并不富裕，过的是一般平民生活。伯父六岁时，就在先祖父执教的私塾里（后任教于宣城崇正学堂）读书。当时所学全是孔孟之道、四书五经，而且都得背诵，朗朗上口，谁问即答。伯父秉性聪颖，加之家教有素，他自入学以来，不但能默诵所读过的书，而且还能吟诗作对，出口成章，使人惊叹，祖父自然十分欢欣、钟爱，精心教养。伯父也倍加努力，进步显著，十四五岁时便读完了四书五经，精于制艺文字，经童子试，曾考中秀才，是当时乡里获科举最年轻的人，人们曾以神童的美誉称之。

伯父二十岁时，毕业于安徽省高等学堂，后考入复旦公学。时值晚清，国势日窳，而欧风东渐，美雨西来，国人倡洋务、废科举，崇尚西学。他22岁时，以优异成绩考取庚款留美学生，入北京清华学堂留美预备班学习两年。后派往美国，初入威斯康辛大学深造，1913年转往芝加哥西北大学文理学院攻读西洋文学，四年获文学士衔，是年秋，转入全美著名的哈佛大学研究院，从学于美国新人文主义大师白璧德，专攻西洋文学，五年后获文学博士学位。1920年伯父买棹归国，受聘于南开大学，任英文系主任。不久，应南京高等师范学校文理学院主任刘伯明之邀，转往南京任教，并担任西洋文学系主任（翌年南高改为东南大学），1924年伯父至美国哈佛大学授学；1927年归国任国立中央大学文学院长，旋复往哈佛。之后以旅居美国时间较多，只是在1936年应国立浙江大学竺可桢校长之聘，任浙江大学文学院院长兼西洋文学系主任。1938年遴选为国府参政员。伯父在浙大执教十年，一直到1945年冬，因积劳成疾，于同年12月27日在贵州省贵阳逝世，终年56岁。

伯父的一生，博览群籍，与东西文化均能洞见其阃奥，详悉其源流，异同修短；一生为人耿介，襟胸坦荡，严于律己，关心桑梓，痛恨日伪，热爱祖国；他治学谨严，使承学之士闳中肆外，笃实而光辉。正如贺昌群教授《哭梅先生》："迪生之死，是中西文化思想上一个巨星之殒落。"国府主席蒋公旌表为"人师典型"，行政院长宋子文挽曰"世失人师"。可见伯父之博学宏识，蔚为世用，思想文化有所贡献，此海内有识者同寄悲慨！

思想渊源

伯父留美期间，于1913年夏转西北大学，得见白璧德氏著作，深为折服。1915年转入哈佛大学从白氏学，其时受白璧德的影响较深。白氏虽不谙悉中文，也未来过东方，但对中国传统文化深为向往，尤其钦仰孔子的中心思想"仁"。他认为，孔子主张的"克己复礼"，与希腊哲人亚里士多德及其以后的西方人文主义学者的精神是一致的，所以"凡能接受人文主义的纪律的，必趋于成为孔子和亚里士多德所谓的持身端严的人"，因此论者认为，白氏思想近似入世的儒家。

白氏的学术思想，远宗希腊哲人亚里士多德，近师英国文学家安诺德，而其对有关文化的看法，得自后者的见解尤多。伯父秉承师说，对民初以来的社会现状与学术思潮，亦抱悲天悯人的忧时心情。民国十一年一月，伯父与吴宓、刘伯明、胡先骕等在南京东南大学创刊《学衡》杂志，以"阐扬旧学，灌输新知"为职志，"以文化为体，以文学为用"，其宗旨所在，实为"承东西之道统，集中外之精华"。伯父于一年内陆续发表了五篇议论文字，其中的《现今的西洋人文主义》《安诺德之文化论》即在宣扬白璧德与安诺德的文化史观。他自己留美时期之反对"文化革命"，至稍后在南京以《学衡》为基地抨击"新文化"，基本立场是以文化立言，而兼及文学，很明显地受到安诺德与白璧德两人文化论的影响。

梅光迪与五四新文化运动

伯父梅光迪和胡适都是清华庚款留美学生，胡为第二届、伯父为第三届。伯父抵美后，他俩时有长信往返，论学不辍。伯父去哈佛大学时，胡适曾诗一首送之，其中有："……梅君少年好文史，近更摭拾及欧美，新来为文颇谐诡，能令公怒令公喜……又能虚心不自是，一稿十易犹未已。梅公梅公毋自鄙……"

1915 年夏天，梅光迪、胡适、任鸿隽、杨铨、唐钺同在绮色佳度假，经常讨论中国文学的问题。胡适认为古文是半死或全死的文学，梅光迪却大不以为然，两人展开辩论，"文学革命"的口号就是从此时喊出。1916 年，梅、胡的辩论更趋激烈，此后有关文学革命问题，二人各持己见，歧见日深，因此在文学革命的私人讨论阶段，梅光迪是反对胡适最有力的代表人物。他早期由个人与胡适的辩论，到学衡派对胡适等人的抨击，其反对胡适所提倡的新文化运动的主张始终如一，而学衡的基本立场始终坚持着"以文化为体，以文学为用"。梅光迪对胡适抨击，以著作时间分，可从民国四年至十一年为一期；民国十一年至二十一年为二期。依议论内容分，前期以反对胡适的文学革命为主，批评的重心在文学；后期以五四新文化运动为主，立论重心在文化，然其驳斥浪漫主义影响下的新派人物的态度则并无二致。梅光迪反对胡适对文学革命的看法，但基本上仍赞成中国文学有改革的必要，只是手段不同而已。民国五年八月八日，伯父在给胡适的信中，提出他的"文学革命四大纲"为：一、摈去通用的陈言腐语；二、复用古字以增加字数；三、添入新名词；四、选择白话中之有来源有意义有美术价值者之一部分以加入文学。他的这四大纲领与胡适：一、不做言之无物的文学；二、不做"无病呻吟"的文学；三、不用典；四、不用套语滥调；五、不重对偶——文须废骈、诗须废律；六、不做不合法的文字；七、不摹仿古人；八、不避俗套俗语的"八不主义"有其共通之处，两人都是以文学改良为始，以期言之有物。但四大纲中的第二条，胡适难以接受，批评其"最为似是而非"（《胡适留美日记》1009 页）。他俩关于文学革命最大的分歧之一，伯父一贯重视传统教育，肯定古字的价值，注意字义的精确；胡适则以进化论的眼光看文字演变，力主弃旧用新，自然反对复用古字。所以胡适的八不主义的目的是"文学革命"；伯父的四大纲领的目的是"文学改革"。一直到民国十一年，他对胡适的抨击虽益趋激烈，但对文学改革的看法并未坚持守旧的极端，他认为，文言白话的递兴，只是文学载体的增加，并非革命，文言与白话各有所长，"不可更代混淆，而有独立并存之价值”，可见伯父不是反对白话，只是不赞成尽弃文言而独尊白话。今日视之，伯父之说亦自有真知灼见，而他反对新文学运动，反对五四新文化运动、与极端守旧的保守派在方法和观念上均有相当程度的差异，其反对亦有不同于保守派的分量。

爱国情殷

伯父一生爱国殷切，在美就学九年，在哈佛大学授业十二年。怀念祖国之情，无时不萦绕在心头，他宁愿放弃优厚的生活待遇，于 1936 年决心回国。其学生顾立雅君在芝加哥大学主持中文系，闻讯特赶来苦苦挽留，伯父虽为其精诚所动，仍婉言谢绝。抗战军兴，日寇长驱直入，占我领土，毁我城市，敌机肆无忌惮地狂轰滥炸，使我人民倒在血泊，财产损失惨重，他痛心疾首，深恨日寇惨无人道之暴行。他在《言论界之新使命》（《国风》创刊号民国二十六年十月十日）一文中提出：“我国历史上反抗外来侵略的斗争特具奋斗力量与大无畏精神，故能战胜一切他族。”他鼓励言论界应阐扬本国历史相传之美德，以珍惜其民族之本原，以策励其民族之迈进，恢复民族自信力，打破劣等民族之心理，以求现在抗战之胜利，以求民族之光明。1937 年 11 月 10 日，他又发表了《斥伪教育》，义正辞言地斥责天津伪组织提倡读经书，是企图使中国在奴化教育下成为日本帝国主义的顺民，对这一行为深恨极怨。

七七事变以后，全国多数大学因时局关系而西迁，浙大一迁建德（浙江），再迁泰和（江西），三迁宜山（广西），四迁遵义与湄潭（贵州）。在搬迁中，伯父与全校师生，历尽艰苦，将图书、仪器等设备，安全地转移到后方，战火下的弦歌不辍，学子授业日奋，伯父更加勤恳，制定教学与写作计划，弥留时还不忘教学，可谓以身殉讲坛，爱国之情深矣！正如浙大学生自治会送的挽联：“计涉历赣桂险阻而来游，卓澍清标宗师共仰；以沟通中西文化为己任，未酬宿志有道云亡。”

思想品质

伯父崇尚人应具有嶙峋的气节。他并引澹台灭明为例，子游说：“有澹台灭明者，行不由径，非公事，未尝至于堰之室也。”他不仅津津乐道这种做人的道理，而且躬而行之。他处事谨慎，不逢迎献媚，更不屑作一个随俗沉浮的乡愿。

抗战八年，同事中有不少生活艰苦，有儿女停学者，有衣食不敷者，都摇头叹息。校中有各种奖助金，以调节、平抑物价之飞涨，他从不肯申请，他对我伯母说："汝我均做事，虽贫苦，不至于最苦，我申请若得，无助者又增一人矣!"伯父平生喜食豆腐，举箸临餐时常讲："吾校学生每日不能得一方豆腐之营养。"心中大为不快，食欲顿减。

伯父待人真率坦诚，毫无矫饰。他不善于辞令，但言谈之中，一针见血，发人深省，约简隽永。当他认为义不可屈的时候，便一怒而不可遏。怒发过了，便烟消云散。有时，他对好朋友也发怒，事情过了，觉得自己输理，仍要好如故，毫无芥蒂存于心。他遇事直言，主持正义，实有儒者气象，正如他说的："吾辈处事，在开诚布公。以君子待人，绝不弄机巧，理智情感兼而用之。世之身当共冲者，辄欲以小智小数胜人，其失败也固宜。"(《梅光迪日记》1945 年 8 月 28 日)

王伯沆先生曾赠他"迪生守狷洁、美玉自无瑕"，足见伯父之为人，这两句话他常引以为知己之言。他"哲学之精微，文学之识力，聚集一身……"(贺昌群言)。他不求名，而名自归之；不求名，所以能欣赏自己，虽处忧患，有其自得之乐。他在流离转徙中，《史记》、《汉书》、庄子、荀子、墨子、王荆公和曾、左的政事文章，常不释手，也确曾下过一番功夫。它具有政治家胸襟，而绝不想做一个政客。所以他在大学里，在参政会，一般朋友认为他"潇洒""不亲事务"之故。

逝后哀荣

中央大学楼光来教授说："……先生为学虽重视人格之修养，理智之训练，而学以致用之意无时或忘……欲求先生之文章学问奄有东西之长，不可多得矣。"顾立雅博士说："就对西方之了解而论，中国人能胜过他的，似乎寥若晨星。""它的英文写作，既达且雅，比之西方著作，也毫不逊色。"

伯父逝世后，1946 年 1 月 27 日，浙江大学在遵义校本部举行"梅光迪先生追悼大会"。大会由竺可桢主持，并致悼词。全校师生于该日上午九时前，齐聚何家巷五号教室。大门内外，皆扎有松竹门坊，缀以棉字素花；二门内有国府主席蒋公旌表"人师典范"四字；侧室内，四壁悬伯父生前照片殆遍，党政军学等各方唁函；院内挽联纷陈，依次密列，或贴墙壁上，或置案头，直到于礼堂。其中有行政院院长宋子文、教育部长朱家骅、邵力子等挽联，而最能刻画出伯父梅光迪的个性、学说，以及教育、学术上贡献的，莫过于陈布雷先生与张其昀教授的挽联了。

陈氏挽曰：“融合中西，时有新思囊政教；遗忘物我，不将闲事萦心头。”

张氏挽曰：“知宽容而不流于虚无，知信仰而不流于独断，知批评而不流于愤世嫉俗之犬儒主义，此哈佛之学说，先生平素之行已教人，大体如是；至金陵而创刊有学衡，及武林而继起有国命，至播州而同人有思想时代之旗鼓重整，皆南雍之嗣响，吾辈今后欲质疑问难，又谁与归。”

是日九时既逾，乃宣布开会。伯母李今英偕子女入场时，俱掩面滴泪，全场数百女士，举为之酸鼻。当由竺校长主祭、黄尊生、郭斌龢两教授陪祭，全场肃立行礼如仪，并志哀三分钟，默毕，全体就坐，由主祭人致开会词。竺校长沉重久久，作“梅先生死了”一语后，呜咽片刻，未能为续。继而谓先生襟怀超然，淡于名利，平生悬格至高以衡天下士，故似落落寡合，然文学造诣极深，不轻落墨，读其欧文·白璧德纪念一文，诚至优美，今人厚责人而躬自薄，非白璧德与先生之所许可，曲高和寡云云。继献花圈，读祭文，文曰：

> 惟中华民国三十五年一月二十七日，竺可桢率国立浙江大学全体同人，谨以清酌鲜花之奠，致祭于文学院院长梅光迪先生之灵曰：呜呼先生，竟与世辞。友生陨涕，薄海兴悲。先生德量，如陂千顷。澄清淆浊，无损其净。先生之学，真识所照，明霞天华。既长文院，七载殷勤。劬心瘁力，卒殒其身。遗德在人，教泽弥久。浙水黔山，同垂不朽。穷乡困处，无以娱嬉。旷怀和气，发我天机。玄言解颐，申蕴至理。四坐倾听，如饮醇醴。相期异日，都讲湖山。孤舟载酒，清波往还。高趣遐情，啸傲丘壑。一瞑空棺，永辜宿约。呜呼哀哉！先生少时，游学绝国。怀实归来，思展鹏翼。一试中阻，再渡沧溟。归值大难，国命几领。禹甸重光，群英骧首。如何先生？乃竟不寿。为天不憖，兼哭其私。九原有灵，庶其听之。呜呼哀哉！尚飨。

续邓爽女士代伯母读家属祭文。一字一泪，举座多涕泪交颐。来宾步校刘震清教育长演说，略谓梅先生不朽，吾人当善其志，发扬光大。

续报告病况及死葬经过，至为详尽，后教授代表及学生团体先后致辞。

未家属答辞。由其子本修兄作言。他既登台，与会者俱悲不自胜，及在答辞中称及“爸爸”，场内人多至泪水纵横，肃穆凄痛异常。追悼会于哀音袅绕中，宣告礼成散会。

兹引述章益先生的挽联，以为本文的结束：“笃学励行，一代儒宗绍远绪；春风化雨，卅年教泽留人间。”

（本文为梅浮娟口述、崔文遵整理，原载《南陵县文史资料》1988 年总第 7 辑）

梅光迪院长在浙大

张君川

梅光迪先生的名声和《学衡》杂志是不可分的，他自美回国后与同仁在大学教书外，即专心创办《学衡》杂志，宣传欧美民主与科学精神。其中文学大师有梅先生与吴宓师，在文学上他们继承欧美文艺正统，文艺模仿自然，创造艺术形象，寓教于乐，为人生服务。他们反对无病呻吟，为艺术而艺术的文学及理论。二位大师都是学贯中西，博学多能，只是梅先生兼攻英国十八世纪文学，尤以研究约翰生博士著称，为国内唯一约翰生专家。诚然，约翰生尊崇西方古典主义文学，但并不妨碍他对莎士比亚推崇备至。梅先生虽专研十八世纪英国文学，但对世界上优秀文学流派亦极欣赏，真可称得起一专多能。他对中国文学造诣颇深，他原属安徽世家，家中藏书颇丰。他博览群书，写得一手好文言文。他即以文言文写作，有人说他反对白话文，却是误解。他并不反对别人用白话文写作，但他写惯了文言文，而且运用熟练，以之更便于表达自己思想情感。好在他写的文言通俗易懂，读起来清晰流畅，仍颇受一般学子喜爱。

梅光迪字迪生，安徽宣城人，曾留美攻读西方文学，并留美任教多年，他与胡适在美时常相遇，而且都是安徽人，故过往甚密，但梅先生专门读书研究，并不参与政治，而自命清高，与胡适之间有些矛盾，所以梅先生始终留在大学，专以治学及教育学业为职业，而浙大师生得到这样一位博学之士来长文学院与外国文学系，咸谓深得其人，皆额手庆幸。

浙江大学原从浙江文理学院与工学院发展而来，以理工起家，对课程向主严格，浙大学风实事求是，毫不苟且，故能以简陋校舍，却为社会培养出大量有真才实学办事认真的人才。但梅先生治学又有他自己一套主张，他也主张实事求是，严格要求，在语言课基础课主张严格把关，注重考试从严。但高级文学课程则主张学生独立思考，善于发挥才能，有独创见解，言之成理，言之成文，故常以论文代替考试，但要求教师严格把关，务使学生学习撰写科研论文，不只为毕业论文打下基础，也为以后科学研究作好准备工作。

梅先生自己学贯中外，也要求学生在努力研究西方文学外，不能忘记祖国丰富文学。他与吴宓师素来提倡比较文学。如吴宓师在清华开有“中西诗之比较”一课，梅先生讲课常中西对比，不只使学生加深理解，实开比较文学之先声。因此外文系学生中文都比较精通，有的写诗与小说，有的写文艺理论文章，在杂志、报章发表，极一时之盛。以后颇多学生从事文艺创作，成为诗人、作家。

梅先生不仅是一个学者，也是一个教育家。他回国后一直从事教育办学，他在浙大除自己学术工作及系内主要课程外，还想方设法把文学院外文系办好，他在外文系广为聘请专家教授，除一、二年级一般基础课及语言课程外，多设文学选修课程：其中有他自己承担之十八世纪英国文学三上约翰生博士课，郭斌龢之希腊罗马古典文学，佘坤珊之英诗，谢文通之英散文，意大利语但丁由田德望担任，戏剧、莎士比亚由张君川担任，德语歌德由田德望、张君川轮流担任，此外还有希腊、拉丁语（方豪担任）及法语、俄语等，应有尽有，所以伦敦大学文学院长陶德斯来校访问，由梅先生亲自接待，陪他听了课，看了课程设置，又参观了图书馆。陶德斯大为惊讶，认为浙大文学院与英国知名大学文学院可以媲美。这是浙大文学院、外文系的顶峰时期，这些成绩当与梅光迪先生分不开。

要求学生在戏剧、莎士比亚课程中实习，并举哈佛大学演出实习为例，主张戏剧为演出而写，莎士比亚即为剧院需要而写剧，深刻理解剧本莫过于演出，演出后再进行研究也更为深刻得多。这种观点无疑是正确的，但政训当局以学生组织容易闹事为理由，百般阻挠。有人也说风凉话：大学不是戏剧学院，只供科学研究，不讲实习演出，哈佛大学是例外。这些话若非对戏剧一窍不通，就是别有用心，强词夺理，故意为难。梅先生虽然有些为难，无奈学生热情很高，一再请求，并不久成立外文系戏剧讨论班，聘请梅先生为总顾问。梅先生欣然答应，并于首届演出英语紫霍甫的《蠢货》及大戏《寄生草》时，梅先生不只亲临观剧，称赞备至，还到后台慰问学生。学生在训导处压力下好不容易完成戏剧班初演，得到梅先生这样热心关怀，都感动得下泪。现在想来，大学外文系下设演剧组织，在全国还是首创，这首创与梅先生大力支持是分不开的。此后外文系戏剧班竟发展成为遵义唯一演出团体，不只在校内与学生会密切合作，配合学生运动，担负起全校戏剧运动的任务，演出若干次；并赴校外演出，赴酒精厂甚至步兵学校，传播民主思想，成为浙大及贵阳一带民主堡垒的一股主力军。这传统一直带到杭州，与湄潭剧团汇合，在学生会统一领导下进行民主运动，迎接解放。

梅先生为了办好文学院、外文系，可谓不遗余力，从不计较个人利害。他对自己办的外文系从不自满，还想扩充，在校教授，总不肯轻易放走，同事感梅先生情谊，也无意离校。他还请吴宓师由昆明来校讲学，同时想留下吴宓师主持外文系，吴先生因不愿离开清华未果。

梅先生对于同仁，更是礼贤下士，对我们都称某某先生，熟了后戏称张公梅公，写信都称某某先生、文席等等，从来面带笑容，和蔼可亲，富于幽默，似乎从不会发脾气似的。他讲实事求是，反对浮饰。他常说腹中空空有东西都穿在身上，有实学者并不表现在此。他看人也看实学，反对华而不实，最不喜浮夸的同事与学生。他自己是文学大师，但也很讲究服饰，从来西装革履，整洁之至，那时他已五十开外，俨若四十岁人。他心胸坦荡，从无愁容，平易近人，又有其独具的尊严，真堪称一代风流人物。梅先生对人宽厚，不记私人仇怨，还常以德报怨，对己则极为严格，乐于助人，不轻易许诺，但言出必信。他最喜谈学术问题，谈起来可以忘餐。有人请教他学术问题，他必欣然作答，知之为知之，不知为不知，回答问题，极简洁精辟。挚友张荫麟（浙大史学教授），性格孤傲，对同事恒多指责，独对梅公赞誉不止，称他为忠厚长者，对人从无恶意，总勇于助人。这些话出自荫麟之口，就不容易。所以浙大清华同学会虽人才济济，但推梅公为会长。

还记得当时当局迫于人民呼声，假装民主，曾邀请国内知名学者参政。梅先生也是被邀请人员之一，结果因为他从来直言直语，从不隐藏自己的观点，只作了一任。他很风趣地说："我虽不是什么官，说话也不管用，但说说痛快。不让当了，无处说话了，好像失去了什么。"记得这些话他还记在他的日记上。那时一般人抢着做官，借以压制人民，捞取好处。由此更显得梅公品格高尚，可谓高风亮节，任人仰望。

梅先生赞成学生们说的“民养活官，而非官养活民，官就必须为人民服务”。这是一种朴素的民主思想，他带着这种思想去参政，当然不为当局所容了。他也怕“左”。他常说我知道普希金、托尔斯泰太多了。这虽然是开玩笑说的，也可见他对当时苏联没有认识。尽管如此，我们不应过于苛求当时学者。浙大那时还是靠像梅先生这样有正义感的专家学者，保护学生免遭当局直接迫害。

梅先生原来单身在遵。他有胃病，有时胃痛，大家不放心，催请他早日接眷来遵。以后梅师母李今英携子女来校，大家劝梅师母留在浙大任教，梅先生坚决不肯，就由李今英师母到军官外语学校任英语系主任。以后外语学校教师多由浙大教授兼任，成为浙江大学外文系“分部”了。

梅先生一生为浙大、为学生耗尽心血，致使他胃病加剧，渐不能支。大家催促再三并动员梅师母，最后梅先生才去贵阳医院诊治，可惜为时已晚，诊断梅先生已是胃癌晚期。如果他关心自己，早于胃病癌化前去贵阳诊治，也许可早日治愈返校，但性格决定他不顾个人安危，竟至一病不起。我回想我有小病梅先生不知看过我多少次。他去贵阳后，我总以为梅先生不久即可痊愈返校，谁想到一去竟成永诀，临别没能再见他一面，衷心愧怍，无以复加。全校师生闻梅先生噩耗，都极震惊。外文系师生，看到外文系在梅先生关心爱护下成长，不意骤然失去梅公，不知何所凭依，痛哭之余，皆怅然若失。尤其戏剧班之成立、发展、壮大，端赖梅先生的庇护。那时戏剧班成员已擅长演中外名剧，突失良师，心情都十分沉重，但光痛苦又有何用，戏剧班即以全副精力，投入《万世师表》演出排练工作中，终于完成全剧，演出于遵义电影院，以深切纪念敬爱的万世师表——梅光迪先生。

（原载《浙江大学在遵义》，浙江大学出版社 1990 年版）

文艺复兴乎？启蒙运动乎？

余英时

（前略）我征引胡适的文字稍长，因为他的话对于我的论点是一个重要而又直接的印证。他在梁漱溟的作品中所察见“新态度”，恰恰和他在1919年“新思潮的根本意义中所描述的完全一致”。胡适在这里已明白承认，梁漱溟对东西文化及其哲学的研究正是所谓中国文艺复兴的一个构成部分。以下，我想引用梅光迪（1890—1945）的例子，支持我的主张。众所周知，梅光迪是胡适青年时期最亲密的朋友之一，由于梅光迪极端反对文学运动，他们在1917年变成激烈的思想对手。

梅光迪与吴宓（1894—1978）同是白璧德（Irving Babbitt）重要的中国门徒。1922年，他们两人所创办的《学衡》（1922—1933），正如1934年一位中国作家所生动描述的，支持“任何胡适博士反对的事物。《学衡》揭橥的目的……是对抗白话运动，且竭力支持固有的写作方式。它是一场失败的战役，然而终不失为一场英勇的奋斗”（温源宁）。因此，梅光迪与《学衡》被胡适与鲁迅（1881—1936）等五四领袖轻蔑地斥为顽固的胡闹。我们似乎可以由此断定，梅光迪不但把他自己放在五四时期新文化之外，而且也是新文化最无情的一个敌人。然而，最近梅光迪致胡适的四十五封信第一次刊布了，这些信使我们对他与后来胡适所推动的新文化之间的关系，有了全然不同的认识。细节不必详究，以下我只报告几点我认为是有意义的发现。

首先，1911年起，梅光迪写了几封长信给胡适，讨论现代中国的儒学问题。此时，可能由于还笼罩在父亲的影响下，胡适在相当大程度上仍是程朱理学的信徒。梅光迪激烈抨击程朱的正统，并且敦促胡适转向颜元（1635—1704）与李塨（1659—1733）之学。他认定颜、李所强调社会与政治实践，在孔孟原始教义中具有核心的重要性，与程朱理学的玄想恰恰相反。一开始，胡适拒绝这种建议；然而，这为他十几年后热心提倡颜李学派播下了种子。

其次，梅光迪不仅相当不满汉儒和宋儒，而且也严厉批评当时中国极为风行的国粹派，认为他们仍旧不加批判地接受传统的经典注解。他的目标在于儒学传统与西方文化的高度综合。这势必要两个阶段才能实现：彻底净化过去两千年来的儒学传统，以及牢固掌握欧学，探其文化之源。他说，中国古籍现在必须根据西方的知识分类，如文学、哲学、法学等等来重新加以研究。

再次，在1916年3月19日的信中，梅光迪说："将来能稍输入西洋文学智识，而以新眼光评判固有文学，示将来者以津梁，于愿足矣……来论宋元文学，甚启聋聩，文学革命自当从'民间文学'入手，此无待言。惟非经一番大战争不可，骤言俚俗文学必为旧派文学所讪笑、攻击，但我辈正欢迎其讪笑、攻击耳。"由这封信看来，尽管梅光迪极不同意胡适的文学品味，但在胡适的文学革命早期，他事实上是个热忱的参与者。此外，我也把胡适所引用的梅光迪来信，与原文作过详细核对。毫无疑问，胡适的引文断章取义，以致把梅光迪塑造成文学革命的反面人物。在这些信里，梅光迪不断试图把他的立场向胡适说清楚：他同情文学革命，但是无所节制地美化白话，他则无法赞同。他斩钉截铁告诉胡适，他在破除偶像上不输给胡适；他不轻易附和文学与艺术的"新潮流"，并非他"守旧"，而是因为他"too skeptical，too independent"（太过怀疑，也太富于独立精神）。根据这些新证据，我们几乎可以肯定，正是胡适在论辩中不断滋长的激进主义才一步一步地把梅光迪推向极端的保守主义。然而，要是梅光迪在1952年还活着的话，他也许会有一种沉冤昭雪的快意，因为那时候，轮到胡适对于美国学院里的"新诗"和"新文学"产生彻底的厌恶了。

最后，梅光迪的政治与社会观一如胡适，始终是稳健的自由派。他自始支持共和革命，后来袁世凯（1859—1916）背叛民国，他是完全同情国民党的。对于胡适在美国的杂志上发表反对袁世凯的声明，他虽与胡适在文学与哲学上有重大分歧，却仍然向胡适表示敬意。他甚至主动写信给革命领导人黄兴（1874—1916），推荐任命胡适为共和事业的发言人。用他自己的话来说，"足下为民党，多为文字，以转移此邦诸议，有为胡君适之者，久兼中西语，留学界中，绝无仅有"。在1916年12月28日的信中，他继续针对文学革命与胡适辩论，他以和解的声调，试图在一般“人生观”上，与胡适达成基本共识。他诚挚地建议胡适，他的白璧德式人文主义与胡适的杜威式实验主义，彼此间所具有的共同处，远大过差异处。两者皆支持改革，惟有一个重大的差别：白璧德认为，应从个人着手，而后逐渐扩展至全社会；而杜威似乎对这种改革流程，采取相反的看法。此外，尽管强烈回护孔孟的道德信念，梅光迪彻底拒绝作为一种政治意识形态的帝国儒学。他责难汉宋儒者将儒教曲解为替专制政治与社会不均服务，也一再谴责“三纲”的说法。像这类的反传统的激论，如果也出现在《新青年》里，不会有人想到，这些说法的作者身份是个《学衡》的创刊成员。这解释了为何迟至1922年，他还毫不犹豫、不隐瞒地称赞胡适的自由主义政治观。

梅光迪与《学衡》的例子提出了一个严肃的问题，亦即五四时期新文化的真正身份。首要的是，假使一如胡适的定义所提示，新文化由输入中国的西方理念组成，那么对中国五四思想界而言，明显地，白璧德式的人文主义正好与杜威式的实验主义同样“新颖”。就某种意义说，胡适及其追随者与梅光迪和《学衡》之间的冲突，或可视为杜威式的实验主义与白璧德式的人文主义之间的对抗，从美国移转到中国来了。这相当正常，因为在文化外借的过程中，只要有人拾取了一种外来思想，便不可能不引起另一个人对于这一思想的对立面的注意。那么我们能够视白璧德式人文主义，为五四时期新文化的一部分吗？至少，五四运动的著名成员梁实秋（1901—1987）与林语堂（1895—1976），都以肯定的语气答复了这个问题。1924—1925年，梁实秋在白璧德的门下作研究，他回到中国后，对白璧德的古典人文主义深为佩服。1920年代晚期，他选收了许多《学衡》上的文章，主编了一本讨论白璧德的文集，且以《白璧德与人文主义》的书名刊行。该指出的是，发行者不是别人，正是上海的新月社，这是当时以胡适为护法的新文化的根据地。1919—1920年间，在哈佛跟随白璧德作研究的林语堂，也写信告诉胡适，与白璧德谈话的期间，他察觉到胡适对白璧德的观点有某些误解。然而，他补充说，白璧德如以此反对每一现代事物，但他对视最新为最好这种尚新心态（neoteric mentality）的批评仍旧是对的。对林语堂而言，中国文学革命能在白璧德与梅光迪这类人身上得到一种自觉而又具反思性的抗争，是一种好事。胡适与鲁迅把梅光迪和《学衡》完全摒在新文化之外，不用说，梁实秋和林语堂显然没有抱持这种党派的精神。有趣的是，正如美国 1980 年代以降，对白璧德重新产生若干兴趣；1970 年代以降，中国的知识分子也重新发现了梅光迪和《学衡》（侯健，1974；林丽月，1979）。现在，似乎愈来愈有必要在陈独秀与鲁迅的激进主义和胡适的自由主义之外，将梅光迪和吴宓的文化保守主义，置于与五四新文化的同一论述结构之中（林丽月，1979；乐黛云，1990）。

在结束我的反思之前，我想稍微谈谈胡适的新文化规划的另一部分——“整理国故”。这是一个对于中国传统所有方面进行历史研究的大领域。如果我们必须将“国故”学者包括在五四新文化之内，那么“新文化”这一概念便更不能不随之扩大了。举几个例子便足以说明问题。普遍被认为是最其“科学心灵”与原创性的古代史家之一的王国维（1877—1927），政治上是效忠清廷，文化上则是极度守旧。重要的中古专家陈寅恪（1890—1969），政治上与文化上都是保守主义者，终其一生未尝以白话文写作。但是另一方面他又毫不讳饰地指出，自先秦以降，中国不只在科学方面，而且在哲学与艺术方面也不如西方。中国佛学史权威汤用彤（1893—1964），实际上是《学衡》的撰稿人，而且，一如陈寅恪，始终使用文言文写作。不用说，他们三人都不同情狭义与广义的五四运动。但在国故领域，胡适对他们都推崇有加，也在他们身上找到一种精神的契合。他们对胡适也偶尔予以善意的回报。我们如以狭义的五四标准来衡量“国故”学者，诸如白话文、实证主义心态、反传统主义、政治激进主义或自由主义、伦理相对主义、社会平均主义、个人主义等等，那么他们之中的大多数而且是最有成就的都必须排除在这时期的新文化之外。这样一来，所谓新文化还剩下什么呢？那将只剩下一个纯文字的世界，在这个世界中唯有意识形态冲突的种种胡言乱语，而思想和知识却不可想象的贫乏。

贝尔（Daniel Bell）曾描述自己为“经济上的社会主义者，政治上的自由主义者以及文化上的保守主义者”。我相信，同样的描述方式——当然，很多种可能的组合——也可以用之于概括五四时期的中国知识分子。对不同的人而言，五四始终是也仍旧是很多不同的事物。对我而言，根本上它是一个文化矛盾的年代，而矛盾则注定是多重面相的，也是多重方向的。我无论如何也没有办法把它看作是一个单纯而又融贯的运动，导向某一预定的结局，好像受到一种历史的铁则的支配一样。在我看来，每一个五四知识分子都似乎是独特的，他们之中，很多人都随时在改变自己的想法，既快速，又剧烈。一如革命前的俄国知识分子，他们“可以是早晨的西化派，下午的斯拉夫文化拥护者，而晚餐后则批评一切”，五四的知识分子，即使不是在几天和几星期之内，也能在几个月的期间里不断移转他的立场。当然，在广义的五四运动中，我们也未尝不能模糊地看出若干较大的思想类型和某些理念模式。但是，整体而言，概括论断这些类型和理念则是极端危险的。约翰逊（Samuel Johnson）将启蒙运动中的文人共和国描述为“心灵社群”（community of mind）的展现，因为在那共和国里有某种共同的核心。因此，所谓“启蒙运动规划”当然是一个可以谈论的题目。但对照之下，五四的思想世界由很多变动中的心灵社群所构成。于是，不仅有许多不断变动又经常彼此冲突的五四规划，而且每一规划也有不同的版本。或许，关于五四我们只能作出下面这个最安全的概括论断：五四必须通过它的多重前相性和多重方向性来获得理解。

（本文作于20世纪90年代中期）

绵绵无尽写相思

——介绍《梅光迪先生家书集》

徐艾平

梅光迪是中国现代文学界、思想界卓有成就的著名学者。他是安徽宣城人。1890年1月出生，民国初年留学美国，曾担任过国立浙江大学文学院院长、国民参政会参政员，1945年12月27日因病在贵阳逝世。有人说，梅光迪是一位“春容闲旷，机趣盎然，出辞隽永，辄轰座人”的人。但是他的传记资料很少且失于简略，人们所能看到的《追悼梅光迪先生专辑》所记载的大多是师友之情，而更浓的父子之情和夫妻之情只能从《梅光迪先生家书集》中窥见一二了。

《梅光迪先生家书集》，台湾中国文化学院于1980年出版，是梅光迪遗孀李今英所编。布面精装，油光纸套封，封面除英、汉两种书名外，饰有书卷一册，毛笔两支，显见梅光迪生前传授东西文化的立意。这本家书集所收家书多数为英文，头13封为梅光迪随浙大由浙江内迁广西时，写给在香港的梅夫人和孩子们的（1938年3月～7月）。1940年1月至6月又写信23封，描述了梅先生由香港经海防、昆明、贵阳辗转到达遵义及在浙大任教的情形，这些信描述了当时难以想象的战时困难和危险。难怪为家书集作补注的宋晞说，它对于研究日本侵略者在中国所犯的罪恶是难能可贵的参考材料。1944年12月到1945年3月，由于日军由黔南逐步向黔北进攻，为避难，李今英带着孩子们迁到重庆。这段时间，一向身体强健的梅光迪先是胃部不适，继而查明乃心脏与肾脏有疾。他一面忍受病苦，一面受物价飞涨煎熬，却还时时忘不了妻儿。这段时间他共写给妻儿16封信，多数是用中文写给孩子的。这一部分信写在抗战后期，对于战争引起的物价飞涨和人民生活的重重苦难多有描述，也同时流露出父子间浓浓的关切之情。

李今英，广东人，在梅光迪由美国哈佛大学学成归来于东南大学任教时，正在东南大学西语系学习，以师生关系与梅相识。梅光迪在赴美留学前在父母包办下已结了婚，原配王葆爱是与他家西梅村相邻的南陵县溪滩乡王村人，人极贤慧，虽自梅留学分别近 10 年，忍受了长期分离之苦，但毫无怨言。当梅光迪在南京东南大学任教时，离家乡既近，就乐得将夫人接来同住。王葆爱对学贯中西、仪表堂堂的丈夫不能说不钟爱，只是她习惯了乡间生活，对都市生活及文化人圈子皆难适应，便借故返归故里，并言明梅光迪可另娶一位有文化、人品好的志趣相投者。1924 年梅光迪接哈佛大学之聘赴美，又于 1927 年接国立中央大学之聘任代理文学院院长。就在这年，梅光迪与任中山师范校长的李今英于上海正式结为伉俪。此后梅李两情相好，虽因战乱时有分离，而两心却从不曾分开。

孤守乡间的王葆爱于 1924 年底生了一个儿子，取名梅燮和。梅光迪与李今英结婚后，并未与王葆爱离婚，且于 1932 年回乡探望她们母子俩。从此后，王葆爱未再与梅光迪见过面，她守着名份上的婚姻，侍奉家人，供养儿子读书，度过多次灾荒，又历经 8 年抗战，终于苦熬到新中国成立。而 50 年代的一场政治运动，也波及孤儿寡母。梅燮和被遣送到农场改造，王葆爱与儿媳及孙女相依为命。1960 年王葆爱病殁，临终前连儿子也未能见上一面。

梅光迪去世后，李今英带着孩子们移居美国。据说她曾孜孜不倦地研究梅光迪的一系列著述材料，并着手整理出书。而她编这本家书集是自 1978 年开始的，并请梅光迪生前好友写出序文、补注多篇，一并印出。她自己在编辑说明中说：“自从光迪去世 30 多年来，我不知多少次把它们（指书信）拿出来读了又读，当作家庭私有财产保护着，一而再地犹豫着是否公之于众。”可见为了编成并出版这本家书集，她曾考虑良久。

娴习英国文学，20 年代曾任中山师范校长的李今英，追求着浪漫的爱情，但对王葆爱也十分敬重，不仅在婚后不久就将结婚照片寄至西梅村，且还寄赠过一件羊皮棉袄给王葆爱。70 年代，梅燮和写信给浙大校长刘丹，托其寻找在海外的亲属，李今英得以与梅光迪在大陆的直系亲属取得联系。1982 年，李的长女梅仪慈与梅燮和这对同父异母兄妹在上海会面。不久，梅燮和因病去世，而李今英仍与梅光迪的家乡及亲属保持联系，并将所搜集到的关于梅光迪的各种材料的复印件或原件寄至宣城，连家书集也由她亲手寄来。

这本家书集是梅光迪对妻儿感情的记录，也寄托着李今英对梅光迪绵绵无尽的思念之情。如今李今英也已作古，她留下的不仅是一份真情，也为人们研究梅光迪这位现代文学史上重要人物提供了一份宝贵资料。

（原载《江淮文史》1996 年第 2 期）

只令文字传青简　不使功名上景钟

——简述梅光迪教授怎样治学、治事

刘泳唐

在贵阳市西北郊黔灵山与八角岩之间，有一片中华基督教圣公会的墓地。墓丛中安息着两位半世纪以来有功于祖国文化事业的谢六逸先生和梅光迪先生。生前，谢六逸任大夏大学教授，是中国新闻学系创始人之一，梅先生是浙江大学教授，他们同年先后 4 个月病逝，葬于此地。六逸先生的事迹，已有专著介绍，这里不再重述。

梅光迪先生是安徽宣城人，早年留学美国，专门研究西方文学兼攻 18 世纪的英国文学，一直在美任教多年，他是一位专门教书而从不介入政治活动的学者。他一生待人和霭可亲，礼贤下士，但在平易近人中含有隐隐然的严肃气，由之使人肃然起敬。

抗战期间，国立浙江大学几经辗转迁来贵州遵义后，光迪先生任文学院长兼主持外语系教学工作。在职期间，他的治学主张贯穿了浙大“求是”的校训，主张一二年级的基础课程方面，学校要严格把关，考试从严；进入三四年级高级课程学习后，主张学生独立思考，能善于发挥其才能，具有独到的见解，写出言之成理的文章。

光迪先生，视野广阔，虽然他是专攻西洋史和外文，但不忽视中国固有的文化，对于浙大外语系的学生，也强调不要忽视学好中国文化，由于他的启示和诱导，浙大为国家输送了不少中西文学成绩优异的人才。不少攻读外语系的学生，遵循他的教导，淬励奋发以后，成为专业从事文艺写作的诗人、作家，他们的作品也就进而丰富了中国新文化的内容。

梅光迪先生在研究 18 世纪英国文学的范畴中，不是死啃书本，他经过独立思考，反复琢磨中取其精华，弃其糟粕，从实践中做到“古为今用，洋为中用”。

从欧英文艺优秀传统中，吸收营养，他在浙大大力提倡戏剧研究，担任外文系学生成立的戏剧讨论班总顾问。戏剧班进行演出，使观众从观戏剧的娱乐中受到启示，使寓教于乐与寓乐于教，双轨并行。在遵义演出戏剧，无论对学生及社会各界人士，都因此激发抗战爱国思想，更是梅光迪先生爱国家、爱民族的文化人的卓越表现。

国民政府迫于时代的进步和人民的呼声，不得已而做出施行宪政的样子，梅光迪先生受聘任国民参政会参政员。他在日记上风趣地记下："我虽不是什么官，说话也不管用，但能说说也痛快，不让当了无处说话了，好像失去了什么。"

他认为："世界各国的文化并非孤立的，是互相交流、相互影响，从而产生新文化。"时人竺可桢、郭斌和先生也有同样的见解。他强调"外国文学是为中国文学写作服务，研究的目的是为了改进写作，写作又正是研究后在实践中反映出来的成果"。

当梅光迪逝世前一周年，英国剑桥大学教授、英国大使馆大中学考察团团长李约瑟，曾在伦敦大学委员会的讲演中说过："浙江大学与西南联大可与英国剑桥、牛津或美国哈佛大学媲美。"身任浙大文学院长兼外文系主任的光迪应分享一定的荣誉。

另一伦敦大学文学院长陶德斯来华访问，到了浙大后，由梅光迪先生任接待工作。他陪同陶德斯在院中看课程设置，听教授讲课，观看图书馆库藏后，陶赞誉浙江大学文学院可以同英国知名大学的文学院媲美，梅光迪先生功岂能没？

1945 年 12 月 31 日，梅光迪先生病逝于贵阳。浙大戏剧班成员在十分痛苦的心情中，投入《万世师表》一剧的排练，在遵义电影院演出以纪念梅光迪先生。先生逝世后，葬于黔灵之麓，同葬于此处的还有谢六逸先生等三教授，他们与黔灵湖畔革命先烈纪念碑交相辉映，供人凭吊。

谢六逸、梅光迪先生以教书育人为乐，其最大的宿愿"只令文字传青简，不使功名上景钟"，当是他们一生结语。

（原载《贵阳文史》1997 年总第 3 期）

学衡风范　文学大师

——首任老浙大文学院院长梅光迪教授116岁祭

杨竹亭

2006年是先生诞辰116周年期，试撰拙文，献于梅先生灵前，以示后学对先生纪念之情。

老浙大文学院院长梅光迪（迪生）先生，离开我们已半个多世纪了。作为求是学生，大家都不断提起他，想念他。他的音容笑貌以及孜孜不倦的工作精神，总令人难以忘怀。

80余年前，梅先生从美国哈佛大学研究院学成归来，在南京东南大学任西洋文学系主任。东南大学是当时名人荟萃之地。一代名流竺可桢、胡刚复、杨杏佛、任鸿隽、秉志、吴宓、胡先骕、陶行知、郑宗海、王琎等都齐集于此。当时外文系对外创办了一份学术杂志，取名曰《学衡》。这是一份同人杂志，除梅先生是当然负责人，东大的著名教授吴宓（任总编），柳诒征（发刊辞主笔）和胡先骕等都加入编委撰稿。意在弘扬我国优秀文化、宣传西方民主和科学精神。他们对这份杂志定下了八字宗旨：阐扬旧学、灌输新知。这并不违背新文化运动精神，然而当时国内以北大胡适为代表流行着一股偏激的新潮，认为《学衡》标榜旧学，便是复古和反对白话文运动。于是群起而攻之，诬《学衡》同人是保守落后，称东南大学的学者为学衡派，并把学衡派作为有贬义的专称，极尽侮蔑之能事。梅先生等教授采取理所当然的据理反驳，于是出现了论战。

这场历史公案，其实是一场误会，因为第一期组稿，公推由胡先骕教授负责，初办刊物，经验不足，所以又规定“在稿源不足时，可以吸取一些系外人的稿件”。那时胡先骕想早点使杂志问世，就把他的好友邵祖平的旧体诗也刊在里面去出版了，不意引起了一场风浪。

这位邵祖平先生也是留美同学，他回国后，因一时找不到大学教席，就只好在东南大学附中担任高中国文课的教授。因心有委屈自然满腹牢骚了。他的这些诗，就是在这种情绪下写成的。所以他在诗中心情宣泄，发表以后，读者大哗，致使鲁迅、郭沫若、茅盾等人都出来撰文批评。其中以鲁迅先生笔锋最为尖锐。到第二期出版时，改由吴宓亲自审稿把关了，从此改变了这种偏差。可是在社会上的影响难以立刻改变的。

其实梅先生一向不反对白话文，反而认为白话文对普及文化和日常应用方面有许多好处。他与自己的女儿通信时，总是应用生动的白话文来表达自己的父女之情。但《学衡》之所以阐扬旧学，决不是提倡复古，而是让祖先的传统文化有人继承发扬。可在当时有一些大学生不学古文，对祖国文化所知太少，难以继承我国丰富的文化遗产，为之呼吁文学革命不可沦没中国的优秀文化和光荣传统。他们的这番卓越议论，在当时不为时尚所容，而在80余年后的今天，得到了历史的验证。

我国优秀的文化瑰宝，不但表现在文学、艺术、哲学、历史等方面，也表现在中医、针灸、兵法等各方面，现已为举世所公认，并正在继续发扬光大。

1924年东南大学发生了“易长事件”（校长被撤，引起风潮）。在杨杏佛与柳诒征带头下，竺可桢、胡刚复等教授，也都愤而离去。那时竺可桢去上海担任商务印书馆总编，而梅先生也应他老师白璧德教授之召，去美国担任哈佛大学汉学教席。以后东南大学数度易名而改为国立中央大学。梅先生也曾短期回国任中央大学文学院院长兼外国文学系系主任。

1936年竺可桢担任国立浙江大学校长，他有意把当年在东南大学为易长事件离去的著名教授，聘来浙大，并将东南大学培养出来的优秀毕业生如张其昀、王驾吾、缪钺、陈训慈、郭斌龢、朱正元等也都聘来浙大（郭斌龢是东大和港大交换生，“易长事件”时，他与柳诒征一起离东大到东北大学去任教），时有再现“东南雄风”之说。梅先生初来浙大，任文理学院副院长兼外国文学系主任。不久文理分院，梅先生担任文学院首任院长，继续兼外国文学系系主任。

梅先生担任院长期间又与竺可桢校长一起，在浙大继续发扬学衡精神。那时规定，一年级学生都要读一年古文，文师两院学生还要再加一年历代文选课。课程内容为古代文学，从远古到晚清，顺朝代排列，系统进行。其目的要使同学能独立看懂历代文选。此外，还要求各学院学生都要读一年英文，对文师两院学生还要多读一年英文，而理工医农各学院学生还必须加选德、法、日、意、俄等第二外文，目的是了解西方文化和学习西方科学技术。理工科学生用书全是外文版，基本上和哈佛大学相同，因此浙大又有“没有出国的留学生”之誉。浙大毕业的学生，都能看懂我国古代文献，进而继承祖国的优秀文化传统；加重外语学习，又能看懂外国文献，以便吸收西方文化。理工科学生可多向科学先进的国家学习先进科学技术，因此学习一国外文还不够，还必须要学习第二、第三国的文字语言。浙大许多教授，如陈建功、苏步青等，都掌握六国文字，他们指导高年级参加“讨论班”的学生，都要读懂第二外国语的科学文献著作，然后才能到讨论班讲台上去阐述论文的精义。在中外两种文化都能吸收的情况下，既不脱离自己祖国的光荣传统，也能与世界时代相适应，才能培养出高标准的有用之才。这种培养方法，就是当年学衡派教授们所希望的办学方法。

梅先生治学以严谨著称，对学生也是严格要求。他对大学里作为语言文字的基础课程，主张严格把关；对考试从严，不及格者不得升级；而对文学院高年级课程，则主张培养学生独立思考，充分发挥才智，且能独创意见。因此他采用研究或论文法，来代替考试。他要求学生要能写出一定质量的论述文章，为进一步深造打好基础。所以他不仅是一位学贯中西的学者，也是一位经验丰富的教育家。

梅先生作为西洋文学系系主任，在浙大发扬学衡遗风的另一方面，是要求学生在精研西方文学之外，不可忽视祖国的优秀文学。他和学衡派教授，素来提倡比较文学（吴宓在西南联大也开设中西诗的比较课程)。梅先生讲课也经常运用中西文学对比的方法，以加速学生的理解，成为国内开设中西比较文学的先声。在梅先生循循善诱的教学方式影响下，浙大外文系的学生都长于用中西文写作。这些学生毕业后，能写诗、写小说、写散文和文艺理论。梅先生的学生和同事郭斌龢教授，是当年东南大学外文系学生，后来作香港大学交换生，在香港大学毕业。毕业后也考取清华庚款去美国留学，在哈佛大学研究所是经梅先生介绍就读于文学大师白璧德门下且成了新一代弟子。回国后先在南大，后也来浙大任文学院中文系系主任。他自幼随嗣父郭绥芬先生（江阴梁丰书院院长）学习古文，所以也是一位中西兼长的学者，且是以研究希腊古哲柏拉图而著名。他不论教中文论文或是教古希腊文学，都是用比较方法进行教学。因此在郭先生教导下的中文系学生也都了解西方文学。

浙大在遵义时期，有一次有位英国伦敦大学文学院院长陶德斯教授，受中英文化协会之聘来浙大访问。时由梅先生亲自陪同听课参观。当他看到讲课的教授，以娴熟的外语滔滔讲课，论据翔实，引述渊博，使他大为惊讶和佩服，称浙大文学院的教学质量可与英国任何大学的文学院媲美。在后来教授座谈会上，他发现谈论英国古典诗文，且很有深刻见解的钱钟韩、杨耀德等教授，竟不是外文系教授，而是教机械和电机的工学院教授，更叹服浙大教授们的水平了。

用外语演话剧，是浙大的一个创举，也是学衡派传统表现的另一种形式。当年浙大外文系有一位张君川教授，是研究莎士比亚戏剧的专家(后任上海戏剧学院博士生导师)。他说："在遵义教沙翁课程时，想学习哈佛大学的教学方法，教戏剧结合演出，因此与梅先生商量决定组织一个外语演出剧团。但是训导部门以学生容易闹事为由，不许组织。梅先生对此有些为难。于是学生们想出另一个办法，成立外文系戏剧讨论班，再以讨论班的名义演出。学生们恭请梅先生为总顾问，他欣然同意。在讨论班首次演出英语剧《蠢货》和《寄生草》时，梅先生亲临观剧，并提出好多中肯的改进意见。这在当时全国各大学中是个创举。以后这个外文系戏剧研究班又发展成为浙大演出的团体。这个团体后来又在学生会合作下，配合当年学生运动，承担演出任务并成了传播民主爱国思想的一支有生力量。这些虽是后话，也是值得一提的事。

梅先生是五四时期学衡派文学的主帅，他的议论和实践对后世的影响是深远的。正因为他是一位精通古今中外文学的学者，根底深厚，源远流长，所以能枝繁叶茂。

梅先生出身安徽宣城望族，宋代文学家梅圣俞和清代数学家梅文鼎都是他的祖先。家中藏书万卷，家学渊博，幼受父亲的严格教育。他12岁应童子试，18岁就读于安徽高等学堂。1911年（20岁）考取三届庚款留美生，入美国威斯康星大学与上届庚款生胡适（适之）同学。胡适是安徽绩溪县人，两人早年相识，异国相逢，格外亲切。后来两个回国以后，各有贡献，这是后话。

1915年，梅先生又进哈佛大学研究院专攻西方文学，受业于白璧德

(Irving Babbitt) 教授的门下。白璧德教授德高望重，有哈佛三圣之一的美誉。他创导的新人文主义学说，远承希腊三大圣哲，近接文艺复兴诸贤，而又阐发英国约翰逊等的余绪，自成一家，蔚成显乎。梅先生其时沉浸于英国文学，潜心研究约翰逊著作，所以他师从白璧德教授正是如鱼得水。白教授很器重这位中国门生，且引为得意弟子，据郭斌龢先生说，当年在美国攻读西洋文学的中国留学生如胡适、吴宓等想要投奔白璧德门下，都须梅先生引荐。梅先生是我国唯一研究约翰逊的专家，他深厚的古典文学基础和精湛的西洋文学研究，都渊源有自，所以能融会贯通，而学衡派主张的“阐扬旧学，灌输新知”也是有它色彩斑斓的内涵。

我在遵义浙大读书时，还有一个故事。那时国民党为了粉饰民主团结，设国民参政会组织，邀各界名流参政。梅先生以硕学鸿儒之身，被聘为国民参政员。他参加后，理所当然地针对时艰，发表谠论。因词锋锐利，终不为当局所容，所以国民参政员只当了一任，就不给当了。然而历史是公正的，容不了梅先生参政的当权者也终于退出了历史舞台。历史的运行，有它的规律，这是不以人的意志为转移的。

山高水长

杨　扬

岁月会不会将一个人的名字磨灭？有一段时间，好像对梅光迪先生是这样的。他的书和他的名字，除了研究中国现代文学、现代思想史的人之外，一般的读者大概已经将他忘却了，而对于一些研究者，大多也未必了解他的思想，除了满足于将他定性为“新文化运动的反对者”“学衡派代表人物”“文化保守主义者”之外，好像也没有多少新的研究进展。

其实，这些命名是没有多少意义的，重要的恐怕还是梅先生自己的学问水平如何，我们对他的思想学术的认识和评价如何。我最初听到对梅先生学问评价的，是我的师母杨霞华教授。杨先生 1930 年代浙江大学外文系毕业，后留校任教，当时的文学院院长就是梅光迪先生。谈及自己的老师梅先生，杨先生言语中充满了赞叹，说梅先生人很洋派，一身西装，出手大方。女儿学弹钢琴，家里常开音乐会，还有就是他待学生很好，教书非常认真，上课时喜欢背诵文章。

后来读赵元任先生的女公子赵新那编著的《赵元任年谱》，其中谈到梅光迪是赵元任的好朋友，1923 年哈佛大学哲学系准备来年聘赵元任为教授中国语言文化的教职，赵先生因已接受了清华学校的聘书，要回国任教，就推荐梅光迪替代，梅因此而到哈佛大学任教，除了 1927 年短期回国执教外，梅光迪在哈佛任职近 10 年，直到 1936 年回浙大，任文学院院长。

赵元任先生的学问大概没有人会怀疑，而能够被赵先生看得上的人，为人学问也不会差到哪里去。还有《吴宓日记》中对梅光迪也有很多记录，其中吴宓先生最推崇梅先生的一句话就是“白话文应提倡，但文言不可废”。吴宓认为这是至理名言。从这句话中我们也可以看到所谓梅光迪反对五四白话文运动，其实是很大的误解。梅光迪不反对白话文，但他反对胡适式的废除文言的白话文学运动。

梅先生为今天一般读者不知，一是他过世比较早，1945 年 12 月，因心脏病突发而在贵州逝世，年仅 56 岁。还有就是论著不多，至今能够见到的就是他过世后别人编订的薄薄一本《梅光迪文录》。其实，梅先生还有不少散佚在外的文章和材料，至今没有被注意。

我翻书阅读中，印象较深的有几件事。一是阅读梅光迪先生在哈佛的学籍档案，他的英语成绩始终是优异的，这是他英文基础的见证，还有就是他 1916 年刊发在波士顿报纸上的一篇英文大作。这真称得上是大作，一张大报，满满的一整版，全文激烈抨击袁世凯政府，同时，对中国未来持有乐观的态度。我曾拿着报纸问美国教授文章写得如何，他告诉我，能够享有这样的发稿规格是非常不容易的，就是今天哈佛的研究生也很难达到这样高的水准。另外，有两本与梅光迪相关的英文著作，一部是他夫人梅李今英的回忆录《山高水长》，另一部是《梅光迪先生家书集》。前者有两百多页，收录了梅光迪先生全家的不少照片；后者三百页左右，收录了梅光迪的同事、学生纪念他的文章，梅先生的家书以及一些他未完成的札记提纲。

梅先生在美国的一些学术期刊上还有不少论文学的英文文章，这都是能够见出他学术水准的物证。记得胡适早年留学日记中，对梅光迪的学识有过较高的评价，只是那时他俩还没有就白话文问题展开论战。不知道论战之后，梅光迪的学问水平在胡适的心目中是不是有所跌落？期待能够见到这方面的材料。

（原载《解放日报》2007 年 7 月 14 日）

梅光迪在外国文学方面的成就

乐　明

于1937—1945年在浙江大学执教的梅光迪（1890—1945），虽然不是家喻户晓的大人物，却是中国现代文化史上一面旗帜，也是当时著名的西洋文学专家、批评家、教育家和社会活动家。近年来随着孔子学院的兴起，梅光迪的一些重要思想才被大众所关注。

梅光迪出生于现在的安徽宣城，6岁起由父亲梅藻教他读诵经书，12岁中秀才。1909年梅光迪考取公费留美名额，在清华学堂留美预备班读了两年，1911年赴美国威斯康辛大学主修文史专业，1913年转到西北大学主修欧美政治和历史等课程。1915年秋，梅光迪转入哈佛大学，到他崇拜的白璧德教授门下攻读西洋文学。

留美初期，梅光迪与父亲两人每月或每两月都要通信一番。梅藻不仅对梅光迪的求学计划加以指导，而且还对他的日常生活诸如作息、卫生、为人处世、书法等再三叮嘱。在一封家书中，梅父写道："……闻外国大学多四年毕业，若学生能于每假期内将各项功课赶向前，亦可三年毕业。汝若在威斯康新三年毕业，再至哈佛或耶鲁等最著名之校，再学二年得一博士。将来亦不想做官亦不想多获金钱。即使一丘半壑，穷老著书，使千载后知有某文学家某政治家，或且得其学说奉为金科玉律风行全国。此余生平之至愿也。小子其有意乎……"后来梅藻因病早逝，但梅光迪转学西北大学、哈佛大学等著名学府，专心文史，刻苦攻读，学成后又一直从事研究和教育事业，无不遵循父亲的教诲。

留美学习前后，梅光迪结识了不少朋友。这些人中有胡适、刘伯明、竺可桢、吴宓等，他们年纪相仿，平时交往称呼梅光迪为"迪生"或"觐庄"，有时也戏称他为"老梅"。没想到十多年后新文化运动兴起，这些既受过系统的传统教育，又接受了西方文化熏陶的朋友，却各自扮演了不同的角色，在中国现代文化史上掀起了一场激烈的论争。比如，与梅光迪最初以兄弟相称的胡适，1917 年回国后在北大任教，成了新文化运动的领导人；而梅光迪于 1920 年回国后转赴南京高师（东南大学前身）任职，联系另一批学者创办了文言文的《学衡》杂志，试图与新文化运动相抗衡。《学衡》杂志一出版，就受到已经在中国教育、文化和政治生活中占主流和领导地位的新文化运动者的反击。胡适说他只见到了一本“学骂”；鲁迅“估”了“估”《学衡》，认为它“于旧学并无门径，并主张也还不配”，“实不过聚在‘聚宝之门’左近的几个假古董所放的假毫光”。鲁迅的“估《学衡》”一出，给人的印象就是包括梅光迪在内的一些学衡派成员的学术素养成问题，国学不精，西学不通，似乎是半吊子学问家。可实际上学衡派学者大都在美一些著名大学获得硕士、博士学位，他们不仅受过系统的西方学术训练，而且大多经过传统文化教育，治学严谨，不少还受聘于美国著名高校。但当时胡适在国内新思想界拥有显赫的地位，而鲁迅先生的一句话、一篇文章很多年来都被引用为定论。受此影响，学衡派一开始就被贴上了“封建”与“复古”的标签，而梅光迪个人则在中国文化史上很长一段时间内都是一个备受贬责的保守派形象。

相对于新文化运动者所获得的民众拥护、政治地位和国民政府的行政支持，学衡派文言晦涩，在大众中影响不大。随着东南大学相继发生副校长刘伯明逝世、西洋文学系（梅光迪时任系主任）被撤、学潮及著名教授（竺可桢、杨杏佛、柳诒征、胡刚复）辞职等事件，梅光迪不得不离开新旧之争方兴未艾的中国，于 1924 年返回哈佛大学任教。从 1924 年到 1936 年的十多年间，梅光迪在哈佛大学先后担任汉文讲师、副教授直至教授。其间，他只短期回国两次，一次是于 1927 年回国与李今英完婚，另一次是在 1932 年代理国立中央大学（即原来的东南大学）文学院院长。

1936 年夏，梅光迪在美国看到国内出现了空前的民族危机，毅然于抗日前夕买了船票携家带口返回中国。此前曾有梅光迪的美国学生、时任芝加哥大学中文系主任的顾立雅博士（Dr. Herrlee Glessner Creel）深夜到访，苦苦挽留。梅光迪“虽为所动，终不能克胜爱国爱家之热情，复又不肯失信于浙大”，还是踏上了归程。回国后，梅光迪即任浙大文理学院副院长兼外文系主任。1939 年浙江大学文理学院分开，梅光迪任文学院院长，并随浙大西迁。1944 年冬梅光迪被查出患有心脏病，1945 年 12 月因病医治无效，安葬于贵阳圣公会墓地，享年 55 岁。浙江大学校长竺可桢亲自主持了梅光迪的追悼会，很多社会名流都前来吊唁，连蒋介石也派人送去“人师典型”的挽幛。哈佛大学《亚洲研究》杂志则于 1946 年刊发了讣告。

梅光迪病逝于战乱之中，为数不多的已发表作品大多遗失散落，未成的文稿据说也在杭州焚于战火。1948 年，浙江大学出版了由友人收集他的中文著述和相关文章而成的一本薄薄的《梅光迪文录》。作为一位学识渊博且直接经历了新文化运动并一度置身于论战中心的文化批评家，仅这一文录显然不能彰显梅光迪的成就。相信随着越来越多的文献资料被发现或公开，梅光迪及其思想的重要性也将逐步显现。

梅光迪在外国文学方面的成就主要有以下一些方面。

一　介绍并推广了白璧德的人文主义思想

梅光迪最早发现了欧文·白璧德（Irving Babbitt，1865—1933）对中国文化的意义，并使其在当时就对中国产生了深远的影响。

欧文·白璧德自 1894 年起在哈佛任教直至去世，其间创办了比较文学系，影响遍及哲学、历史、政治、教育等各个领域，是“新人文主义”文学批评领袖。白璧德最早宣扬破除“西方中心主义”，并对当时美国社会的伦理道德、审美和哲学的主导思潮提出了挑战，是位具有世界眼光的人文主义者。由于他的思想与儒家学说有着多方面的认同，对中国新文化运动时期的“学衡派”、此后以梁实秋为代表的“新月派”，以及以研究哲学为主的当代“新儒家”有着很大的影响。不过当时的白璧德，虽然已在法国和欧洲其他国家声名远扬，在美国国内却经常受到一些更有威望的知识分子或者作家的批评，有时甚至会连累他的追随者。在那种形势下，白璧德能获得中国留学生的敬仰和推崇，而后又成为迄今为止哈佛的人文学者对中国人文学术影响最大的人物，特别耐人寻味。这其中，离不开弟子梅光迪的大力引介。

梅光迪最初听说欧文·白璧德是在 1915 年。当时他正希望在现代西方文学中找到“能与古老的儒家传统辉映成趣”的声音，偶然听说了在哈佛任教的白璧德及其著作《近代法国文学批评家》之后，梅光迪“几乎是带着一种顶礼膜拜的热忱一遍又一遍地读着当时已经面世的白璧德的三本著作。对我来说，那是一个全新的世界；或者说，是个被赋予了全新意义的旧世界。第一次，我意识到中国也必须在相同的精神的引导下做些事情；过去二十年，我们对自己的文化基础不分青红皂白地进行无情的批判，造成新旧文化间的差距愈拉愈大。现在，我们要在一个前所未有的非常时期，凭借日积月累的资源财富，跨越这种鸿沟；要在中国人的思想中牢固树立起历史继承感并使之不断加强。也许我于 1915 年秋来到剑桥的主要目的就是为了能够聆听这位新的圣哲的教诲”。

为此，梅光迪转学到哈佛，在白璧德门下攻读西洋文学，全面接受了白璧德关于中西文化的思想并“终生未改其操”。

除了写信跟胡适谈白璧德，梅光迪还在各种场合介绍并积极推荐中国留美学生修习白璧德的课程。比如，梅光迪极力促成吴宓转学哈佛大学，又将他推荐给白璧德做研究生。张鑫海、汤用彤、陈寅恪、胡先骕、楼光来等人也都经梅光迪大力引荐才结识了白璧德。吴宓后来也介绍了更多的中国留学生到白璧德门下读书。这些青年志士接受白璧德的“新人文主义”的熏陶，了解“新人文主义”在美国的产生和影响，回国后不仅在《学衡》杂志上积极宣扬白璧德的“新人文主义”，而且还通过言传身教影响了一大批未能到哈佛就读的中国学者及其后辈，终于使白璧德的新人文主义成为一种在中国影响广泛的学说。

梅光迪还积极撰文介绍白璧德及其思想。在梅光迪为数不多的作品中，直接介绍白璧德的文章就有三篇：《现今西洋人文主义》（1922 年）、《安诺德之文化论》（1923 年）和《评〈白璧德——人和师〉》（1933 年）。在《现今西洋人文主义》一文中，梅光迪集中论述了白璧德的西洋人文主义思想。梅光迪认为，白璧德的人文主义就是综合东西方人文思想之精华，以文学保留历史与传统观念，维持久远的道德与哲学原则，在更高的人文基础上发扬中国古代儒家思想和西方古典思想，以抗衡近代以来西方主流的浪漫主义思潮。在《安诺德之文化论》一文中，梅光迪介绍了白璧德思想的来源——英国维多利亚时期的马休·安诺德。《评〈白璧德——人和师〉》一文则是梅光迪在白璧德去世后献给导师的纪念文章。文中，梅光迪再次高度评价白璧德，认为他从某种意义上向自己及其他中国学生指明了中国文化在世界上的地位，为他们在当时形形色色的文化价值观和文化主张中指明了正确的道路。文中，梅光迪也谈到了白璧德对儒家人文主义的评价，让很多没能亲身聆听白璧德教导的中国学者感受到了白璧德的人格魅力和现代意义。

梅光迪的其他文章也大多体现了自己对白璧德新人文主义的解读和发展。此外，他还极力在《学衡》杂志及其办刊路线上等多方面体现导师的思想。比如，《学衡》杂志约稿的对象不少是白璧德的门徒，不遗余力地介绍白璧德及其思想主张。据统计，《学衡》在总共 79 期上发表了 69 篇讨论西方文化的论文，其中关于新人文主义的就达 20 篇之多。《学衡》还有一文译载了 1920 年白璧德为中国留美学生的一次演讲“中西人文教育谈”。

转投白璧德门下学习西洋文学，积极引荐中国留学生接触白璧德，自己著述介绍白璧德的新人文主义，极力在《学衡》杂志及其办刊路线上等多方面体现导师的思想，诸类等等，都可以说明梅光迪不仅第一个挖掘出白璧德思想的现代中国意义，也是使白璧德对中国产生影响的关键人物。

二　积极倡导比较文学和比较文化

梅光迪接受白璧德的一个观点，即批评和批评家将在 20 世纪文化中占据重要的位置。“批评家之重要，尤近世所公认也”，梅光迪认为，批评家与哲学家不同，文学批评与哲学不同，二者虽同为研究人生，但实质不同。哲学多趋向于讨论抽象的问题，有点远离人生；而文学批评用普通的文字，更易贴近人生；哲学家的思想很高明，但是文字未必很美，所以他们能写朴实的说理性文章，却少有艺术美感。但如果是文学批评家写文章，就可以兼顾说理和艺术，“文学批评，具有此三长，宜为其近世艺术之一种，而与文学创作媲美也”。梅光迪认为好的学术性文章，比如《史记》等，也必定是文字优美的，因此学术性文章也可以具有深远的文学影响。在给胡适的信中，梅光迪就表示自己“……初又大梦以创造新文学自期，近则有自知之明，已不作痴想，将来能稍输入西洋文学知识，而以新眼光评判固有文学，示后来者以津梁，于愿足矣”。

作为一名忧国忧民的批评家，梅光迪曾对希腊、罗马、印度和日本进行过比较，以说明民族文明的重要性。他认为，希腊、罗马作为政治形态的国家并不长久，但因为其自身有一种强大的文明，高贵的民族形象就会长时间存在，就有无比的价值；反之，日本这个被西方现代文明转换的典型，如果没有自己的民族文化，国家即便强大也不会有光彩。因此，梅光迪的“‘祖国’就是中华民族，而不是某一政治形态的国家。‘祖国’的形象是靠中华文明去保持的”这一观点，是1916年之后梅光迪学术发展的一条主线。

梅光迪很早就开始使用批评这一思想武器。早在和胡适在美国书信论争时，梅光迪就将胡适白话文学主张中的具体内容与“未来主义、意象主义、自由诗”等概念相提并论；后来更是将胡适的思想主张与西方时兴的“狂澜横流”并列，并一概加以摒弃，这些都说明梅光迪已经上升到了文化批评的高度。在梅光迪的带领下，学衡派的不少作者如吴宓等，也纷纷用对比较文学批评的方法批判新文化思潮，试图以学理立言，在中外文化比较中坚持“昌明国粹，融化新知”。今天看来，梅光迪领导的学衡派在对新文化和新文学运动某些偏激的立场和弊端提出过不无中肯的批评，在着手整理研究和维持传统文化也干出了很多实绩。

1932年，梅光迪执教美国时发表《人文主义和现代中国》一文。这是他在十多年后对自己当年领导的学衡派反新文化运动的自我批判。文中，梅光迪系统地论述了为什么在20世纪二三十年代的“学衡派”活动就是中国的一场人文主义运动。他承认这是一场失败的“儒家学说的复兴运动”。运动失败的原因既在于它与中国思想界胡适及新文化派想要建成和接受的东西完全背道而驰；也在于它没能提出和界定明确的议题，没有创造性的名称或标语口号以激发大众的想象力，因此没能引起普通学生和大众的广泛注意，没能造成广泛的影响。

作为一名爱国学者，梅光迪还在抗战岁月中积极发挥了他的批判思想和号召力。1937年10月，梅光迪在《国命》周刊创刊号中发表《言论界之新使命》一文，呼吁全国言论界阐扬我国历史上奋力反抗外来侵略的斗争传统，打破“劣等民族”的自卑心理，恢复民族自信心，团结起来，以实现抗战的胜利。1937年11月，他又在《国命》上发表《斥伪教育》一文，痛斥天津日伪组织提倡读经、推行奴化教育，妄使中国民众充当日本侵略者顺民的罪恶行径。1938—1939年，他又陆续发表了《近代大一统思想之演变》《英美合作之必然性》等论文，分析时局，出谋划策，表达自己对抗战必胜的信心。1941 年，梅光迪在《浙大文学院集刊》第一集上发表论文《卡莱尔与中国》，通过介绍这位 19 世纪的英国文学家和思想家，表达自己对于中国文化日益坚定的信仰。梅光迪的这些文章发表在民族危亡的艰难岁月里，无疑给浙大师生和广大民众很大的鼓舞。而在抗战后期，梅光迪开始对美国在华势力的膨胀深感忧虑。他在 1945 年 3 月 30 日的日记中写道：“近年事事受美国提携而自家不争气，因循敷衍如故，各机关只得请美国人主持，将来一切主权名存实亡，何以为四强之一？不过纸上空谈而已。”历史证明，梅光迪当时确实做到了先天下之忧而忧。

三　坚持传统文化，批判地引介外国文学理论

受传统教育和白璧德思想的影响，梅光迪主张从中国的实际情况出发，在改造中国传统文化的同时，对西方文化之发展源流进行全面而彻底的研究，从而在更高的人文基础上发扬中国古代儒家思想和西方古典思想，抗衡近代以来西方主流的浪漫主义思潮。

“维护民族形象、弘扬中华文明”既是梅光迪理论发展的一条主线，也是他后来与胡适等新文学运动者决裂的主要原因之一。梅光迪十分赞同导师白璧德的观点，即现代人要从古代圣哲的智慧中去构建所需的宗教精神与道德意志的具体内涵；孔子之学对世界和平有益，能够拯救近代西方人道德的堕落；孔子修身治国的儒家学理属于全人类普遍永恒的人文价值，应加以发扬光大。梅光迪眼中的中华文明，可能主要就是儒家的传统文化，尤其是孔子原初的学说而不是后世的诠释。他认为人类的思想文化史，就是原典思想和原典精神不断被遮蔽、谬传和误解的历史，因此他提出，“于国学则当洗尽二千年来之谬说，于欧学则当探其文化之源，与所以致盛之由”。正是因为要在文学中探明原典真理，所以梅光迪坚持要保留文言文，反对白话文全面取代文言文，“盖字者思想之符号，无思想故无字”，文言文就是历经长期锻炼的孔孟思想之符号。如果不明孔孟真意，徒有文字的形式，便会言之无物。这样就很好理解为什么学衡派坚持使用文言文而反对使用白话了。不过，梅光迪对传统文化还是有一种理性的开放态度。他既反对新文化运动对传统的虚无主义态度，也反对各种形式的泥古主义做法。梅光迪强烈批评两种腐儒：“全盘

西化”的“腐儒”与“妄自尊大”的“腐儒”。新文化派矛头针对的主要是封建礼教和宗法观念，这无疑是正确的，但新文化派的激烈的非学术化的态度，在客观上促成了现实中的文化破坏活动。比如，有些学者以“打倒孔家店”为号召，用尖刻的言语诋毁孔儒学说，使得当时的年轻人以为孔子只是一个迂腐陈旧、散布礼教流毒的罪人，跟着对孔子进行谩骂。另外，梅光迪也看到民国以来大小军阀以及地方势力竞相通过一些可笑的“尊孔”举动来愚弄人民，企图把儒学变成真正的宗教以为其服务。因此，阐明孔儒学说的真义以正视听，就成为梅光迪等人的现实关怀的主要内容。

梅光迪坚持弘扬孔孟学说，反对囫囵吞枣地引入外国各种文化新潮流，主张文化介绍当求那些“有本体性之价值”，而且“实用于吾国”者，不应只是为解决“一时一地之问题”。梅光迪这里所谓的“实用于吾国”，是指所介绍引入的西方文化思想，“或以其与吾国固有文化之精神，不相背驰，取之足收培养扩大之功……或以其为吾国向所缺乏，可截长以补短也。或以其能救吾国之弊，而为革新改进之助也”。他的做法，与当时国内主流知识界主张文化革命，热衷介绍西方各派潮流思想观念截然相反。梅光迪一向自视甚高，他尖刻地认为那些留学西洋欧美者“大率多年少而学未成之士。其于西洋思想能贯彻会通者，有几人耶！其于西洋学术有评判取舍之能，何者为适用于吾国、何者为不适用于吾国，又有几人耶”？即使对胡适、陈独秀等人提出的文学进化论，他也进行了不留情面的批评。他认为文学进化论者所主张的各种文学流派之间的关系，如后派必优于前派、后派兴而前派绝，是违背西洋文学史实的，是荒谬的“妄言”。他说欧美也有类似的大举革命旗者，他劝胡适“诚望足下勿剽窃此种不值钱之新潮流以哄国人也”。他写道，中外文学史上出现不同的新旧流派“乃文学体裁之增加，实非完全变迁，尤非革命也”。梅光迪反对把进化论思想用到文学革命上来。“文学进化，至难言者。西国名家（如英国十九世纪散文及文学评论大家韩士立 Hanlitt）多斥文学进化论为流俗之错误，而吾国人乃迷信之，且为西洋近世文学，由古典派而变为浪漫派，由浪漫派而变为写实派，今则又由写实派而变为印象、未来、新浪漫诸派。一若后派必优于前派，后派兴而前派即绝迹者。然此稍读西洋文学史，稍闻西洋名家绪论者，即不作此等妄言，何吾国人童叟无知，颠倒是非如是乎?”今天看来，当年新文化主流派主要是从文学的文体形式出发，从文学的社会功用出发，强调要发挥文学推动社会改造的现实效能；而学衡派主要是从文学的道德内容出发，从文学的精神功用出发，强调要维护内容中恒定的精神价值。两派观点的对立其实是看待文学的着眼点不同。虽然新文学革命在推动时代大潮中起过重要的积极的作用，但梅光迪及其领导的学衡派批评文学进化论也确有其合理之处。

梅光迪坚持发扬传统文化，反对盲目引入各种外国新潮流的立场，也是经历了一个过程才形成的。未出国之前，梅光迪曾寄希望于胡适等这些拿着庚子赔款的留学生能学西方之法为国所用。出国以后，他却无法理解国人为什么在外都以习国文、讲国语为耻，甚至彼此书信往来不用英语反而显得不够正式。他给胡适写信说：“英语演说，固亦应有之事。然归去后为祖国办事，所与游者皆祖国之人也。若用英语演说，势必先使祖国四万万人尽通英语始可，岂非一大笑话乎!”更令梅光迪感到忧虑的是，中国内外交困，使一部分学人对中国固有传统丧失了信心，表现出对西方文明的顶礼膜拜，而对中国文化则不屑一顾，有的甚至虽然能讲一口流利的英语，却不能阅读中文报刊和古代典籍。对此，梅光迪在给胡适的信中说自己“对于国学常抱杞忧，深望足下者为吾国复兴古学之伟人，并使祖国学术传播异域，为吾先民吐气。足下其勉之。迪当执鞭以从其后焉”。

直至梅光迪 1915 年读到白璧德《现代法国文学批评大师》一书，他对传统文化还存有怀疑。即使在胡适酝酿文学变革的早期，梅光迪也是个热情的参与者，曾经提出过自己的文学革命四大“纲领”：“一曰摈去通用陈言腐语，如今之南社人作诗，开口燕子、流莺……已毫无意义，徒成一种文字上之俗套而已，故不可不摈去之。二曰复用古字以增加字数，如上所言。三曰添入新名词，如科学、法政诸新名词，为旧文学中所无者。四曰选择白话中之有来源、有意义、有美术之价值者之一部分，以加入文学，然须慎之又慎耳。”可以看出，梅光迪认为过时的文言词汇应当停止使用，应当丢弃文言在表现形式上的清规戒律，而将它改造成一种适合表达现代思想的工具。不过，尽管他并不一般地反对使用白话文，梅光迪也不能认同让白话文全面取代文言文。

看到胡适在《文学改良刍议》中提出的文学改良“八事”，即所谓的“八不主义”，梅光迪认为这是在带领青年学生否定传统文化。他认为新文化运动以“民主”“科学”及“进步”为口号，带给中国人的将是一场虚幻的精神启蒙。他担心“用不了几年时间，中国很可能就会成为西方所有陈旧且令人置疑的思想的倾倒之地，就像现在它已成为其剩余产品的倾销地一样”。对那些在中国的教育文化、政治思想领域扮演主角的知识分子对自己的祖先嗤之以鼻，毫无愧疚地将目前西方的官方哲学当作积极的主要价值观的各种做法，梅光迪深恶痛绝。梅光迪认为，文化介绍当求那些“有本体性之价值”，而且要“实用于吾国”，而不应只是为解决“一时一地之问题”。实用于吾国，就是指所介绍引入的西方文化思想，“或以其与吾国固有文化之精神，不相背驰，取之足收培养扩大之功……或以其为吾国向所缺乏，可截长以补短也。或以其能救吾国之弊，而为革新改进之助也”。据梅光迪在哈佛大学的师弟、后来东南大学的同事吴宓记载，梅光迪当年欲以一己之力抗衡胡适等领导的新文化运动时，曾引用春秋时楚国申包胥对伍子胥说的话，“子能覆楚，我必复之”，表示自己匡复中华传统文化的决心。在中国现代文化史上，梅光迪可以说是至为痛彻、至为深切地感觉到中国传统文化精神在近现代一步步走向解体和流散，并为此而扼腕叹息的人。这点我们可以从他在批判五四新文化运动中所表现出来的无畏和坚决看出来。

什么样的文化才是符合梅光迪上述标准的西方文化呢？梅光迪认为白璧德的人文主义或者人文派批评可当首选。梅光迪认为，白璧德以及穆尔（P. E. More）两人“综合西方自希腊以来贤哲及东方孔佛之说而成，虽多取材往古，然实独具创见，自为一家之言……固皆得世界各国文化之精髓，不限于一时一地，而视今世文化问题，为世界问题者也”。既然新人文主义所提出的是世界范围内的文化命题，而且是综合考察了世界文化史上几大主要历史语言资源而后提出的“济世救人”良方，自然就应该成为中国知识界大力引进的西洋思想。这也是梅光迪放弃在美国获取博士学位的机会，匆匆赶回国内任教并创办《学衡》杂志的主要原因之一。

虽然白璧德的新人文主义也是一种舶来品，但梅光迪却以此为理论依据，一方面主张兼容传统与现代，在传统之中发掘积极有益的成分，反对抛弃文言和批判传统思想；另一方面又在《学衡》上译介了不少新人文主义的观点，积极引进外国文学批评思想。从今天的角度看，梅光迪领导的学衡派以“昌明国粹，融化新知”为宗旨，在介绍、研究中外文化时，注重文化的历史传承性，追求文化价值的永恒魅力，追求兼取中西文明之精华而加以熔铸贯通。这种文化观超越了东西方文化界限，既有吸纳优秀传统文化的民族意识，又有放眼美欧西文化的世界眼光的文化建设思路，应该说还是比较合理的。

四　用西方话语方式来阐释中华传统经典著作

梅光迪是个有计划地要为传统文化的现代诠释和转换作不懈努力的人。他用西方话语方式阐释中华传统经典著作有两方面的贡献：一方面用外国人熟悉的能接受的话语方式来介绍中国传统文化和社会风貌，在国际上维护和提升民族形象；一方面是用新人文主义方法来推动和促进国内对传统文化的认识，提升民族自豪感。

在早年给胡适的信中，梅光迪写道，“我辈有莫大责任在传播祖国学术于海外，能使白人直接读我之书，知我有如此伟大灿烂之学术，其轻我之心当一变而为重我之心，而我数千年来之圣哲亦当与彼晳种名人并著于世，祖国之大光荣莫过于是”。可以看出，梅光迪对中国儒学思想传统的危机有强烈的忧患意识和天将降大任于斯人的文化担当精神。实际上他和白璧德的交往中也注重中国文化的介绍。比如他对白璧德不能阅读汉语原文深感遗憾，曾问白璧德，假使其能年轻二十岁，是否愿意学习汉语。在美国的近二十年里，梅光迪总是努力用外国人熟悉的能接受的话语方式来介绍中国传统文化和社会风貌，维护和提升民族形象。比如他给英语报刊投稿，谈“西方在觉醒吗”，不仅介绍了中国传统的文人心态和社会价值观，也阐述了他认为中国的礼教和重义轻利的道德，正是治疗西方强化个人、追逐私利等恶俗流弊之“药石”的观点。

但对于留学期间胡适提出要给康奈尔大学增加中文藏书一事，梅光迪有清醒的看法。他回信说：“迪意欲俟三五年后大学卒业，得有博士、硕士等学位，西学足以取重于彼，又能以西文著书，当要求此邦著名之校添设中文一科，而我辈为其讲师，务使彼人能直接读我之书……吾与足下自当共勉之以成此志，以为祖国光。”可见，梅光迪很早就提出传播中国文化的重要性以及对外汉语教学在这项事业中的必要性。这也是为什么今天孔子学院在世界各地成立时，学术界总会想起梅光迪的原因之一。

梅光迪非常重视对中国传统经典原著的阐释。梅光迪认为，“吾人生于今日之中国，学问之责独重：于国学则当洗尽二千年来之谬说，于欧学则当探其文化之源，与所以致盛之由，能合中西于一，乃吾人之第一快事。鄙意读中国古籍，当以读西书之法读之而后有用，（如《左传》可当公法及外交学读……）”他提出用“读西书的方法”解读中国古典文献，特别是孔孟的思想中的“原意”。在梅光迪看来，一部中国思想文化史，就是所谓原典思想和原典精神不断被遮蔽、谬传和误解的历史。新人文主义的文化观点增强了梅坚持、维护孔子和儒家学说，使中国传统文化与世界传统文化并立，以反对资本主义物化与非理性化的信心。在他的影响下，《学衡》投稿人也纷纷从各自的角度对中国传统文化做了具体的阐释工作，这些工作成为《学衡》后期杂志的主要特点。

1932 年 9 月，梅光迪为《国风》第二期的孔子诞辰纪念专号撰写了《孔子之风度》一文。文中，他用现代的眼光阐释了孔子关于养生、卫生、礼教等的观点。他说：“孔子以多艺闻于当时。他除有最深挚道德修养外，更富于艺术兴味，故其发于外者，不为矜严，为雍容大雅之君子。孔子多情。多情者必多恨。他恨贪官蠹吏。恨自命放达，玩世不恭，而实一无所长者。恨乡愿。”在他的阐释下，孔子是个很有风度的人。

除了自己介绍孔子的现代意义，梅光迪还向国人介绍西方学者对于孔子的尊重和中国文化传统的赞扬。他于 1941 年写了《卡莱尔与中国》，认为这位 19 世纪英国首屈一指的文学家也是孔子和中国文化的一位知音。因此，作为一名中国人，自己“对于中国文化之信仰，益以坚定矣”。

梅光迪也较早地在一个国际语境里讨论中国文学改革的问题。1933 年梅光迪发表了关于学衡派活动的英语文章《人文主义与现代中国》，向西方主流学术界介绍了这场围绕新文化的“中国文艺复兴运动”。

以人文主义的眼光看待中西文化，肯定儒家思想近代转化的科学价值，主张中西互补，以固有文化为主体积极整合外来文化，正是“昌明国粹，融化新知”真谛所在。今天看来，梅光迪对儒学的诠释，不仅能抓住问题实质，还很有现代的眼光。

五　开创“文学”学科，培养外语人才

梅光迪也是一位经验丰富的教育家。在他的教学生涯中，有十年是在国内一些著名高校担任文学院院长、英语系或西洋文学系系主任等职。据考证，是梅光迪在国内开创了“文学”学科。

虽然“文学”一词古已有之，但原来中国的大学里并没有设立“文学”一科。蔡元培在1917年任北京大学校长之初虽然曾设想过将“文学概论”列为通科课程，但最终没有落实。轰轰烈烈的新文化运动虽然是从“新文学革命”开始的，后来也译介了不少西方文艺作品和文艺理论，却也没有人在梅光迪之前开设出专门的“文学”课程来，反而是反对“全盘西化”的梅光迪，于1921年首先在南京高等师范学校暑期课程中开设了专门的“文学概论”课程。他当年采用的教材是温彻斯特的《文学评论之原理》。1922年，梅光迪以东南大学英语系主任的身份，决定由吴宓讲授英国文学史、英诗选读、英国小说、修辞原理等外国文学课程（他自己开设什么课程暂不可考）。一年后东南大学新成立西洋文学系，梅光迪又决定由吴宓增开欧洲文学史课程。而这个时候，新文化运动者虽然都在谈论“新文学”，真能确实讲述外国文学之内容与实质者的，却只有周作人（著有《欧洲文学史》）和谢六逸（著有《日本文学史》）。因此可以说，“文学”作为大学的一门学科，在国内是梅光迪的首创。

作为大学教授，梅光迪在外文系讲课时经常运用中外文学对比的方法，并要求学生掌握批评这一思想武器。据浙大学生回忆，当年外文系和中文系的学生都被要求选修“西方名著宜读”“文学批评”等课程。梅光迪也曾大力支持其他文学教师等结合演出教授戏剧的方法，亲自担任浙大外文系戏剧讨论班的总顾问，亲临讨论班的英语剧演出并提出改进意见。这个戏剧讨论班是全国各大学中的一个创举，后来又发展成为浙大的演出团体，成为传播民主爱国思想的一支有生力量。

作为浙大的文理学院副院长和文学院院长，梅光迪在校长竺可桢的允许和支持下，继续实践他的“学衡”理念。那时浙大规定古文和英语为全校一年级学生必修（文师两院学生再加读一年），目的使学生了解西方文化和科学，在中外两种文化都能吸收的情况下，培养出既不脱离自

身文化传统，又能与时代相适应的高标准有用之才。即使在抗日西迁途中，梅光迪仍主张对大学里的语言文字基础课程严格把关，考试不及格者不得升级；而对文学院高年级课程，则主张用研究或论文来代替考试，培养学生独立思考能力。虽然战乱年间条件艰苦，这些年浙大毕业的学生，既看得懂我国古代文献，又看得懂外国文献，有“没有出国的留学生”之誉。梅光迪任职期间，曾经有位英国伦敦大学文学院陶德斯（Todds）教授来浙大访问，他看到讲课的教授外语娴熟，论据翔实，引述渊博，学生都长于用中外文写作，大为惊讶和佩服，称浙大文学院的教学质量可与英国任何大学的文学院媲美。

梅夫人李今英也是他在东南大学的学生。与梅光迪结婚后，李今英到美国攻读教育学及世界妇女等课程，积极在各种公众场合宣传中国文化，夫妇俩可谓志同道合。1936 年李今英与梅光迪一同返国，受任浙江大学教职。梅光迪去世之后，梅夫人继续在浙大任教，新中国成立初转赴澳门，后长期居留美国，从事教学、学术研究和著书工作。梅夫人编著有《大英百科全书》的中国和日本章节、《美国历史学会历史文献指南》的中国部分、《宋史索引（Sung Index）》、《中国报刊精选集》、《中国女》、回忆录《山高水长》等，为传播中国文化作出了贡献。

在梅光迪眼中，教育功能包括养成“治事治学之能力”和“修身之志趣与习惯”，二者并重，缺一不可。根据他本人的日记，梅光迪生平最喜欢的学者当属英国文学史上重要的诗人、散文家、传记家和词典编撰者塞缪尔·约翰逊博士（Samuel Johnson，1709—1784），特别对他奋战多年编撰《英语词典》非常钦佩。可惜梅光迪在战乱流离中早逝，没有给我们留下很多公开发表的文字著述。我们也只能从他散落在亲友书信中的文字和亲友对他的回忆中窥见他的学问和思想。随着越来越多散失的文献被发现，梅光迪对外国文学以及中西文化交流所作的贡献也将得到更公允的评价。

（原收入《20 世纪浙江外国文学研究史》，浙江大学出版社 2009 年版）

怀念恩师梅光迪

汪积功

抗日战争时期，举世闻名的科学史家李约瑟教授曾盛赞浙大是“东方的剑桥”，我认为这不是溢美之辞。我也读过一篇散文，里面有这样一段话：“浙大就像这两所世界名校（剑桥和牛津）一样，不太注重课堂教学，而自由学习钻研之风甚浓；认为满堂灌的不是好老师，教不出好学生。教学的好形式是：师生共坐一室，随意发言，互相问答，这样老师对学生在学习中的心得体会、疑难困惑了然于心，传道、授业、解惑的点拨才会切中要害。学校的独力思考、学术自由的风气很浓，但同时对学生的学业有严格的要求，例如外文系，开出的课十分广博，精彩纷呈，但每年级每学期的散文课，必须由资深望重的教授主讲，学生每两周一篇作文，必须面批，好坏优劣，当面开销，绝不留情。”

当时的浙大文学院院长兼外文系主任是梅光迪教授，也是学衡派主帅、人文主义者，三十多岁就是哈佛大学教授。我读大四时，散文课是他嫡授的“约翰生博士”（Dr. Johnson）教的。那时我是一名比较活跃的学生，唱歌、打球、演话剧门门都干，又是系会主席、学生会理事，闹学潮的急先锋，时间往往不够用，有时作业都完成不了，只好马虎草率地应付一下。

有一次约定面批作文的时间到了，我匆匆写了一篇，也没有认真检查就奔梅先生家而去。他为我批改到半途，突然停了下来，看看我说，你自己看看，有没有差错？我的脑门子嗡的一下，连字都看不清了，还哪看出错！梅师瞪了我一眼，把一个 rise 改成 raise，然后叹了一口气，满脸严肃地问我，你高中学的语法到哪儿去了？我真为你担心，就要毕业去工作了，还会犯这样低级的错误！我羞愧难当，想解释，梅师拦住了我，说：“不必找什么借口，你这是心浮气躁，这可是为人、做学问的大忌。”

梅师的这句话，我记了一辈子。多少年来，我常对年轻的老师说，永远不能认为自己是科班出身，基础很好了。我自忖随手拿张报，从头读到尾，我不敢保证自己字字都认识，不读一个错别字。

1945年春，槐香正浓时，我将离开浙大去美军中当翻译。那时我们外文系四年级只有七个人，三个男生全要走了。我们相约最后一次去梅先生家上课，早一点去，有惜别的意思。当我们邀齐到他书斋时，提早了近一个小时。他看了一下表说，你们来早了，这样你们陪我，我陪你们，大家浪费时间。我灵机一动，说，梅先生，你做你的工作，我们随意看看你书架上的书，这样好不好？就这样过了大约个把小时，梅师才开始给我们上课。课讲完了，梅师说，你们几位男同学要去当翻译，今天应该是最后一堂课了，人生聚散寻常事，不必做儿女态，以后你们有要我帮忙的事，可以来信，至于应酬的信，你好我好之类的客套话不必说，人生苦短，不容浪费。

那次，我们和梅师挥手一别，竟成永诀，1945年底，梅师因心脏病在遵义去世了。外文系戏剧班在校的同学为此公演了《万世师表》以示吊唁。我那时已在重庆报馆里工作，听到噩耗，我关上门，痛哭了一场，作为对恩师的悼念。

梅师的一生，孜孜以求，诲人不倦，严肃认真，一丝不苟，培育了一代又一代学生，培育了许多专家学者，特别是他作为学衡派的主帅，在五四时期大声疾呼，不能倒孔，不能废学古义，为中华文化的源远流长，发扬光大，做出了不可磨灭的贡献！在抗战时期，他本着求是精神，在黔北古城，在生活极其艰苦的条件下，默默耕耘，艰苦育人，比之某些养尊处优的大学者，其目光、操守、人格不是要伟大得多、高洁得多？

六十多年过去了，一代宗师葬身于遵义乱山之中，但他那一丝不苟、诲人不倦的音容却永远活在我们的心中。

《文学概论讲义》整理附记

梅　杰

2008年9月7日，傅宏星先生对梅放先生说："春节前（2008年1月），我去南方搜集资料，偶然发现了一厚册梅光迪先生的油印讲义，由三篇讲义组成，未见收入《梅光迪文录》。当时，我把讲义（数码全照）传给了南京大学中文系的沈（卫威）先生。沈老师是研究'学衡派'的专家，亦惊喜异常，认为这本讲义非常珍贵、罕见。梅光迪先生生性豪爽，疏于著述，流传下来的文字本来就少，如果梅先生的后人愿意看看先人旧物，我亦愿意成人美意。"傅宏星先生慷慨大度，毫无保留地把讲义的数码照片发给梅放。2009年9月24日，梅放先生找到笔者，邀请笔者参与整理"梅光迪讲义"。笔者仔细翻阅后，提出几点看法。

一、这三本"油印讲义"并非梅光迪的讲义，也就谈不上是梅光迪的"旧物"。它们其实是梅光迪的学生抄下的笔记。这三本笔记分别是《文学概论讲义》（杨寿增、欧梁记）、《近世欧美文学趋势讲义》（冯策、华宏谟合记、吴履贞记）、《天演学讲义纲要》（施之勉记）。《文学概论讲义》与《近世欧美文学趋势讲义》都是多人的笔记拼合在一起的，幸好比较完整；而《天演学讲义纲要》虽为施之勉一人所记，却不成体系，内容较为凌乱（后证明为钱理群之父钱天鹤之讲义）。

二、除了以上几名学生有笔记外，梅光迪的得意门生张其昀也记有《文学概论》的笔记，其手稿现馆藏于国家图书馆，登记项明确载为"梅光迪讲、张其昀记"。在1922年广文书局出版的《当代名人新演讲集》中，还收录了一篇署名梅光迪讲演，某人抄记的《文学概论》笔记，可惜篇幅（仅数千字）远远不及杨寿增、欧梁记的《文学概论讲义》（约一万八千多字）。但不知《当代名人新演讲集》中的《文学概论》与国家图书馆馆藏的《文学概论》是否相同？由于笔者未能调阅国家图书馆馆藏的《文学概论》，就不好下结论了。不过，《当代名人新演讲集》中的

《文学概论》笔记系用白话记录，与杨寿增、欧梁录本几乎没有几个句子相同，仅是观点、框架一致而已（且内容仅为《文学概论讲义》的前三章）。这也再次证明了新发现的“梅光迪讲义”不是梅光迪的讲义。另，2007 年孔夫子网曾拍卖出一册油印《文学概论》，也是梅光迪讲演的。

三、新发现的三本笔记具有非常高的学术价值。虽然这三本笔记不是梅光迪的讲义，但作为学生的课堂笔记（这几个学生后来也都是文教界的佼佼者，如施之勉为著名史学家），依然能够窥探出梅光迪在新文学运动时期的文学思想，他的反新文学运动性在笔记中得到突出表现，笔记中时时露出梅光迪对新文学不满、甚至讽刺的态度。

四、三本笔记的抄录时间应为 1920 年暑期。施之勉抄记的《天演学讲义纲要》中的《天演学参考书》之末记有“九，七，十四，施之勉记”，即 1920 年 7 月 14 日。

另外，章衣萍在《胡适先生给我的印象》中回忆了梅光迪在南京高师讲课的情况：“那时我才 19 岁，在南京一个中学毕业，便在东南大学当书记。那年的夏天，东南大学办了一个暑期学校，请了胡适到南京演讲……他那时讲的是‘白话文法’与‘中国哲学史’。那时梅光迪也在暑期学校讲‘文学概论’。他在课堂上大骂胡适。记得有一次，梅光迪请了胡先骕，到课堂上讲了一个钟点宋诗，胡先骕也借端把胡适大骂。但那时的学生，信仰胡适的，究竟比信仰梅光迪的人多。梅光迪的崇论宏议，似乎没有几个人去听。高语罕那时也是暑期学校的学生，就在课堂上同梅光迪吵过嘴（参看高语罕《白话书信》）。”根据后文中提到“《尝试集》（那时初版方出）”“我于民国九年十二月间到北京”可知这个暑期学校的开办时间是在 1920 年暑期。文中还提到胡适在这个暑期学校创作了名诗《一笑》，并收在《尝试集》民国九年八月的新版中（《尝试集》初版为民国九年三月）。另，高语罕的《白话书信》初版于一九二一年一月，如果他在暑期学校与梅光迪吵嘴，那也只可能是 1920 年暑期。不过，章衣萍的回忆也出现了一处错误，即将南京高师和东南大学混为一谈，因为 1920 年暑期东南大学尚未创办，仅在筹议之中。两校合并在 1920 年底、1921 年初。

在抄记笔记的几个学生中，施之勉是 1920 年暑期毕业的，而张其昀是 1919 年才考入南京高师的。这也刚好说明，梅光迪所讲不是为某一班、某一系的学生，即应是章衣萍回忆的，在暑期学校为各个不同年级、专业的学生讲演，甚至社会青年都可以来听。章衣萍就回忆自己和高语罕都曾旁听了的。

刘梦溪在主编《中国现代学术经典》丛书时，曾将拟选名单提请张舜徽、余英时、朱维铮等著名学者过目。朱维铮先生在答复中列了“似可以考虑”的一串名单，其中就有梅光迪的名字。后来，梅光迪的挚友“哈佛三杰”陈寅恪、吴宓、汤用彤都列在其中，而梅光迪并未入选。其实，并非刘梦溪故意不选梅光迪，恐怕与梅光迪生前发表文章极少，且无专著出版有关吧！因此，新发现的笔记其学术意义可以想见。

这三本笔记中的《文学概论讲义》，是中国近现代第一本文学概论讲义，也可以说是中国比较文学的奠基之作。作为学衡派的领袖、“胡梅之争”的主角，梅光迪在《文学概论讲义》中多次抨击提倡新文学者，例如：“近人（指李大钊、周作人等——梅杰按）提倡平民主义，反对知识阶级，此殊大误……白话诗文降格以求，实不明文学真义。”针对胡适等提倡的白话文运动，梅光迪则说：“一二年来，由少数人之提倡，曰有新文学之产出，于是旧文学大为之震撼，至‘新文学家’诟旧文学为死文学，为谬种流传，则多属无稽之谈。”又对反对古文的主张进行猛力批判，“人之所谓异于禽兽者，以其有历史性与群众性，故其文化继续不绝，可期大同。彼其以古人文学为死文学，欲创一特别文学以自绝于古人者，直侪人类于禽兽，非愚则妄耳”。

《文学概论讲义》是梅光迪 1920 年暑期在课堂上大骂胡适的那段鲜为人知的历史的见证物，为新文学运动的研究增添了新史料。今年是梅光迪诞辰一百二十周年纪念的日子，特将笔者整理的《文学概论讲义》公布，望识者有以教我。此外，这些新发现的笔记将连同《梅光迪文录》以外的几篇集外文，一起收入即将出版的《梅光迪文存》中，望现代文学研究者予以关注。

（原载《现代中文学刊》2010 年第 4 期）

“哈佛三杰”辨

梅　杰

学术界有“哈佛三杰”之谓。不过，具体为哪三人各说不一。较为普遍的两说是：一说为吴宓、汤用彤、陈寅恪三人，一说为梅光迪、吴宓、汤用彤三人。这在后世学人的叙述文字中，多有体现，在此不一一列举。

梅光迪、吴宓、陈寅恪、汤用彤四人关系非常密切，早年同为哈佛大学的学生，归国后又结为“学衡派”。其中，梅光迪为发起人，吴宓为核心成员，陈寅恪、汤用彤是外围支持者、撰稿人。因此，众口所传，发生以上混淆，在所难免。但是，如果我们弄清楚了四人在哈佛大学的时间段，以及四人内部关系，似可明了。

四人中，最早入哈佛大学的是梅光迪。梅于1915年入哈佛大学，师事新人文主义大师白璧德，成为白璧德的第一个中国弟子，并于其时挑起“胡梅之争”，反对胡适废除文言的主张。1918年9月，在梅光迪的劝说、鼓动之下，吴宓由弗吉尼亚大学转入哈佛大学，亦师从白璧德。1919年初，汤用彤入哈佛。据孙尚扬《汤用彤年谱简编》记载：“公初入哈佛，与梅光迪同住……（1919年）7月14日，晚，公与陈寅恪由吴宓导见白璧德教授。吴宓跟随梅光迪奉白氏为师，自述当日‘白师述其往日为学之阅历，又与陈君究论佛理’。”同时，汤用彤还在吴宓、梅光迪的共同推荐下，拜于白璧德先生门下。当年一二月间，陈寅恪亦入哈佛。陈寅恪虽未拜师于白璧德，却对其非常仰慕，对他的思想非常认同。由此可见，梅光迪对吴宓、汤用彤、陈寅恪接近白璧德的新人文主义思想，有直接或间接的引导作用。

吴宓与汤用彤相识于1911年，与梅光迪相识于1918年，与陈寅恪相识于1919年初。汤用彤与梅光迪相识，可能是由吴宓介绍。而梅光迪与陈寅恪相识，则早在1908年前后。四人同在哈佛，时为1919年。1919年8

月 18 日《吴宓日记》记载："哈佛中国学生，读书最多者，当推陈君寅恪及其表弟俞君大维，两君读书多，而购书亦多。到此不及半载，而新购之书籍，已充橱盈笥，得数百卷。陈君及梅君，皆屡劝宓购书。"所谓"陈君及梅君"，即指陈寅恪和梅光迪。据孙尚扬《汤用彤年谱简编》记载："（1919 年）10 月，梅光迪学成归国，赴南开大学任教，公与吴宓至车站为其送行。"吴宓于 1921 年夏毕业，并由梅光迪介绍到自己担任西洋文学系主任的东南大学任教。汤用彤于 1922 年夏毕业，也由梅光迪、吴宓介绍到东南大学任教。陈寅恪则于 1921 年 9 月离开哈佛大学，转入德国柏林大学，1925 年回国。

由此可见，四人在哈佛共处的时间，对于梅光迪来说仅数月，而陈寅恪、汤用彤、吴宓三人共处则近三年（1919 至 1921 年）。此三年中，三人成绩优异，但言行独特，引起同学妒忌。1920 年 12 月 4 日《吴宓日记》记载："工校（工学院）中国学生，于宓等习文学、哲学者，背后谈论，讥评辱骂，无所不至。至谓陈寅恪、汤锡予两君及宓三人，不久必死云云。盖谓宓等身弱，又多读书而不外出游乐也。鸣呼，为功名权利之争，处升陟进退之地，则忌嫉谗谤，诽怨污蔑，尤在情理之中。今同为学生，各不相妨，宓等又恭谨待人，从未疏失之处，而乃不免若辈之诅咒毁骂。为善固难，但不肆意为恶，已不免宵小之中伤。"由此可见，三年中，三人在哈佛并列较合事实。

综上所述，个人认为，梅光迪对陈寅恪、汤用彤、吴宓三人有直接或间接的牵引作用。在美国时，还对汤用彤等人的生活有一定的照顾，担当了赴美"老大哥"的角色。梅光迪积极主动引导吴宓、陈寅恪、汤用彤接近、接受白璧德的新人文主义思想，为学衡派的形成奠定了人员基础，最终将"胡梅之争"升级为新青年派与学衡派的对垒。如果将梅光迪与汤用彤、吴宓并列为"哈佛三杰"，在时间上尤为不合，在事实上也不太可能。因此，个人认为，"哈佛三杰"以陈寅恪、汤用彤、吴宓三人并称为合情合理。

“梅光迪时代”
——浙江大学外语学科发展史上的光辉篇章

许高渝

梅光迪教授病逝至今已经过去了整整 68 年。岁月的流逝并没有让我们后人忘记他在 1937—1945 年的九年间带领外文系师生为学科发展所作出的重大贡献。

1936 年 10 月 12 日，梅先生不顾美国好友的极力挽留，放弃了在美国大学任教多年的教职，毅然回国就任浙江大学外文系主任。

梅先生到浙大后，即全力投入到繁忙的教学和行政管理工作中去。他十分注重提高学生的全面素质，开阔他们的视野，多次组织外文系的教授为本系和全校同学开设课外讲座，他自己也作了两次学术讲演：《爱国主义之今昔》和《文学在教育上之地位》。

1937 年七七事变后，抗日战争全面爆发。浙大仍于 9 月 10 日照常开学。梅先生先后在他参加编印的《国命》旬刊上发表了《言论界之新使命》和《斥伪教育》两文，呼吁全国言论界阐扬我国历史上奋力反抗外来侵略的斗争传统以实现抗战的胜利，痛斥天津日伪组织提倡读经、推行奴化教育。正是这种热爱祖国和对祖国教育事业的坚定信念使梅先生在学校辗转西迁的艰难岁月里始终与外文系的师生们勇敢地站在一起。

在西迁的两年多的时间中，外文学科从抗战前一个系（外国语文学系）扩展到了三个系，学生人数也显著增加，1937 年度为 18 人，到 1939 年度增加到了 55 人。由于部分教员无法跟随学校西迁，梅先生费尽心机，千方百计寻觅合适的教师补充到外文系的师资队伍中来，同时根据新的形势对原有的课程和教学内容作了调整，如开设了战时文学、西洋文学与文化等新课。

1940 年 2 月，浙江大学正式入驻贵州遵义等地，入黔后的外文系在梅光迪主任的领导下使这一时期成为自 1928 年建系以来在各方面取得成就最大的一个时期。

梅先生的贡献主要表现在以下方面：

一、通过广招人才，逐渐形成了一支满怀爱国热情，在教学上富有高度责任心，在学术上有宽广视野和专长的较为稳定的师资队伍。1940 年初到贵州后，梅先生就着力抓紧师资队伍的建设。在他的努力下，仅 1940 年上半年和下半年就有 14 位老师成为外文系的新成员。这批老师中有战前担任过浙大外文系主任多年的佘坤珊、中国著名的世界语教育家的黄尊生、曾任上海暨南大学等校教授的汪同祖、被当时文学界誉为北欧文学权威的李贯英，以及刚从国外回来的中青年学者，如黄川谷、田德望等。这批老师中的大部分均一直坚持工作到抗战结束，后来都成为外文系教师队伍的中坚力量。1943 年，英国伦敦大学文学院陶德斯教授来访，看到外文系的教授以娴熟的外语滔滔讲课，引述渊博，大为惊讶，临走时他动情地对梅主任说，浙大的教学质量可与英国任何大学的文学院媲美。

二、切实贯彻培养学贯中西人才的思想，使其成为外文系办学的重要特色。

培养精通古今中外文学的通才是梅先生对外文系学生的真切希望，也是他办学思想的核心。他多次强调要求外文系的学生在精研西方文学之外，决不可忽视祖国的优秀文学，为此他与竺可桢校长一起推出了大学一年级学生必修古文一年，文学院的学生还必须加学一年古代文学作品选读的规定。梅先生在平时讲课中则经常运用中西文学对比的方法，以加速学生的理解，他认为只有这样，才可能使学生融通中西之学。

三、积极提倡教学改革。

张君川先生担任戏剧课的教学时提出结合演出教授外国戏剧的设想，表示希望组织一个外语演出剧团。但是训导部门不予支持。梅先生提议出可先成立外文系戏剧讨论班，再以讨论班的名义演出。讨论班后来演出了不少戏剧，梅先生不但亲临观剧，并提出中肯的改进意见。把教授戏剧同演戏剧结合起来，这在当时全国各大学中是个创举。梅先生还主张高年级课程应着重于培养学生的独立思考，因此他有时会采用研究或论文来代替考试。他认为，学生写出一定质量的论述文章，就为今后进一步深造打好了基础。

梅先生的办学理念、治系实践、学术精神和崇高品格已经成为浙江大学外语学科宝贵的思想精神遗产。“梅光迪时代”作为光辉的篇章将永远载入浙江大学外语学科发展史的史册。

梅光迪的家世

梅　杰

关于梅光迪的家世，宣统二年《宛陵宦林梅氏宗谱》有着非常详细的记载，再据梅光迪的孙子梅务虚提供梅光道手写的三代简谱，整理梅光迪家世情况如下。

伯曾祖行柏，字长青，赋性刚直，尤能仗义执言，人不敢干以私驭，家人子弟亦不轻假以词色。生于乾隆甲寅（1794）六月初一日卯时，殁于咸丰乙卯（1855）九月初五日未时。妻宋氏，生于嘉庆丁卯（1807）十月初二日，殁于咸丰辛酉（1861）六月初二日申时。子三，举钱、举木、举谷。

曾祖行登，字步青，克勤克俭，分外无营求，处贫困晏晏如，平时亦无几怨恨之色。生于嘉庆丙寅（1806）十二月十一日酉时，殁于咸丰庚申（1860）十月十三日。妻刘氏，生于嘉庆戊辰（1808）十一月十六日，殁于咸丰庚申（1860）九月十四日。公专务农业，于家中盐米之需、往来庆吊之礼有时或不之省，孺人必预为料量，请公筹措。否则，公弗□也。儿辈入塾读书应需果饵，孺人亦必细心布置，不遗余力，洵为一时贤内助云。子四，举武、举功、举秋、举烟。

本生祖举秋，名仁安，九品，字盛庵。生于道光辛丑（1841）三月二十八日酉时。妻潘氏，生于道光庚子（1840）九月十三日戌时，去世时七十多岁（且晚于梅藻逝世）。子二，孝代（过继举武）、孝杨。

梅藻过继给了伯父举武（字建安），因此举武也是梅光迪的祖父。家谱中记载举武的生平，为梅藻所写，谱中载："先君性峭直，无城府，生平所为事，蔑不可以告人者。庚申（1860）粤贼南窜，先大父（指行登公）患痢，吾父及诸叔父被贼冲散，惟先君朝夕侍侧。深宵无火，则燃薪以取光，口燥思饮则以破缶汲水沸之以进。越一年，而先慈弃世，未几二兄亦相继殇。先君遂绝意续弦，不作成家之计矣。藻幼时先君送之入塾，老人躬自担米或负薪，口中犹自作语，呶呶不休。藻闻之泣，先君亦泣。盖皆自道其兵燹中流离奔窜事也。先君病，藻以糊口在外，不获侍疾。家中拟遣人召之，先君辄弗许。以故使者屡发辄又罢去，然犹未尝不望其旦暮回也。洎病笃，藻闻信，星夜返里门，已无及矣。痛哉！藻无状不能阐扬先德，而其荦荦大者，又非藻之所能妄拟。爰此笔而述其崖略于此。生于道光己丑（1829）五月二十一日辰时，殁于光绪辛卯（1891）十月十八日申时。妻钟塘文氏，生于道光戊戌（1838）四月初二日子时，殁于咸丰庚申（1860）十一月十五日。”

近支祖辈仅堂叔祖举彀有科举功名，谱载：“举彀，名金鉴，字有伦。太学生。幼研书史，长与裘马少年为伍，冀以武勇显。落落不遇，其命也夫。生于道光壬寅（1842）正月二十九日亥时，殁于光绪丙申（1896）七月初七日丑时。”

梅光迪的曾祖辈、祖辈，不少都因咸丰年间的太平天国战乱而辞世。如记载梅光迪的二叔祖举功：“生于道光癸巳四月二十六日巳时，被掳。”“被掳”的年代根据梅藻记录举功的生平，当是1860年，举功年仅27岁。梅光迪的曾祖父、曾祖母、伯祖母文氏等也都在这一次“被掳”的劫难中逝世。

父亲梅藻，原名孝代，字赓鱼，号漱卿。廪贡生。生于同治庚午（1870）九月十七日寅时。同邑岁进士胡成章在《梅翁品芳七十寿序》中说：“漱卿梅子，吾友也。文章道德吾弗如，与予重气谊。”可见梅藻是当地有一定名望的乡儒。妻胡氏，生于同治辛未（1871）十月十三日子时，七十九岁亡故。子三，为运（名光迪、昌运）、为后（名昌后）、为问（名光道）。女一，适太学生陈增高之子，六十八岁亡故。

叔父孝杨，号绚卿，生于同治癸酉（1873）八月初五戌时，终年六十六岁。妻刘氏，太学生刘国斌之妹，生于光绪庚辰（1880）二月二十二日未时，五十九岁逝世。子四，为绶（大寿）、为斋（光达）、大成、以宁（大彬）。

家谱中也记载了梅光迪的生平：“复旦公学毕业生，原名昌运，字子开，号觐庄，行急一。生于光绪庚寅正月初二巳时，妻约簶树村王氏，太学生堃之女。”可见，梅光迪在宣统二年已经成家。他的原配名叫王葆爱，生于1888年，1960年病逝。两人曾于民国初年生有一子，几岁时夭折，后又于 1924 年生下一子燮和。梅燮和的子女梅务虚等人至今生活在宣城。

梅光迪的兄弟辈情况大致是：二弟昌后生于光绪辛卯（1891）五月十五日巳时，患风湿病，三十九岁逝世；妻宋氏。三弟光道，字子慎，生于光绪丁未（1907）十月初七日巳时，毕业于上海大夏大学教育系；妻孙采薇，后人在北京。大堂弟为绥，字子璲，生于光绪丙申（1896）十二月初九日寅时；妻黄氏，岁进士黄鹤年之孙女，与为绥同年生，宣统二年时二人已订婚。二堂弟为斋，又名哉，字子高，生于光绪乙巳（1905）八月二十五日戌时。三堂弟大成，1921 年生。

其实，梅光迪的祖辈所遭遇的“被掳”事件，结合相关史实与李秀成等进行的 1859—1860 年二破江南大营的战役有关。具体细节，在同邑光绪壬辰进士签分刑部主事吕志元（民国初年任安徽省议会议长）的《梅翁成莽六十寿序》中有着非常详细的记载。成莽即梅光迪的祖父仁安公（家谱载“仁安，字盛庵”，疑“成”“盛”有一为误，而“莽”即“庵”）。全文如下：

> 岁庚子春，吾邑西乡梅子湫卿来言曰：“吾父今年六十，愧无以寿吾亲者，且吾父少遭离乱，其所以得有今日，俾藻辈以养、以教至于成人者，盖几经患难之余生。迄今承平三十载，创定之余，每念及前事，未尝不且惊且惧且幸且悲，忽不知其感喟之无从也。当咸丰季年，粤贼蹂躏吾乡，吾父年未及冠，昆季四人，父于行次居第三。是时，一家十三口被贼冲散。贼目如赖剥皮、张天福、黄老虎等，往来劫杀，烽火达旦，乡之老弱妇孺等流离奔窜，死者相枕藉。少壮者悉为贼掳掠，以供樵汲担荷之役。吾父昆季四人悉被贼尽掳以东。吾父私念家口散亡，先大父年老恐不胜颠蹶惊怖之苦，先大母又多病，存殁尚未可知，与其偕贼而东以偷旦夕之生，不如逃而之西廉大父、大母之所在，而尽吾心焉。乃夤夜自贼中出。闻南陵之千墩山稍安静，其地去吾村几三十里，潜行密访，至则先大父在焉。系被创逃出，痛楚呻吟，未遑调治，又未获见先大母。吾父莫知所为，既而大伯亦至，乃嘱大伯侍大父左右，而己乃于二鼓后趁昏黑，见贼号火则伏，贼去则疾趋，以行几数十伏始抵家，至则先大母病呆口噤不能言，血淋漓，衣尽浸，掖之，起烛以火，乃

知左耳被贼割去。吾父潜声淹泣，窃负以行。比晓抵千墩山，家口亦稍稍完聚。惟仲父、季父莫知所在。此咸丰九年十二月初七日事也。其深入贼窟，潜行潜伏，一夕往返六十里，吾父每为藻辈言之。犹唏嘘惊怖而不自禁也。自以兵燹之余，所学未能卒业，遂与大伯戮力偕作，尽心于农务以治生。然每以学业未成为憾。故于藻之读书，责望尤切。忆自八九岁时，藻自塾中归必课所读何书，稍遗忘则呵斥不贷。稍长则讲解学文之事，尤口讲指画，僮僮不倦。迨藻补弟子员时，吾父已五十矣。又以大伯无后，命藻为之后。藻自忖无状，伯父亦已弃世，不获终养。差幸吾父暨吾母康强有逾往昔，吾弟务农有以尽力而服劳，孙儿辈绕膝笑语竟日，老人弄之以为乐。回忆咸同年间流离困顿之状，几不能自存，而至于今日，不可谓非幸也。自维朝夕菽水不克竭甘旨之。奉兹当六十之辰，称觞祝嘏，思所以博吾亲之欢者，愿得先生一言以为寿，庶几胜于世俗之具酒食乐、亲宾演剧歌舞以博耳目口体之娱也。”

予闻之，喟然曰：“有是哉!”梅翁之寿无以异于人也，而其子之寿其亲则有以异乎世俗之所为寿也。漱卿其推此意而兢兢焉。立身扬名以求无忝于所生，则亦可无俟乎予之序矣。予不文，爰即漱卿之所欲寿其亲者以赠。

2011年

梅光迪与胡适之争

梅　杰

沪上两少年

胡适是安徽绩溪人，当时绩溪属于徽州，后来属于宣城。梅光迪是安徽宣城人。两位可以说是同乡。1909 年前后，梅光迪在上海的复旦公学读书，与之同学的有竺可桢、陈寅恪、刘永济等。其时，胡适在中国公学。1909 年秋，胡适来访宗兄胡绍庭，时梅光迪与胡绍庭“同舍而居”，乃由胡绍庭介绍，与胡适相识。这是二人的第一次见面，由此建立了友谊关系。

1910 年夏，梅光迪与胡适同赴北京，参加第二届庚子赔款留美考试，结果胡适考中了，而梅光迪不中。约为胡适赴美留学之时（1910 年 8 月 16 日），梅光迪作《序与胡适交谊的由来》赠给好友胡适。这是记录胡适与梅光迪交谊的最早的文字，全文如下：

> 自余寄迹吴淞江上，同游中颇与绩溪胡绍庭意相得。绍庭数为余言其宗友适之负异才，能文章。余心志之而未由一识其面也。去秋，适之过淞视绍庭，时与余与绍庭同舍而居，因得由绍庭以介于适之。今年仲夏，余约一二友人北上应游美之试，遇适之于舟中，彼此惊喜过望。由是，议论渐畅洽，而交益以密。每浪静月明，相与抵掌扼腕，竟夜不少休止，令余顿忘海行之苦。入都后，君尤数一过我，而我亦逾时不见君即不欢。君既被选赴美，乃谓余必以一言相赠。余惟庚子之役，吾国几不国矣，卑辞下气而求城下之盟，国乃仅存，而吾民之呼号惨痛，岁耗巨资以应异族之需者，亦以得苟延残喘不为犹印之民之续也。则夫此累累者，即谓之吾人救国赎命之资可矣。以救国赎命之资易而为君等谋教育，在美人，好义之心固不可没，而吾国人之所责望于君等，则救国之材而四百兆同胞

所赖以托命者也。君奇士，兹其行也，直驱趋共和之祖国，暇时与彼士贤豪长者游处，究其道国之详，异日学成归来，焉知事功不能与华盛顿相映？其无负于吾国人之责望也必矣。至于历涉数万里，耳目震骇乎乾坤之广大，而精神漾浴于海国之苍茫，其能发为文章，大放厥辞，犹其余事也。拙序一首敬请适兄赐鉴。弟迪拜赠。

其中“余约一二友人北上应游美之试，遇适之于舟中，彼此惊喜过望。由是，议论渐畅洽，而交益以密。每浪静月明，相与抵掌扼腕，竟夜不少休止，令余顿忘海行之苦”数语，展现了志存高远的沪上两少年的风采，后世读者也可以从中想见他们彼时的深厚情谊。

胡适赴美后，梅光迪对其颇为思念，曾于12月16日致信胡适，其中说道：“去国时竟未得一握手，实为憾事。两读手缄，益念故人。薪胆会之设可谓复仇雪耻之先声……康乃耳农科最称擅长，足下将欲为老农乎？……迪已离复旦，寄居环球学生会中，不久又当归去矣……明春能否入都尚不可靠。”

1911年初，梅光迪终于入读清华留美预备学校。入校不久的3月30日，梅光迪致信胡适说：“迪自正月来京，二月底始入校……文以人重。文信国、岳忠武诸公，文章皆非至者，而人特重其文。明之严嵩，在当时文名亦甚好，然至今无人道及……坚持为学之旨，以文、岳二公为师，不必求以文传而文自传耳……近日考试分班，至昨始毕。迪有多门不能及格，今岁西渡无望矣。”但到了当年8月18日，尚在美国的胡适见到梅光迪名列留美学生名单时，在日记中称自己“狂喜不已”。这样，堪称兄弟的胡适与梅光迪有望在美国相聚了。

留美时代：挚友、诤友

从1911年暑期梅光迪赴美，到1917年7月胡适回国，二人在美国交往了六年之久。记录胡、梅交往的文字主要保存在《胡适留学日记》、梅光迪致胡适的四十六封信中（其中作于1911年至1917年7月以前的有37封）。这些书信对于研究留美时期的胡适、梅光迪，包括梅光迪启发胡适了解颜李学派、留学制度、孔教问题、文学革命、新文化运动等方面有极大的作用。余英时先生就曾在这些信函的启发下，写出了《文艺复兴乎？启蒙运动乎？——一个史学家对五四运动的反思》一文。

留美时代的梅光迪与胡适之间的交往，我们不妨以 1915 年夏，胡适、梅光迪、任鸿隽等在绮色佳旅游，胡适首倡“文学革命”为分界线分为两个阶段。前期二人多交流学业、颜李学派、留学制度、孔教问题等，后期则为“胡梅之争”的开端，也是新文化运动的源头。

胡适与梅光迪性格不同，在梅光迪致胡适的信函中也得以暴露无遗。胡适属于追求成功型人物，而梅光迪则慎言入世，而追求高尚人格、君子风度。从胡适留学日记中可以看到，胡适善于演讲，以表现自己的才华，博得赞誉与声名，而留美时期的梅光迪则没有胡适那般活跃，虽然才华并不在胡适之下。可以说，留美时期的梅光迪是胡适的一位挚友兼诤友。

下面略举三信，以表明胡适与梅光迪的友谊：

1912 年 3 月 5 日，梅光迪致信胡适：“来书言改科一事，迪极赞成……足下之材本非老农，实稼轩、同甫之流也。望足下就其性之所近而为之，淹贯中西文章，将来在吾国文学上开一新局面，（一国文学之进化，渐恃以他国文学之长，补己之不足）则一代作者非足下而谁？……足下之改科乃吾国学术史上的一大关键，不可不竭力赞成。”信中所说“改科”乃指胡适由农业转入哲学。另外，值得注意的是，在这封信里，梅光迪已经有了“比较文学”和“文学之进化”的思想，并预言胡适为“吾国文学上开一新局面”的“一代作者”，是“吾国学术史上的一大关键”。由此可见，梅光迪对胡适的推崇与期待了。

1912 年夏，梅光迪致信胡适：“得两片感极。迪以事迁延至廿一日始赴青年会大会，廿四日乃归。此去所得颇足滋味，其中人物虽未与之细谈，其会中组织虽未细究，然耶教之精神以能窥见一斑，胜读十年书矣……今日偶与韩安君谈及此事，韩君极赞吾说，并嘱迪发起一‘孔教研究会’，与同志者讨论，将来发行书报，中英文并刊……迪颇信孔、耶一家，孔教兴则耶教自兴……将来孔、耶两教合一，通行世界，非徒吾国之福，亦各国之福也。足下在北田所得想极多。迪决于七月初二三左右起程东来，于起程三日前必函告知足下……近者陈焕章出一书名曰 *The Economic Principles of Confucius and His School*，乃奇书。迪虽未之见，然观某报评语，其内容可知。足下曾见此书否？陈君真豪杰之士，不愧为孔教功臣，将来‘孔教研究会’成立，陈君必能为会中尽力也。”

这里的“青年会”指的是北美中国基督教留学生协会，它们于 1912 年 6 月18 日至 23 日在威斯康辛的日内瓦湖举行夏令营。胡适也参加了这个夏令营活动，二人由此接触了基督教，并深受震动，梅光迪甚至由此认为“耶教与孔教真是一家”。

1912 年 9 月 30 日，梅光迪致信胡适：“迪与足下回国后当开一经学研究会……在都中有邑人汪君与迪议论最合，迪之观颜、李二先生书，亦汪君启之也。迪始交足下不过仅以文士目之，今有如许议论怀抱，始愧向者所见之浅，今令我五体投地矣。甚望足下永永为我良友……今奉上《习斋先生年谱》，《李先生年谱》及《瘳忘编》再续奉上。”在此信中，可见梅光迪建议胡适重新认识颜李学派，经过将近一年的交流，胡适决定阅读颜、李的著作，乃向梅光迪借阅。

1915 年夏天，胡适、梅光迪、任鸿隽等在绮色佳旅游，胡适首倡“文学革命”，遭到任、梅二人的反对。9 月 17 日，胡适作《送梅觐庄往哈佛大学》，在诗中便提到“文学革命”；9 月 20 日写了一首答任鸿隽的诗，其中两句：“诗国革命何自始？要须作诗如作文。”“文学革命”“诗国革命”“作诗如作文”就是从这时开始的。梅光迪辄反对说：“足下谓诗国革命始于‘作诗如作文’。迪颇不以为然。诗文截然两途，诗之文字与文之文字，自有诗文以来（无论中西）已分道而驰……一言以蔽之，吾国求诗界革命，当于诗中求之，与文无涉也。若移文之文字于诗，即谓之革命，则诗界革命不成问题矣。”然而，梅光迪的反对，并非表明他一开始就是文学革命的反对者，恰恰相反，他是文学革命的建言者。

梅光迪在写给胡适的信中说道：

> 文学革命自当从“民间文学”（folklore，popular poetry，spoken language，etc）入手，此无待言；惟非经一番大战争不可，骤言俚俗文学，必为旧派文家所讪笑攻击。但我辈正欢迎其讪笑攻击耳。
>
> 足下言文学革命本所赞成，惟言之过激，将吾国文学之本体与其流弊混杂言之，故不敢赞同。
>
> 弟窃谓文学革命之法有四，试举之如下：
>
> 一曰摈去通用陈言腐语，如今之南社人作诗，开口燕子、流莺、曲槛、东风等已毫无意义，徒成一种文字上之俗套（Literary Convention）而已，故不可不摈去之（以上为破坏的）。

二曰复用古字以增加字数，如上所言。

三曰添入新名词，如科学、法政诸新名字，为旧文学中所无者。

四曰选择白话中之有来源、有意义、有美术之价值者之一部分，以加入文学，然须慎之又慎耳。（以上二、三、四三者为建设的，而以第二为最要最有效用，以第四为最轻，最少效用。）弟窃谓此数端乃吾人文学革命所必由之途，不知足下以为何如，请有以语我。

梅光迪在胡适面前，以“文学革命”的“我辈”自居，并欢迎“旧派文家”的“讪笑攻击”，并表示“文学革命本所赞成”，还积极讨论“文学革命之法”，这哪里是新文学运动反对者的所做作为？如试将梅光迪的“文学革命”之四法，与胡适在《文学改良刍议》中的“八事”主张相比较，甚至可以说此四法为其渊源之一呢！尤其难能可贵的是，梅光迪认为“文学革命自当从‘民间文学’入手”，这不正是此后万千“新青年”走向“新文学”的主要途径之一么？

由此，我们可以看出梅光迪最初也不是完全的文学革命的反对者，而是文学革命的参与者，只是路径、方法、革命程度、对文言白话的态度不同而已。难怪后来梅光迪还以“真正的新文化者”自居，而斥胡适等为“新文化之仇敌”。

1916 年，在梅光迪致胡适的两封信中，梅光迪终于道出自家态度：“弟之所恃人生观在保守的进取，而尤欲吸取先哲旧思想中之最好者为一标准，用之辨别今人之‘新思想’”；“来书敬悉，迪前函不过自道所经历，并非藉之以暗攻足下之‘人生观’，而足下来书云云，冤矣……来书所主张之实际注意与弟所恃之 Himanism（姑译之为‘人学主义’可乎）似多合处……吾国之文化乃‘人学主义”的，故重养成个人。吾国文化之目的，在养成君子……因弟对于人生观言‘人学主义’，故对文学则言 Classicism（姑译之为‘古文派’可乎）……”“保守的进取”，可以作为日后整个学衡派的文化姿态。也从中可以看出，从那时起，梅光迪不仅从文学观上反对胡适，从文化观上也开始反对胡适——这并非一般学者所认为到了五四时期才开始从文化层面反对胡适。学衡派所主张的新人文主义，在这里就已经出现了，只是梅光迪翻译成“人学主义”。

1917 年初，胡适发表《文学改良刍议》，在国内正式发起文学革命，与此同时梅光迪在美国发表《我们这一代的任务》，其实正是在回应国内的新文化运动。至此，由于胡适与梅光迪由私人之间的争辩，而进入公开化状态，两人终于走上了渐行渐远的分歧之途。但此时还并没有从根本上影响二人的友谊。譬如梅光迪曾收到胡适的嘲讽诗，梅光迪却说道："寄叔永'白话诗'嘲弟，读之甚喜。谢谢。"再如，胡适还请梅光迪为《尝试集》作序呢。又如，1918 年，胡适还曾请梅光迪到北京大学担任英文教授。但是，反对者毕竟是反对者，在今后日趋深入的胡梅之争中，二人的友谊也难免会受到一些影响。

胡梅之争："反对的朋友"

梅光迪对于文学革命审慎的态度（自谓"保守的进取"），在一开始就表现得很充分，他在 1916 年写给胡适的信中说道：

> 至于文学革命，窃以为吾辈及身决不能见。欲得新文学或须俟诸百年或二百年以后耳。然以足下之奇才兼哲人、文人之长，苟努力为之，或能合康德（因渠为哲学界革命家，故云）、Wordsworth 于一人，则迪当从旁乐观其成耳。
>
> 迪初有大梦以创造新文学自期，近则有自知之明，已不作痴想，将来能稍输入西洋文学知识，而以新眼光评判固有文学，示后来者以津梁，于愿足矣。至于振起为一代作者，如"华茨华斯"、"嚣我"，为革命成功英雄，则非所敢望也。足下亦自愿为马前卒为先锋，然足下文才高于迪何啻千万，甚望不仅以先锋马前卒自足也。
>
> 足下来书称弟守旧，似若深惧一切"新潮流"者，妄矣。窃谓弟主持破坏及前无古人后无来者之观念，亦不让足下。弟所以对于多数之"新潮流"持怀疑态度者，正以自负过高（请恕之）不轻附和他人之故耳。为自由之奴婢与为古人之奴婢，其下流盖相等，以其均系自无所主，徒知人云亦云耳。

梅光迪认为文学革命"吾辈及身决不能见"，已不"痴想""创造新文学"，同时他还认为"为自由之奴隶"与"为古人之奴隶""其下流盖相等"。他的这两种心态，可谓坚持了一生，也成为他今后走上新文化运动的对立面上的思想根源。他自不会为"古人之奴婢"，然而，或许在他看来，胡适无疑已是"自由之奴隶"了。

等胡适归国发起新文学运动，暴得大名，梅光迪对他的态度发生了一些转变，在心理上开始反对胡适。这种反对随后又渐渐超出个人心理，而成为不同文化立场之争了。正当胡适在《新青年》发表《文学改良刍议》时，梅光迪在 *The Chinese Students' Monthly* 发表“THE TASK OF OUR GENERATION”等文，他说：“我们今天所要的是世界性观念，能够仅与任一时代的精神相合，而且与一切时代的精神相合。我们必须了解与拥有通过时间考验的一切真善美的东西，然后才能应付当前与未来的生活。这样一来，历史便成为活的力量。也只有这样，我们才有希望达到某种肯定的标准，用以衡量人类的价值标准，借以判断真伪，与辨别基本的与暂时性的事物。”其立论之高，实不亚于陈独秀、胡适。

1918 年春，胡适邀请梅光迪任北京大学教授。梅光迪回信说：

> 嘱来北京教书，恨不能从命。一则今夏决不归国，二则向来绝无入京之望。至于明夏归去，亦不能即捉教授之职，须在里中徜徉数日或半年，再出外游览数月，始可言就事。然亦绝不作入京之想矣……《新青年》近数号未之见。闻足下已大倡 Ibsen（易卜生）。足下所主张无弟赞一辞之余地，故年来已未敢再事哓哓。盖知无益也……吾料十年廿年以后，经有力有识之评论家痛加鉴别，另倡新文学，则托尔斯泰之徒将无人过问矣。

与此同时，梅光迪还开始在哈佛寻找“同志”，以便回国与胡适“作战”。据学衡派的主将吴宓在《自编年谱》里回忆：

> 八月初，遂来访宓，并邀宓至其宿舍，屡次作竟日谈。梅君慷慨流涕，极言我中国文化之可宝贵，历代圣贤、儒者思想之高深，中国旧礼俗、旧制度之优点，今彼胡适等所言所行之可痛恨。昔伍员自诩‘我能覆楚’，申包胥曰：‘我必复之。’我辈今者但当勉为中国文化之申包胥而已，云云……宓听后，十分感动，当即表示，宓当勉励追随，愿效驰驱，如诸葛武侯之对刘先主‘鞠躬尽瘁，死后而已’云云……彼（指梅光迪）原为胡适之同学好友，迨胡适始创其‘新文学’‘白话文’之说，又作‘新诗’，梅君即公开步步反对，驳斥胡适无遗。今胡适在国内，与陈独秀联合，提倡并推进所谓‘新文化运动’，声势煊赫，不可一世。梅君正在‘招兵买马’，到处搜求人才，联合同志，拟回国对胡适作一全盘之大战。按公（吴宓自称）之文学态度，正合于梅君之理想标准，彼必来求公也……此

后一年多，宓多与梅君倾谈，敬佩至深。梅君师事哈佛大学法国文学及比较文学教授白壁德先生（此名，系胡先骕君所译），受知甚深。遂为宓讲述白壁德及其知友穆尔先生之学说，立取两先生所著之书（后宓皆自购存全套）借与宓读。又引宓至白壁德先生寓所拜见白壁德先生，奉以为师。

自此，梅光迪明确了反对胡适式新文化运动的立场。

胡适与陈独秀等发起的新文化运动，与学衡派的反新文化运动，肇始于1915年的“胡梅之争”。但是，胡梅之争真正进入公开交锋期，还是从1919年10月梅光迪回国以后。可以说，1920年至1924年，才是真正的“胡梅之争”。

1920年，梅光迪在《民心周报》第1卷第7期发表《自觉与盲从》一文，公开表示反对新文化运动，虽未指名道姓，但圈子内的朋友都知道是在反对胡适，林语堂就曾为此文而致信胡适表示替他打抱不平。与此同时，梅光迪开始筹办《学衡》杂志，以此为阵地，以吴宓、胡先骕等为盟友，正式成立了学衡派。

有一个小小的细节，似乎可以说明胡梅之争很快就掺入了一些意气之争的味道，为日后两人的友谊不能再延续埋下了种子。1919年6月，朱经农致信胡适：“今有一件无味的事不得不告诉你。近来一班与足下素不相识的留美学生听了一位与足下‘昔为好友，今为雠仇’的先生（指梅光迪）的胡说，大有‘一犬吠形，百犬吠声’的神气，说‘老胡冒充博士’。”当时“胡适博士”在国内暴得大名，梅光迪可能觉得自己知根知底，实在看不过去，乃在留学生中到处说胡适冒充博士。

但在梅光迪回国之初，两人仍然保持了亲密的关系，可见胡适的大度。梅光迪任教于南开大学的1920年初夏，还曾向胡适借钱，胡适也的确借给他了。当年夏天，梅光迪转任南京高师，在这一年的暑期学校上，梅光迪竟然在课堂上大骂胡适。章衣萍在《胡适先生给我的印象》一文中，回忆了当时的情形：“那时我才十九岁，在南京一个中学毕业，便在东南大学当书记。那年的夏天，东南大学办了一个暑期学校，请了胡适到南京演讲……他那时讲的是‘白话文法’与‘中国哲学史’。那时梅光迪也在暑期学校讲‘文学概论’。他在课堂上大骂胡适。记得有一次，梅光迪请了胡先骕，到课堂上讲了一个钟点宋诗，胡先骕也借端把胡适大骂。但那时的学生，信仰胡适的，究竟比信仰梅光迪的人多。梅光迪的崇论宏议，似乎没有几个人去听。高语罕那是也是暑期学校的学生，就在课堂上同梅光迪吵过嘴（参看高语罕《白话书信》）。”这件事是多么的有趣，更有趣的是，当时胡适与梅光迪还一起吃饭，两人的友谊到这时也还并未因文化见解的不同而受到根本的影响。

在国家图书馆所藏的梅光迪讲义中，笔者还发现，梅光迪以“真正的新文化者”自居，而斥胡适等为“新文化之仇敌”。那么，什么是梅光迪所理解的“新文化”呢？台湾学者林丽月如是认为：

> 梅光迪秉承白壁德学说，对民初以来的社会现状与学术思潮，也抱悲天悯人的忧时心情。他对五四的抨击，前期以反对胡适的文学革命为主，后期以抨击五四新文化运动为主，理论中心在文化。他强调文化不论中西，都须经过严格的批判，即须审慎的选择。梅光迪理想中的新文化，绝非以实现儒家的人文主义为满足，其终极目标在建立一个融贯中国传统与白壁德人文主义的文化。这种新文化一方面由中国传统中衍生，一方面自西方文化精髓的吸收中得来。而其基本态度就是审慎的评判。这是梅光迪始终不同意胡适派所提倡的新文化运动的关键所在，也是梅光迪理想中的新文化之精华所在。

到了1922年《学衡》杂志创刊，梅光迪数发文攻击新文化运动，甚至有人身攻击的味道，胡适的态度是：“东南大学梅迪生等出的《学衡》，几乎专是攻击我的。”（见1922年2月4日胡适日记）。我想，这时的胡适或许是有一些气愤的吧！但胡适对自己充满了信心，当年11月3日，胡适作《中国五十年来之文学》，其中说：“今年南京出了一种《学衡》杂志，登出几个留学生的反对论，也只能谩骂一场，说不出什么理由来。如梅光迪说的：‘彼等非思想家，乃诡辩家也……’这种议论真是无的放矢……《学衡》的议论，大概是反对文学革命的尾声了。我可以大胆说，文学革命已过了议论的时期，反对党已破产了。”胡适宣言梅光迪等“破产”，已大有不屑与之论辩的味道了，同时也是宣布“胡梅之争”结束。但胡适与梅光迪的交往并未因之而结束，只是反对者的友谊终将难以持久，梅光迪作为胡适早年的同道、挚友、诤友，再走上“反对的朋友”的道路，终于再也走不下去了。

尾声

1924 年，梅光迪赴美任教，学衡派也濒于瓦解。学衡派反对新文化运动的高潮期就此结束了。此后梅光迪并未改变自己的文化观，可以说一生未变。例如，1926 年，梅光迪在美国《国家》月刊发表英文文章《西方在觉醒吗?》，其中说道：

> 这种势在必行的苏醒却让她（中华民族）付出了沉重的代价：不仅是国权和名誉，而且还有民族精神。如今给予青年一代熏陶的，不是儒家的经典，也不是近代本国的文学和哲学，而是西方的现代报纸及各种各样的“新思想”。于是，他们变得易怒而任性，越来越不沉稳，失掉了其传统文化中最具特色的稳重与宁静。

这可以说依然是振聋发聩之声，对于现下之中国依然如此。

胡适与梅光迪最后一次见面可能是在 1926 年。当年 9 月 1 日，两人相遇于巴黎。据《胡适日记》载：“在吃饭时背后有人拍我的肩膀，我回头看时，乃是梅迪生。他自美洲来。别后两年，迪生还是那样一个顽固!”胡适时因中英庚款一事在欧洲。梅光迪即请胡适吃饭，胡适未赴约。1927 年 2 月 9 日，梅光迪在写给胡适的信中说：“你近几年来对我常常的无礼，夏天在巴黎，我请你吃饭，特别办了几样好菜，你早已答应光临，却临时假装忘记，叫我大难为情。”指的正是 1926 年夏在巴黎见面的事。这封信还说：“……或是孩子气，或是酸秀才气，或是江湖名士气，我也不必多说，想你早已觉得惭愧……若你始终拿世俗眼光来看我，脱不了势力观念，我只有和你断绝关系而已（你这回来，我或请你吃饭或不请，到那时看我的兴趣如何再定）。”当时，胡适为领取博士学位在美国哥伦比亚大学，梅光迪已在美国教书。这是迄今为止能够发现的最后一封胡、梅通信，信中已经有了“和你断绝关系”的字眼了。此后再也找不到二人交往的记载。这说明，到了这时，“反对的朋友”的关系也就再难持续了。

胡先骕曾回忆说：“胡适之尝言觐庄之病在懒，懒人不足畏，不幸乃系事实。否则旗鼓相当，未知鹿死谁手矣。”一个“懒”字就是胡适对梅光迪的评价，再就是“顽固”二字了。作为“胡梅之争”想当然的胜利者，胡适或许此时已经无意再与梅光迪做“反对的朋友”了。这可能也是中国文化史上的一个带有悲剧意味的友谊——因学术见解的不同，而最终分道扬镳，甚至在现实生活中也无法继续普通的友谊。

1930 年，梅光迪又在美国《读书人》杂志发表英文文章《人文主义和现代中国》，追述了五四时期学衡派所发动的“中国的人文主义运动”。他说：

> 受其特有的各种条件和问题的限制，中国肯定不能全盘照搬美国人文主义运动的模式。因为缺乏创造性等因素，中国的运动甚至没有自己的名称和标语；但是就许多基本的思想和原则而言，美国的人文主义运动为它提供了重要的资料和灵感源泉……中国只经过了一代人，便从极端的保守变成了极端的激进，的确令人惊叹。现在，它要算这个世界上除了苏俄之外，最无传统可言的国家了……在像胡适这样聪明而新潮的现代派人物的领导下，不弃不馁地推进着中式生活的西方化。不过，他们已走得太远，已不再是如他们自己宣称的那样，进行着“中国的复兴”，而是铸成了“中国的自取灭亡”。

1935 年 9 月 3 日，胡适为《新文学大系・建设理论集》作《导言》，其中提到梅光迪：“等到你祭起了你那‘最后之因’的法宝解决一切历史之后，你还得解释：同在这个‘最后之因’之下，陈独秀为什么和林琴南不同？胡适为什么和梅光迪、胡先骕不同？”这可能也是胡适最后一次正式在文字中提到梅光迪了。

不管怎么说，到了二十年代中期至三四十年代，胡适主导的新文化运动已经取得了绝对的优胜了。但梅光迪这个“顽固”的新人文主义者，终其一生都行走在反对胡适领衔的“新文化运动”的道路上，直至生命的结束。

1947 年 12 月 27 日，梅光迪逝世两周年，胡适与梅光迪共同的朋友竺可桢致信胡适，邀请胡适撰写纪念梅光迪的文章，全信如下：“适之学长兄道鉴：今日值迪生去世两周年，在杭迪生生前好友拟为迪生出一专刊，以迪生为吾兄久年知交，且以吾兄望重儒林，极望吾兄能赐寄一文，借资纪念，并望能于阴历年底以内惠示，长短在所不拘。专此。顺颂教安并贺阖家新禧！内子允敏附笔问候。弟竺可桢，卅六年十二月廿七日。”遗憾的是，胡适日记对此毫无记载，并未撰写纪念文字。稍微让后人感到欣慰的是，梅光迪写给胡适的四十多封信，却被胡适保存了下来，这或许带有纪念早年的朋友的意味？是，或许又不是。因为对于胡适而言，保存这些书信主要是为研究他主导的新文化运动提供一些素材吧！

据台湾学者侯健在一篇文章中提到，晚年胡适在美国遇到梅光迪的妻子李今英，对她说了句“老梅是对的”。我不知这是在宽慰李今英，还是胡适真心对自己早年发动新文化运动感到后悔。这只能供后人去玩味了——胡梅之争的永恒魅力或许也正在此。

（原载《新闻晚报》2013年6月11日）

梅光迪稀见史料摘编

梅　杰

在搜集、整理梅光迪有关史料的过程中，有些史料因为无法作为独立的文章收入《梅光迪研究资料汇编》，只能通过收入《梅光迪生平著作年表》来呈现；而有些史料甚至很难收入《梅光迪生平著作年表》，对于这些“杂碎”，我想的办法是，一并辑入《梅光迪稀见史料摘编》。

关于梅光迪逝世的启事、新闻

1946年2月1日，《国立浙江大学校刊》复刊140期是《追悼梅迪生先生专辑》，这一辑中的内容除了《梅迪生追悼大会纪略》等文章以外，更有许多“杂碎”，它们大都是“镶嵌”在文章之中，比如开篇《竺校长挽词》之后的“启事”：

> 梅迪生先生治丧委员会饬于一月十日印发下列启事，文曰：
>
> 敬启者，国立浙江大学文学院院长梅迪生讳光迪先生于卅四年十二月廿七日病逝贵阳医学院附属医院，兹定于本月廿七日在遵义浙江大学本部开会追悼，会后并拟编印纪念册，及设置子女教育基金。如蒙以纪念文字或赙仪致赠，请径寄遵浙江大学本会或杭州浙江大学梅迪生先生丧委员会为祷。

梅光迪逝世以后，除了《民国日报》又多家报刊发表唁电、新闻等。如《追悼梅迪生先生专辑》中的《蒋主席唁电》，电文如下：

> 浙江大学竺校长转梅迪生先生家属礼鉴：迪生先生品学兼茂，掌教参政，夙著绩效。兹闻病逝，深用悼惜。特电致唁，惟希节哀。中正于寝府文。

1946年10月24日，国民政府还特颁发《国民政府令》（《教育部公报》第18卷第10期转载，列入“命令”项下之“府令”），吊唁、褒奖梅光迪，其令如下：

国立浙江大学文学院院长梅光迪，早岁留学美邦，专精研究。归国后，任东南、中央、南开及浙江各大学教授、院长等职，垂二十年，诲育有方，成材綦众。近年兼任国民参政会参政员，献替尤多。兹闻溘逝，良深轸惜。应予明令褒扬，用彰耆硕。此令。

1946年第10期《四川教育通讯》发布“国内教育信息”，其中有《浙大文学院长梅光病逝》：

国立浙江大学文学院长梅光迪患心脏病及肾病，由遵义来筑医法罔效，于一月二十七日下午四时病逝于贵阳医学院，享年五十五岁，遗妻一及子女人四。

当时赫赫有名的《观察》杂志，在1946年第1卷第3期发表杭人的《梅光迪之五万元》，虽非新闻，却系吊唁之词，读之令人伤感，文如下：

抗战中，学者因病贫交加而去世者，不知凡几。浙大老教授梅光迪为其中之一人。梅氏去冬病逝于贵州遵义。渠于病中时以手摸索其枕袋下之五万元，此为其仅有之财产。当其每次摸到后，脸上即流露出一种安慰放心之表情。友问有述此事者，闻者为之黯然。

关于梅光迪的挽诗

梅光迪逝世时，有不少师友、弟子撰写了挽诗，《追悼梅迪生先生专辑》中发表的就有任鸿隽（叔永）、黄尊生、诸葛麒的诗词。

任叔永的为《梅迪生哀词六章》：

我昔识迪生，远在民四五。熟读西哲书，期与古人伍。白话何为者，奋击欲鸣鼓。酒酣复有约，十年吃豆腐。

十年亦易盈，见君白下城。高座拥皋比，及门多俊英。圣贤与豪杰，抉择何兢兢。一朝大计定，双飞渡蓬瀛。

十年复十年，相逢湖上路。桃李遍两陆，青氈冷如故。绕膝添儿女，森森挺玉树。西泠一樽酒，欢笑穹（另一发表版本作“穷”）旦暮。

鼙鼓从东来，岛夷忽跳梁。国家既破碎，学府亦栖皇。岭表数相见，平生细商量。愿言驱贼了，归老守篇章。

去年见君时，颇夸容颜好。今年复见君，苦愁病魔扰。病魔何能为，忧多令人老。不见桂筑道，敌烽逼岁杪。

敌烽幸告歇，君劳亦可休。秋初君返筑，话别一来游。心恐此别后，未知再见否？批报见噩耗，涕泪不能收。固知天地闭，吾辈理难留。君去何太速，世道增隐忧。人师古所难，后生将安投？掩卷长太息，悲风动岩幽。

三十四年大除日

黄尊生的为《梅迪生先生挽诗》：

呜呼死生大矣哉，百年弹指吟寒灰。秦皇求海本虚妄，彭颜随化埋蒿莱。玉冠金磐倏变灭，禹汤周孔将凡胎。吾闻灵魂不死复不灭，善者皎皎若朗月。天国升腾得永生，白衣腋下垂双翼。先生悟澈心眸开，安琪天使频来催。弥留含笑□圣洗，道根顷刻生玫瑰。朝闻道兮夕暝目，魂有归兮归基督。修短宁争一刹那，尘缁未蜕非纯福。诗赞美兮歌悠扬，再相见兮在天堂。绕三叠兮周数行，颜如玉兮蟾容光。万有兮皈真，十字长架兮高擎，花园缭绕兮郁芳馨。象光明兮□莹莹，翠生生兮苍松青。岁阑珊兮送君行，羌暂别兮若为情。□止安所兮长叮咛，祝永生兮餐金茎。逍遥游兮天帝庭，张羽翅兮白云轻。承恩宠兮赦救主归荣，诚心所愿兮十字阿们。

诗末有挽联一副，未署作者名，疑亦为黄尊生所作，其联曰："近承白璧远绍卢陵（疑应为'梭'，原文如此）曰淳古曰典雅曰谨严匪厥道孰能为大；孺子真纯将军伉直不袒左不阿时不谐俗斯人其谁与归。"上下联字数不一，"匪厥道"与"斯人"无法相对，应是"斯人"前脱漏一字，疑应为"微斯人"。

诸葛麒的为《哭迪生师》：

师初病，麒亦不健，相约入灵隐韬光，逃禅居摄，而今已矣！

文坛转斗，怎绛帷丝竹□，盖付戈矛？十年孤愤，骞然间伟业空留。你文凰竖起了天南柱，你文笔题残了黔北秋，更何求？你文名传遍了海西头。

药铛藤杖，我亦且□肩五十，何意投荒？西湖飘梦，柔波寸寸春光！鱼灯贝叶无消息，烟艇风蒲自主张，纵还乡，听说道韬光苦竹不成行（闻竹林已为敌所毁）。

九州灰烬，那料瘴乡风雨，又丧斯文！小楼书卷，孤桐□地黄昏（师所居一楼诗书满架，桐树扶疏，窗外为论文之所），两行素旐来村笛，一例□花照墓门。痛招魂，算如今李白真有箇夜郎坟。

右调《南仙吕·潇潇雨》三章，门人诸葛麒拜挽

关于梅光迪的挽联

在《追悼梅迪生先生专辑》中有大量关于梅光迪的挽联，以至于特设《挽章汇志》，满满三大页，有些还夹杂在《梅迪生追悼大会纪略》等文章中，最后还不得不解释说："本刊以篇幅关系，尚有挽章多篇，概从割爱，沧海遗珠，至祈鉴谅。"《梅迪生追悼大会纪略》正文前就是《竺校长挽词》：

李杜文章，陶明气节，公自大名垂宇宙。

黔山埋骨，湘水招魂，我来万里哭朋俦。

由于挽联、挽幛过多，下面也只是摘编部分，以飨读者。

人师典型

——蒋中正

世失人师

——宋子文

博学重通才，流播遗风开往史

清言匡大计，婆娑乔木启英豪

——朱家骅

人文新义，倡自白氏，先生承之，大畅厥旨，某虽微言，近我孔子，沾溉后生，若无涯涘，创刊学衡，抵排功利，思树新猷，以开风气，中外坛站，已逾念年，屈指造就，无虑万千；

西行避寇，播越长途，讲学荒徼，参政中枢，既瀹民智，又隆民治，太平宏规，肇开万世，艰贞茹苦，以待春回，强寇方覆，哲人遽萎，斯人不丧，后生是赖，继起有责，宁独士类。

——邵力子

东南桃李沃扶疏记播西风中土初乱不通闻已子国老犹困学夜郎居江河世迫余清议藜藿山深足著书忍使宏才成局促空庭落叶渺愁予

微言惊座见矜庄妙谛能参象众长謄有简篇传异域最难兵火落炎荒奇文未尽胸中闢绝学几疑身外藏雪涕平生师友感夕晖何限立苍茫

——顾毓琇

著作精勤少日声名播海外

诲人不倦百年教泽满江关

——茅以升

中外将毋同谈天炙輠君兼擅

荀杨如何作木坏山颓谁与归

——王世杰

融合中西时有新思勤政教

遗忘物我不将闲事萦心田

——陈布雷

淑世文章，通人学术，恒因时与愿违，抱负莫抒，远溯宛陵微积蕴

重光甫奏，大雅云亡，未获年邀天假，烟云骤逝，空从谢眺忆遗踪

——杭立武

持欧美人文学说，通吾圣哲微言，竟不获伸其志以回浊世

积死生荣悴交情，眷我川黔流寓，柰之何别半载而哭良朋

——柳诒征

笃学励行一代儒宗绍遗绪

春风化雨卅年教泽留人间

——章益

共挽斯文，狂澜同扶，大厦崩倾，患难不忧，贫病不计，垂危犹念未能学

远承先儒，乖绪宏殖，后生荒落，道义相勖，肝胆相期，撒手人间更何求

——张廷休、黄叔班

促边疆教育进□，能蜕旧能追新，化雨共沾，微风远追王新建

怀人文主义丕基，亦闳中亦肆外，哲人其萎，热浪长哭谢宣城

——王亚明

自白下订交便成莫逆，忆联床客舍，每聆君典雅清谈，疑是神仙人物

来黔中避地独得同游，怅分袂天涯，顿失我切磋良友，悲生风

雨鸡鸣

——王琎

二十年金石交亲绝国遇名师，共研希腊微言，曾□般勤商大业

八千里乱离流寓忍饥同授学，犹有元陵豪气，何甘寂寞葬空山

——郭斌龢

知宽容而不流于虚无，知信仰而不流于独断，知批评而不流于愤世嫉俗之犬儒主义，此哈佛之学统，先生平素之行已教人大体如是

自金陵而创刊有学衡，及武林而继起有国命，至播州而同人有思想时代之旗鼓重整，皆南雍之嗣响，吾辈今后欲质疑问学又谁与归

——张其昀

药石延残喘依然谈笑风生达识真能齐得丧

诗书伴此生匪第中西壁合孤怀每欲无古初

——王焕镳

襟度似魏晋间人从今朋旧谶谈每忆清言哀逝者

学术主中西相济他日湖山都讲应持风气勉来兹

——缪钺

绝叹遗文富先生竟隔尘忧时穷到死绩学旧能新

终古幽魂恨白头万里亲天兮如可赎揩泪且千人

——周本淳

撷西哲之精华，阐国粹之奥秘，亿兆里文思融调，方赖维勤匡不辍

享英名于早岁，创学志于中年，二十载教育劬劳，岂料竟伤归大化

——刘震清

接人以冲澹为怀，泪对遗容，弥向九原思旧德

治学有宏通之识，盖棺论定，会看千载仰修名

——遵义教授会全体同人

梅光迪的“复归”

——从台湾到大陆的重新评价

梅　杰

1935年10月，郑振铎编的《新文学大系·文学论争集》出版，他在《导言》中论梅光迪和学衡派：“复古派在南京，受了胡先骕、梅光迪们的影响，仿佛自有一个小天地，自在地写着‘金陵王气暗沉销’一类的无病呻吟的诗……梅光迪也写了一篇《评提倡新文化者》……他们当时都在南京的东南大学教书，仿佛是要和北京大学形成对抗的局势。林琴南们对于新文学的攻击，是纯然的出于卫道的热忱，是站在传统的立场上来说话的。但胡梅辈却站在‘古典派’的立场来说话了。他们引致了好些西洋的文艺理论来做护身符。声势当然和林琴南、张厚载们有些不同，但终于‘时势已非’，他们是来得太晚了一些。新文学运动已成了燎原之势，决非他们的书生的微力所能摇撼其万一的了。”《新文学大系》影响非常大，是研究中国现代文学史的必读之书。郑振铎把梅光迪列入复古派、古典派，事实上就成为一种文学史的常识了。在梅光迪逝世以后的三十多年，甚至半个多世纪的时间里，给梅光迪戴的这顶帽子几乎都没有办法摘下来。然而，历史评价不是一成不变的。梅光迪的复归，已经成为某种程度的学术关注点。这种学术关注点，在两个阶段表现得格外突出，一是二十世纪七八十年代从台湾到大陆的重新评价；二是披露梅光迪的《文学概论》讲义、《梅光迪文存》出版以后，正在学术界形成的一股梅光迪研究的潮流（当然这只是陈寅恪、吴宓和《学衡》研究之热的余波和支流）。本文主要简述二十世纪七八十年代对梅光迪历史形象的反思，因为这一时期的作者具有一定的先见之明，历史意义更大；而后一过程并未终结，尚在形成和发展之中，不宜过早梳理、总结和评价。

在二十世纪七八十年代，开始重新评价梅光迪的学者，主要有宋晞、侯健、林丽月、沈松侨、乐黛云、茅家琦、黄兴涛、耿云志等，一直延续到二十世纪九十年代中期，以余英时的《文艺复兴乎？启蒙运动乎？——一个史学家对五四运动的反思》为标志性作结。梅光迪的同事、陈训慈的女婿宋晞1973年在为梅光迪做传时认为他“对中西文化能洞见其底蕴，详悉其源”，“对中西文化思想很有研究的一位学者”。1974年，梁实秋的弟子、台湾大学外文系教授侯健在台湾中外文学月刊社推出他的名著《从文学革命到革命文学》，其中一篇为《梅光迪、吴宓与学衡派的思想与主张》，这篇文章标志着对梅光迪重新评价的开始。1977年，侯健另发表《梅光迪与儒家思想》一文，已收入《梅光迪研究资料汇编》(同年，梁实秋与侯健合著《关于白璧德大师》在台湾巨浪出版社出版，也是在传播白璧德的新人文主义思想，为台湾学者研究梅光迪和学衡派做了一定的基础性工作)。1979年，台湾学者林丽月发表《梅光迪与新文化运动》(林文中说：“学者以梅光迪为主体的研究成果不多，国内迄今仅有侯健先生曾对梅氏个人及学衡派做过若干专题研究。”说明她研究梅光迪，受到侯健文章的启发)。在侯健的影响下，他的博士生沈松侨以研究学衡派为博士论文，后于1984年在台湾大学出版《学衡派与五四时期的新文化运动》一书，里面也有不少涉及梅光迪研究的内容。而同一时期，大陆并无学者研究梅光迪和学衡派，梅光迪的负面形象仍然充斥于大陆的现代文学史上。进入二十世纪八十年代，大陆改革开放，才有一些学者开始注意梅光迪，在某种程度上正是受到侯健等人的启发。

在大陆，最早关注到梅光迪的是这篇《折中主义文化现象的两重性——以梅光迪为例》。作者注意到“东南地区呈现出三种文化现象：以上海、广东为典型的口岸文化，以南京为典型（兼含安徽、山东、江西、福建等地）的，从内地文化向口岸文化过渡的折中主义文化，以及日本殖民统治下台湾的皇民文化”，“在南京及其类似地区，存有一种从内地文化向口岸文化过渡的折中主义的文化现象。这种折中主义的文化现象有两重性：首先它具有明显的保守性，对社会变革起着阻滞的作用，致使社会经济发展缺乏活力；第二，这种折中主义文化倾向，也包含若干值得重视的成分，它是中国本土文化试图调和适应外来文化的一种努力。对于折中主义文化倾向，以往论者往往仅注意其保守性一面，而忽视其中有价值的部分，这其实也是一种片面性。如果我们抛开某种既定的成见，在具有折中主义倾向的知识分子的有关文化主张中，不难发现确实存在某种真知灼见”。后面作者便以梅光迪为例，证明梅光迪是折中主义文化倾向的代表，并认为梅光迪的“文化主张才显出思想史的意义”，“确有合理的一面”。作者主要文字摘录如下：

梅光迪以白氏的“新人文主义”批评五四文化运动，他主要集中批评胡适的“文学革命”主张。梅光迪认为，文言白话各有所长，文言白话的递兴，只是“文学体裁的增加”，而并非革命。梅光迪提出，一方面要弃用陈言腐语，从西方文化中移入新名词，但也不能因此就全面排斥文言，文言白话都有独立并存的价值。然而在当时，梅光迪的这些看法被视为迂腐之论，梅本人也长期被看作是反对文学革命的小丑，成为被嘲弄的对象。时至今日，我们充分肯定白话文的成就，但再也不会把文言白话完全对立起来。其实文无论新旧，只讲好坏，文言文有好有劣，白话文也同样如此。

从批评“文学革命”出发，梅光迪进而认为，文化也无分中外，因为中国文化和欧美文化均是人类文明的产物。梅光迪并不反对引进西方文化，但主张在改造固有文化、吸取西方文化时均应审慎评判，他呼吁在追求进步时，不要一味打倒传统，而应以批评与选择的态度建立新传统。梅光迪强调，未来中国新文化应融合中国儒家思想积极面和西方古典主义以下的人文主义文化传统，以创造出一个能推动社会朝着尊重人的个性，保证社会与个人和谐发展的文化环境。

梅光迪是一个易于把感情色彩投注于学术研究的知识分子，他对孔子人格的理想化和对欧州古典主义文化传统的爱慕，显示出他的崇古价值取向。尽管在孔孟思想中可以寻到发展个体意志精神资源，但是历史上儒家却一直未能实现其改造社会、建立理想政治的目标。而现代化的欧美历史进程也告诉我们，功利主义、实证主义、自然科学是一套符合逻辑的相关概念。功利主义、实证主义导致实用智慧的运用和多元观点的产生，在这基础上，民主政治和科学进步自然应运而生。对于这些历史事实，梅光迪均加以回避。梅光迪所表现出的崇古价值取向，正是处在社会转折阶段，中国一部分知识分子因传统文化全面衰落而萌发的失落情绪的反映。

在指出梅光迪文化观的保守性的同时，我们也应该承认他的主张确有合理的一面。梅氏并不是如同前清遗老般的抱残守缺之辈。他主张文言白话均有其独特价值，强调传统与现代的可交融性，要求对传统和西方文化抱一理性的审慎评判态度，这在五四时期整体性的反传统的声浪中，不失为金石之声。在梅光迪的文化主张中，尤其值得重视的是，他对个人尊严、个人自由的强调，这实际上已涉及现代文化的一个中心观念。“现代”并不仅是一时间概念，它应有其价值内容。现代化以实现社会成员的个性发展、自由、平等、尊严、幸福为追求的价值目标。现代化所要求的工业化、政治民主化、思想多元化、社会生活的世俗化以及文化的精致化，都是服从于其价值目标实现的手段。因此，并非所有产生于现代的文化现象都具有现代的特证，而产生出于往昔的传统也有可与现代融汇的元素。正是在这些问题上，梅光迪的文化主张才显出思想史的意义。

然而梅光迪文化主张中有价值的部分却长期被湮没了，这与二十世纪以来中国所面临的严峻形势有关。面对帝国主义的侵略，现实的救亡图存的需要，决定了现代中国的道路。中国知识分子所渴望的是实效和急效，根本无暇作凌空的、学院性的思考，而现实的每一次受挫，都引来下一阶段更激烈的思想主张和行动。加上统治阶级为了一己私利，滥用儒学作为认同符号，致使儒学形象声名狼藉。在这种形势下，梅光迪的折中主义文化主张，被世人唾骂，也就是毫不足奇了。

可以说，这篇文章的观点在当时绝对令人耳目一新，可惜作者只是站在区域文化的视野下，并未从中国思想史的高度来研究梅光迪。1989年，中国文化书院的《中国文化》创刊，乐黛云在上面发表《世界文化对话中的中国现代保守主义》一文。此文一向被学术界认为是为以学衡派为代表的中国现代保守主义“沉冤昭雪”的文章，由此开启了学术界研究文化保守主义的热潮。乐黛云认为梅光迪他们“是真正的文化保守主义者”，“发出了自己独特的声音，那是中国的声音，也是五四新文化运动的声音”。这一评价，为今后将学衡派纳入新文化建设者的叙事埋下了伏笔。

台湾学者重新评价梅光迪，对大陆学术界具有促进，得到了茅家琦的承认，他在1989年发表的《梅光迪与〈学衡〉杂志》一文中说：“长期以来，《学衡》杂志被认为是‘国粹派杂志’‘复古派杂志’，在南京文化史上，在南京大学校史上，成为很不光彩的一页。对《学衡》杂志及其主要创办人、主要作者的研究，在大陆是极少的，海外也不多。海外学者对‘学衡派’的研究著作中分量最重的当是1974年台北中外文学月刊社与台湾大学外文系联合出版的侯健撰写的《从文学革命到革命文学》以及1984年台湾大学出版委员会出版的沈松侨撰写的《学衡派与五四时期的新文化运动》。沈著书稿原系沈松侨在台大的硕士论文，因受到师长的赞赏，被列为台大文史丛刊第68种，公开出版。”在侯健师徒的启发下，茅家琦也称“近年来，我经常考虑这个问题：究竟怎样实事求是地评价《学衡》杂志及其主要作者?”体现了他的反思意识。在这篇文章中，茅家琦认为“梅光迪并不反对文学革命，并不反对而是赞同白话文”，“梅光迪并不反对‘文学革命’，他也主张‘文学革命’，提倡白话文”，“梅光迪对待中国传统文化，不是虚无主义者”，“当时梅光迪主张白话、文言文两者并存是有道理的，缺陷是他没有提出要大力提倡白话文，并逐步做到以白话文为主”，“梅光迪提出了中西文化融合的原则，我想是相当有道理的”，同时指出梅光迪在“评判”中西文化价值标准问题上的不足，进而指出“梅光迪并不是以吸收儒家的人文主义文化为满足，同他的老师白璧德一样，他的目标是建立一个融贯中西的新文化。他同样主张吸取欧西文化”，“梅光迪忽略了生产力的发展和政治的民主化，仅仅考虑人的智慧、道德、思想的提高，显然是不全面的。虽然如此，梅光迪提出增加智慧、纯洁人格、完成人性，仍然是值得重视的融合中西文化中的一个重大问题，忽视这个内容也是不全面的”。虽然茅家琦也未能像乐黛云站在思想史的高度看待问题，但他的反思是不无道理的，是中肯、朴实的，这也是今天学术界许多学者的认识，只是要改变现代文学史的叙述，还有很长一段路要走。

有了侯健、乐黛云等人的研究基础，大陆学者黄兴涛也开始重新评价梅光迪，他于1991年发表《论现代中国的文化保守主义者梅光迪》，文章开篇说道：“五四时期，学衡派是公开反对新文化运动，主张维护传统极有声势的文化保守主义群体。其中主将梅光迪锋芒最露，影响尤大，世称‘梅光之迪’。长期以来，人们对梅光迪及学衡派缺乏深入的研究，多予以简单化的否定。近几年，台湾的有关方面研究在大陆较为流行，但他们的观点又不免有拔高之嫌。为了实事求是地评价梅光迪，进而加深对学衡派乃至整个现代文化保守派的认识，本文旨在对梅光迪一生，尤其是五四前后的思想活动，进行一番切实的考察。”“台湾的有关方面研究在大陆较为流行”，充分说明梅光迪的复出，的确经历了一个从台湾到大陆的发展历程。

黄兴涛在梳理胡梅之争的史料后，指出梅光迪的“ 四大纲与胡适的八不主义仍有一致之处”，甚至认为“胡适做《文学改良刍议》，以‘改良’的形式暗输‘革命’内容，表明他已然接受过梅光迪的影响”，“梅光迪反对文学革命时那种重视传统的态度，似乎注定了他将站在新文化运动的对立面。刘伯明是老板，吴宓为编务主任，梅光迪实为头员猛将”，“在当时对于纠正新文化运动由简单化的理解进化论所造成的文化偏失，是不无意义的”，“梅光迪同当时的封建复古派或复辟派、顽固派，还是有区别的”，“从当时新文化运动自身的缺陷来看，梅光迪的思想也是有价值的”。但在文章最后，黄兴涛还是指出：“梅光迪千言万语，最终所要保存的还是儒家文化传统——孔孟之教。这在文化道路方向的选择上则根本错误了。由于保守儒家文化传统，反白话代文言等方面，梅光迪与封建复古派有一致之处，有时同他们难免做些‘孔教’之长知新文化运动之误的唱和，尤其是封建复古派，常为梅光迪这种‘学贯中西’的保守妙论‘拍手称快’，引为同类，以壮声威（见罗家伦：《驳胡先骕君的中国文学改良论》）。因此，他的保守思想在当时所起的消极作用，也是不能低估的。台湾学者出于对社会主义的偏见，对儒家传统的偏爱和对其现代价值的夸大认识，将梅光迪思想的地位和意义，提到不适合的高度，仿佛他在关键时刻的反拨，本具有挽救中国的意义，只可惜由于时代原因，他悲壮地失败了。至于他思想的保守和褊狭的方面，及其在当时所主要起到的消极作用，则无所见之。这同其对新文化运动的基本否定观是紧密相连的。我们正不必与之苟同。”这也代表了一些中国学者的立场。

与以上学者站在思想史和文化史研究梅光迪的角度不同，也有学者只从文学史的角度研究梅光迪的。如耿云志在1991年发表的《胡适与梅光迪——关于文学革命的早期争论》。这篇文章在某种程度上还原了文学史实，极见功底。耿云志最后指出：“梅光迪的反对与攻驳成了胡适决心作白话诗的真正动力。胡适与梅光迪的争论一直延续到二十年代。从留学时期，到《学衡》时期，他们的争论关乎‘文学革命’的，主要是平民主义与贵族主义，写实主义与唯美主义，进步主义与保守主义的问题。而这些，在深层意义上，实远远超出了文学革命的范围。”可以说，这也是公允之论。

2023 年 10 月

琐谈《梅光迪文存》

梅 杰

2011年4月，《梅光迪文存》在华中师范大学出版社出版，至今已经12个年头了。在这12年的时间里，梅光迪俨然从一个“中国思想史上的失踪者”，成为学界有一定关注度的思想家，有关梅光迪的研究得到了很大的进展。

先是2010年，在梅光迪的家乡宣城召开纪念梅光迪诞辰一百二十周年座谈会。会上，我大声呼吁出版《梅光迪文存》《梅光迪年谱》《梅光迪传》等书。不到十年，这三部书都出版了（年谱由我编著，在海豚出版社出版；传记由书同先生撰写，在福建教育出版社出版），而且由我校点整理的梅光迪文学演讲集在海峡两岸推出了三个版本，浙江大学出版社还推出了《梅光迪学案》。九年间，有七种梅光迪的著作出版，不可谓不多。2023年，华中师范大学出版社还将出版《梅光迪研究资料汇编》，它与前面七种著作，真正建立起了“梅光迪文献保障体系”，必将推动梅光迪和学衡派，乃至新文化运动的深入研究。而这一切，不能不归功于或者说溯源到《梅光迪文存》的出版。在“梅光迪文献保障体系”中，《梅光迪文存》无疑是最重要、最核心的一部著作。围绕这部著作，相关的人和事一一浮上心头，让我倍感人生的温暖，如沐春风。在我研究梅光迪的时候，我未曾想到我会因为研究梅光迪而北上京城入职中国外文局海豚出版社，更没有想到十年后，我会来到它的出版社——华中师范大学出版社工作。可以说，没有梅光迪研究，无论我的学术人生，还是我的职业生涯，都将是无法想象的，它给我带来了无限的人生空间。因此，回忆《梅光迪文存》的编选、出版与推广，是一件非常有意义的事情。

先说我是如何走近梅光迪的世界的。我研究梅光迪得益于宗亲梅放先生。梅姓是小姓，全国人口只有一百多万，我在大学时代便对中华梅氏文化情有独钟，时常流连于梅放的“梅氏文史园”和梅铁山的“疏影横斜”博客，于是跟他们有了网上互动。2009 年初夏，梅放先生将博宏星（华中师范大学出版社《钱基博集》的主编）发现的梅光迪讲义交我整理，从此我开始了梅光迪研究。那时，梅放、梅主进、梅凌寒和我组建了一个梅光迪研究的团队。我们同心协力，互通有无，共同推进梅光迪的研究。这个团队，本质上是在新成立的宣城市中华梅氏文化研究会的领导之下的梅氏学术文化委员会（主任由副会长梅铁山兼任）的执行机构。在我加入之后，明确提出了出版《梅光迪文存》，并将许多新发现的梅光迪佚文整理出来（这里先后得到陈建军、段怀清、杨扬等学者的无私帮助，尤其是陈建军老师提供不少佚文）。经过一年多的努力，《梅光迪文存》具体由我最后编辑整理成书。在会长梅学国和副会长梅铁山的支持下，交由我具体落实出版事宜。

我首先就想到了华中师范大学出版社，因为我与华中师范大学出版社也有一段渊源。2003 年，正是高中毕业那年，我痴迷于废名研究，读过武汉大学陈建军老师的一些文章，并听说他即将在华中师范大学出版社出版《废名年谱》。2003 年 12 月底的一天，我专程到华中师范大学北门的利群书社，想看看《废名年谱》出版了没有。那次十分幸运，一本定价 19.5 元的《废名年谱》赫然映入我的眼帘，署名“陈建军编著”，版权页写着“责任编辑曾巍，责任校对章光琼”。我急忙买下，并酣读起来。经过几遍的仔细阅读，我写了一篇书评《〈废名年谱〉的特色》，发表于《中国图书评论》2004 年第 9 期。《废名年谱》代表着华中师范大学出版社的学术品质，时任社长范军和责任编辑曾巍非常重视，都写了书评。与他们的文章相比，我的要稚嫩一些，但也不乏鲜活的气息。这是我与华中师范大学出版社的结缘之始。2007 年，华中师范大学出版社又推出了《废名讲诗》，署名“陈建军、冯思纯编订”，版权页写着“责任编辑曾巍、责任校对王炜、装帧设计罗明波”。我第一时间来到社里，获赠一本。这次我写了一篇《讲堂上的废名先生》，发表于《出版人》2007 年第 11 期。2008 年，华中师范大学出版社又出了《抗战时期废名论》，作者为张吉兵，责任编辑为汪岚，责任校对为王炜，封面设计为甘英。我又义不容辞地写了第三篇书评：《废名是怎么变回冯文炳的?》，发表在《中华读书报》上。这篇书评还引起了著名学者、作家止庵先生的反批评，一定程度上也宣传了本书。应该说，当时我在事实上已成为了华中师范大学出版社的书评人。有了以上对华中师范大学出版社的接触与了解，我认为这是一家能识好书，有着良好学术口碑的出版社，《梅光迪文存》就应该托付给这样的出版社。

果然不出所料，出版事宜洽谈得非常顺利，而且社里保证在四个月内出书。社里派的责任编辑是李郭倩老师，在2010年底至2011年春，我俩忙得不亦乐乎。出版《梅光迪文存》，我第一次真正见识了华中师范大学出版社对三审三校制度的严格执行。这种科学、规范的出版流程，在一群得力的编辑、校对人员的推进下，得以有条不紊地贯彻实施。作为编校合一流行时代的出版新人，我当时难以想象，一本如此繁难的民国文献，同时有这么多的英语文献，在责任编辑李郭倩、责任校对张晶晶、封面设计罗明波等老师的通力合作之下，硬是在2011年4月保质保量地出版了（乐黛云老师的序言是4月5日才交稿，是等着她的序言才下厂的）。记得春节时，当我得知书稿还只是处于打印稿的三审状态，我怀疑不可能四月间问世，但李郭倩信誓旦旦地保证一定能如期出版。把大量的时间用在审稿上，尽量把错误消灭在稿子上，一旦进入校样环节，就可以一个月左右付印，这种生产机制的形成，是集体智慧的结果，而且也反复经受了实践的检验。《梅光迪文存》的高质量出版，正得益于华中师范大学出版社对三审三校制度的严格落实和执行到位。

《梅光迪文存》首印3000册，除去梅光迪家乡买去的1000本，出版社还负担着2000册的发行任务。这在学术出版物市场不景气的时代，是有很大的压力的。为了扩大《梅光迪文存》的影响，同时为了推动营销工作，我又配合社里想尽一切办法来推广。华中师范大学出版社负责图书推广工作的是白炜老师，她当时与国内的媒体联系很多，也经常联系国内知名的书评人。我作为《梅光迪文存》的执行主编，也在她的约稿之列。在白炜老师的鼓励和提供销售数据的条件下，我写了一篇《图书发行要与推广并肩作战》的文章。文章写好后，她提了一些意见，并请社领导审阅。在定稿并经领导同意发表后，白炜老师安排刊发在2011年12月21日的《新华书目报》上。如果不是在回忆《梅光迪文存》的出版与发行，我都几乎忘记了这篇文章，今天又特意翻出来，发现当中不少观点，至今仍有现实意义，如其中说道：

所谓发行，更多是出版主体的一种主动行为。而营销，还囊括了市场调查、市场推广、渠道支持等多方互动的行为，而不是“一发了事”。有些传统出版社的发行人员，仍然把自己当“掌柜”的，仅将图书作为一般商品发到各省新华书店，连一般市级书店都没有发到。这样的工作作风，说明发行员是没有营销概念的，也不利于产品的维护，很容易使一本书进入断档期。图书作为一种特殊商品，比一般商品更需要有市场推广的意识。发行与市场推广相互融合，逐渐形成了现代营销的概念，亦即发行与编辑之间的一种“共谋”互动行为。一般来说，图书推广包括活动推广、媒体推广、品牌推广等。作为一种文化精神产品，特别需要将一本书的内涵、卖点“挖掘”出来，呈现给读者。读者很容易在这些信息的作用下，产生购买行为。在人文社科类学术著作范畴，这一点可能体现得最为明显。一般来说，很少有学术著作能够做到起印6000册，卖到10000册以上的已经属于销售业绩非常好的了。一些高教社的学术著作，甚至大部分仅印1000至3000册，因为这些书都是非常专业、高深的小众书。在图书出版进入市场经济的今天，这类书尤其应该注重发行与推广的互动。下面以华中师范大学出版社于2011年4月出版的《梅光迪文存》为例来说明这个问题。该书仅印3000册，发行折扣基本稳固在较高的折扣点上。一般而言，学术著作虽然印量小，但发行折扣有优势，比不少图书利润空间大些，也就相当于印数翻了一番。然而，这当中肯定有编辑的参与，否则一般的发行员并不完全知道怎样的发行折扣合理。同时，在该书编辑等人员的努力下，短短几个月内，《中华读书报》《新华书目报》《中国图书评论》《中国图书商报》《长江日报》《图书馆报》《新安晚报》《新文学史料》《出版广角》《文汇读书周报》《新京报》《中国社会科学报》《藏书报》《佛山日报》《宣城日报》等近20家媒体发表了书评、书讯。其中，《中国图书评论》是作为2011年第6期的专题形式推出，《新安晚报》则推出了《胡适与梅光迪的兄弟情》的整版文章，《宣城日报》也做了整版宣传，发表了乐黛云的《〈梅光迪文存〉序》等，同时《中华读书报》《新华书目报》《出版广角》《文汇读书周报》《中国社会科学报》《藏书报》等都发表了主题书评，将该书出版的学术价值、意义、影响予以深度剖析，极大地提升了该书和该社的品牌知名度。最近从华中师范大学出版社方面获得消息，该书库存仅几百册，半年多仅退货47册。订单量在200册左右的有两家，不少省店进货上百册之多，当当网也售出百册左右。从销售数据的分布图来看，销售较多的主要在北京、安徽、江浙、湖北，这与媒体的推广范围、作者的影响范围、出版社的影响范围是紧密相关的。同时，该社每次参加馆配会、大型书展，都将《梅光迪文存》作为重点品牌书展示，因此全国各地图书馆采购的也不少，这些都极大地加快了《梅光迪文存》的销售速度。作为一本在许多人眼里看来“卖不动”的偏门学术著作，上市半年左右的发行业绩、推广业绩不正好证明了图书发行要与推广并肩作战的道理吗?

《梅光迪文存》的出版影响与发行业绩，是华中师范大学出版社从上到下高度重视的结果，它也应该算是华中师范大学出版社学术出版的一个代表性个案。后来，在与梁上启、江帆等社领导交流中，得知他们当年都为《梅光迪文存》的发行做出了很大的努力。可以说，在华中师范大学出版社严格执行三审三校制度下，《梅光迪文存》得以高质量出版；而在华中师范大学出版社推广部门和发行部门的通力合作下，《梅光迪文存》得以实现巨大影响，并实现了良好销售。2011年，《梅光迪文存》被《中国图书评论》评为2011年度十大重点人文社科重点图书之一，这说明当初选择华中师范大学出版社是一个明智的决定。

学术出版贵在坚持。时隔12年，华中师范大学出版社又决定出版《梅光迪研究资料汇编》，我相信在华中师范大学出版社同仁的再次努力下，一定可以延续梅光迪的影响，让更多读者认识梅光迪，认识华中师范大学出版社。

2023年3月

梅光迪生平著作年表

梅　杰

梅光迪（1890—1945），安徽宣城人，宋代诗人梅尧臣、清初数学家梅文鼎之裔孙。1911年起，留学于美国威斯康辛大学、西北大学、哈佛大学，期间与胡适、刘伯明、吴宓等交谊颇深。1915年夏起，梅光迪与胡适关于文学革命产生思想交锋，史称“胡梅之争”，并持续多年。1915年秋，拜美国新人文主义大师白璧德为师，成为白璧德最早的中国弟子，后又介绍吴宓、汤用彤等师从白璧德。1919年10月，归国任教于南开大学。次年7月，转赴南京高等师范学校（后改为东南大学）。不久，邀请吴宓、汤用彤等入东南大学，并发起成立学衡杂志社，于1922年1月出版《学衡》创刊号，公开反对胡适领导的新文化运动。于是，“胡梅之争”演变为新青年派与学衡派的对垒。1924年，赴美任教于哈佛大学。1936年，回国任浙江大学文理学院副院长，后任文学院首任院长。1945年12月27日，病逝于贵阳。生前所发表文章、书信，由后人辑为《梅光迪文录》《梅光迪先生家书集》《梅光迪文存》《文学演讲集》等。

一八九〇年（光绪十六年）　1岁

2月14日，生于安徽宣城弋江西梅乡西梅村。据宣统二年《宦林宛陵梅氏宗谱》记载：“藻长子光迪，复旦公学毕业生，原名昌运，字子开，号觐庄，行急一。生于光绪庚寅正月初二巳时。妻绉籐树村王氏，太学生堃之女。”

宣城梅氏为当地第一大望族，历代名人辈出，形成宣城诗派、宣城画派、宣城数学派等，其中梅询、梅尧臣、梅致和、梅守德、梅鼎祚、梅膺祚、梅朗中、梅清、梅庚、梅文鼎、梅瑴成、梅曾亮等为代表性名人。据查，梅贻琦、梅兰芳的祖先也是宣城梅氏，于明朝初年迁出。入明以后，宣城梅氏分为宛陵梅和文峰梅二支，宛陵梅即梅询、梅尧臣等人的后代。宛陵梅又分为三支：善经望、墨庄望、章务望。梅光迪为宣城宛陵梅章务望河西房四支房三十一世孙。章务望始祖为梅尧臣四弟梅禹臣之子梅晓（1032—1098）。

本生祖举秋（1841—1919），名仁安，九品，字盛庵。父亲梅藻（1870—1913），原名孝代，字赓鱼，号漱卿，廪贡生。母胡氏，生于同治辛未十月十三日子时，七十九岁亡故。

同年，陈寅恪、竺可桢生。陈寅恪（1894—1969），江西义宁人，现代学者。竺可桢（1890—1974），浙江上虞人，现代科学家，曾任浙江大学校长。

一八九一年（光绪十七年）　2岁

大弟昌后生。宣统二年《宦林宛陵梅氏宗谱》载："昌后，字子克，行急二，生于光绪辛卯五月十五日巳时。"后患风湿病，三十九岁时逝世。

12月17日，胡适生。胡适（1891—1962），安徽绩溪人，新文化运动代表人物之一、现代学者。

一八九五年（光绪廿一年）　6岁

随父梅藻受学，始读《四书》。时梅藻任教于宣城崇正学堂。

又随乡儒梅岩山先生读书。据《岩山先生墓表》："迪自五岁入塾，受学先生，方以高年盛德，为乡里所钦仰。时曳杖来塾闻书声琅琅，则大喜。儿童有俊异者，先生则手自抚摩之，如己出。每至则入坐乃去，去而未少旋又来。兴至则与师从谈稗官小说，口角飞沫，须髯辄张，目光炯炯动人。迪辈常辍读听，神为之往。盖先生虽老且衰，其言谈词气犹令人想见其少壮时云。"

一九〇二年（光绪廿八年）　13岁

通过县试，被乡人目为神童（据《梅光迪先生家书集》，后似未通过院试，即未取得生员资格，否则宣统二年《宦林宛陵梅氏宗谱》应有功名记录）。

本年，安庆敬敷书院改为安徽大学堂。

一九〇三年（光绪廿九年）　14 岁

刘葆良担任安徽大学堂总办，著名经学大师、桐城派末期代表人物姚永概担任学堂总教习（教务长），“大学堂开设的课程有英文、国文、东文（日文）、伦理、舆地、中外政治、中外历史以及经学大义、群经源流等等。这一年朝廷颁布了《奏定高等学堂章程》，规定各省只能在省城设高等学堂一所，以教大学预备科为宗旨，而大学堂目前只能‘先就京师设立以为之倡，俟将来各学大兴，即择繁盛重要省份增设’”。（据《安庆师范学院百年校史》）

一九〇四年（光绪卅年）　15 岁

据《奏定高等学堂章程》，安徽大学堂于本年改为安徽高等学堂。

约于本年入读安徽高等学堂。

一九〇五年（光绪卅一年）　16 岁

年初，刘葆良辞职。姚永概奉安徽巡抚伊尔根觉罗・诚勋之命，赴上海面请近代著名思想家、教育家严复担任安徽高等学堂总办（后称监督）。

一九〇六年（光绪卅二年）　17 岁

3 月 15 日，严复到安徽高等学堂就职，“针对安徽高等学堂当时管理混乱、学风散漫等弊端……严复进行了大刀阔斧的整顿，主要做法是淘汰程度太差的学生和不能胜任教职的教员，二是裁减过多的管理人员，三是严格教学管理，整顿教风学风，四是教学上根据安徽当时教育发展的迫切要求，注重外语和师范教育。他首先对全体学生进行摸底考试，根据成绩将学生重新分科（由本科降为预科），给他们补习中学课程，将程度太差的 30 多名学生淘汰出校。即使是即将毕业的学生，不及格也毫不留情地予以留级；其次就教学问题找教员分别谈话，‘问各人对各该科的教授法怎样，回答得满意，便下聘书，若是不满意，就不下聘书。几个所谓的东洋教习不肯见机而作预先逃走，经过严氏一番过问，都得了不及格的评语，严氏当着他们的面，板着面孔劝他们回日本’。教学上也一改过去散漫的习气，严复的助手监学周鼎观规定‘上英文课一句中国话也不准说，谁（学生）说中国话就马上被罚’。经过一番整顿，学堂面貌大变，教学与管理走上了正轨……鉴于当时安徽无师范学堂而省内各中学又急需教师，严复在学生中‘择其年龄较长或程度较深者’，编成师范速成班，给他们集中开设中学课程和教育学等师范专业课程，一年后毕业输送到省内各府县中学堂任教。将余下的学生编成五个高等预科班。1907 年招预科新生 170 人，在新生中挑选学生再编一个师范班，其余学生编成四个预科班。至此，安徽高等学堂办学逐渐步入正轨，1907 年在校生 10 个班 284 人。据光绪二十四年清廷《学部官报》载，1907 年安徽高等学堂有管理职员 9 人，专职教员 15 人，兼职教员 3 人。学堂设监督（校长）、监学、总教习、斋务长、庶务长、掌书、检察、监膳、会计、杂务等。开设课程有中外国文、经学伦理、中外历史、中外国舆地、英文、数学、心理学、生理学、论理、天文地文地质、物理、化学、动植物学、法律、兵制、动静力学、理财学等；并说安徽高等学堂‘自严监督到堂后始专力注重英文算学，查上年考试卷，英文算学成绩欠佳而经学伦理历史地理则成绩均良，足见教员大半得人，校地大略合用，但天井小空气不足，经费尚不绌，管理员教员中尚有可省者’”。（据《安庆师范学院百年校史》）

一九〇七年（光绪卅三年） 18 岁

6 月 8 日，严复辞去安徽高等学堂监督之职。

本年毕业于安徽高等学堂（据徐艾平《略述梅光迪先生其人其事》）。毕业于该校的皖籍名人，还有王星拱、高语罕、高一涵、胡子穆、赵伦士等。

11 月 12 日，二弟光道生。光道，字子慎，生于光绪丁未（1907）十月初七日巳时，后毕业于上海大夏大学教育系；妻孙采薇，后人现在北京。

约于本年入读复旦公学。复旦公学创办于光绪卅一年，至宣统三年，马相伯、严复、夏敬观、高凤谦先后任校长。

一九〇八年（光绪卅四年） 19 岁

秋，竺可桢离开复旦公学。

冬，作《崐有翁六十寿序》，后收入宣统二年《宛陵宦林梅氏宗谱》。这是目前所见梅光迪最早创作的文字。

一九〇九年（宣统元年）　20 岁

本年仍在复旦公学读书，同学中有刘永济等。曾因某事，戳伤刘永济（弘度）而留下印记。据贺昌群《哭梅迪生先生》："他却有个好处，怒发过了，便一切烟消云散，不念旧恶。有时，他对最熟的朋友也怒，事情过了，他觉得自己输理了，仍旧来要好，毫无芥蒂存于心。弘度、石庵曾告诉我，我们都受过他这样的怒，弘度手上至今还留着一星钢笔尖点破的蓝记。（那是青年时在复旦同学的时候。）"

暑后，陈寅恪离开复旦公学。（据陈寅恪自述："1905 年秋起，1909 年秋止，在上海吴淞复旦公学读书。"）

秋，胡适来访宗兄胡绍庭，时梅光迪与胡绍庭"同舍而居"，乃由胡绍庭介绍，与胡适相识。

约本年，与王葆爱（1888—1960）结婚。民国初年二人生有一子，后夭折。（据徐艾平《略述梅光迪先生其人其事》）

一九一〇年（宣统二年）　21 岁

夏，与胡适等同赴北京，参加第二届庚子赔款留美考试，不中。

约为胡适赴美留学之时（1910 年 8 月 16 日），作《序与胡适交谊的由来》。

作《正和翁七十寿序》《楚白先生传》《香署先生传》《岩山先生墓表》，后收入当年《宛陵宦林梅氏宗谱》。

本年自复旦公学毕业。

一九一一年（宣统三年）　22 岁

暑期，赴美国威斯康辛留学。

一九一二年（民国元年）　23 岁

本年起，与父亲梅藻、好友胡适通信颇多。

一九一三年（民国二年）　24 岁

秋，由威斯康辛转学入西北大学。

本年在父亲梅藻逝世前后，得一大病。

本年，任鸿隽作《赠梅觐庄归西北大学序》。

一九一四年（民国三年）　25 岁

在《留美学生年报》发表论学的系列通讯《藏晖室友朋论学书》，小标题为《论汉宋学者》《论正心诚意之学》《论读书之法》《论孔教》《论执笔报国》，署名觐庄。这是目前所见梅光迪最早发表的文字。

约于本年开始接触白璧德的著作。梅光迪在“Irving Babbitt：Man and Teacher”中回忆说：“我第一次接触到欧文·白璧德，是在 1914 年或者是 1915 年，还是在与 R. S. 克莱恩（Crane）交谈中偶然谈到的，后来在西北大学就读的时候，克莱恩指着《现代法国批评大师》这本书对我说：“这本书会让你思考。”于是，就像所有同龄人一样，沉浸于托尔斯泰的人道主义之中的我，同样渴盼着在西方文学中能找到某种与古老的儒教传统相通的更为沉稳而又有朝气的东西。带着极为虔诚的热情，我反复阅读了白璧德当时所出的三部著作。这些书给我展示出来的是一个崭新的世界，或者说是把旧的世界赋予了新的意义和新的语汇。我第一次意识到要以同样的精神去弥合在过去二十年中中国新旧文化基础交替所出现的日趋明显的无情的杂乱无章的断层，我也第一次意识到要以同样的精神和所积累的财富，在这样一个前所未有的关键时刻去加固这个断层。或许我 1915 年的秋天来到剑桥，拜师于这位德高望重的圣人的目的就在于此。”（周俐玲译）

一九一五年（民国四年）　26 岁

9 月，入读哈佛大学。杨杏佛作《送梅觐庄之哈佛序》。

一九一六年（民国五年）　27 岁

8 月 8 日，致信胡适：“读致叔永书，知足下疑我欲与足下绝，甚以为异。足下前数次来片，立言已如斩钉截铁，自居为‘宗师’，不容他人有置喙之余地矣。夫人之好胜，谁不如足下。足下以强硬来，弟自当以强硬往。处今日‘天演’之世，理固宜然……足下来书称弟守旧，似若深惧一切‘新潮流’者，妄矣。窃谓弟主持破坏及前无古人后无来者之观念，亦不让足下。弟所以对于多数之‘新潮流’持怀疑态度者，正以自负过高（请恕之）不轻附和他人之故耳。为自由之奴婢与为古人之奴婢，其下流盖相等，以其均系自无所主，徒知人云亦云耳。”并提出文学革命“四大纲”：“一曰摈去通用陈言腐语。二曰复用古字以增加字数。三曰添入新名词。四曰选择白话中之有来源、有意义、有美术之价值者之一部分以加入文学。然须慎之又慎。”

秋，哈佛文学院院长 Le Baron Russell Briggs 开设“高级作文”课，梅光迪将发表于 *Boston Evening Transcript*（《波士顿晚报》）上的文章呈示，数日之后 Briggs 问梅光迪：文章是不是自己写的？梅光迪大为不快，后回忆说：“谓其不相信中国人能写好英文，遂未选修其课。”

本年，在《留美学生季报》第 1 卷第 3 号发表《民权主义之流弊论》。

一九一七年（民国六年）　28 岁

1 月 15 日，向哈佛大学研究生院填写的硕士研究生学位申请表。同月，在《留美学生月刊》第 12 卷第 3 期上发表《我们这一代的任务》（英文）。

1 月 22 日，康奈尔大学向哈佛大学研究生院提供梅光迪上一年度夏季班的英文考试成绩单。

1 月 24 日，西北大学文学院向哈佛大学研究生院提供梅光迪在该校读书时的成绩单。

1 月 29 日，威斯康星大学麦迪逊分校向哈佛大学研究生院提供梅光迪在该校学习时的成绩单。

2 月 23 日，哈佛大学研究生院致信梅光迪，提醒他若要获得研究生学位，应该提交拉丁文考试成绩。同月，在《留美学生月刊》第 12 卷第 4 期发表《我们对于国家事务应有的态度》（英文）。

2 月 26 日，填写哈佛研究生专业选修表格。

4 月 25 日，哈佛研究生院致信梅光迪，通知他参加拉丁文考试，时间为 6 月或 9 月，考试成绩若低于 C，就无法通过学位考试。另外也提醒他，即便他 6 月通过拉丁文考试，学位委员会也无法看到他的成绩，所以，1918 年 2 月前不可能授予学位。

5 月，在《留美学生月刊》第 12 卷第 7 期发表《新的中国学者》（英文）。

8 月 25 日，致信白璧德教授，信中提及自己刚完成一篇评论中国政治的文章，希望听听白璧德的意见，是否可以投给《纽约晚报》（*The New York Evening Post*）或其他报纸。还有关于拉丁文考试问题，整个夏季都在准备拉丁文，希望 9 月参加考试。

9 月 2 日，《科学》杂志发表的《演讲会纪事》中有梅光迪的发言。

本年，作《中华民族的生命力》（英文）。

一九一八年（民国七年）　29 岁

7 月 24 日，致信胡适："嘱来北京教书，恨不能从命。一则今夏决不返国，二则向来绝无入京之望。至于明夏归去，亦不能即担教授之职，须在里中徜徉数月或半年，再出外游览数月，始可言就事。然亦决不作入京之想矣……闻足下已大倡 Ibsen（易卜生）。足下所主张无弟赞一辞之余地，故年来已未敢再事哓哓。"

8 月初，通过清华校友施济元知道吴宓其人，遂前往拜访。吴宓在自编年谱里说："八月初，遂来访宓，并邀宓至其宿舍，屡次作竟日谈。梅君慷慨流涕，极言我中国文化之可宝贵，历代圣贤、儒者思想之高深，中国旧礼俗、旧制度之优点，今彼胡适等所言所行之可痛恨。昔伍员自诩'我能覆楚'，申包胥曰：'我必复之'。我辈今者但当勉为中国文化之申包胥而已，云云……宓听后，十分感动，当即表示，宓当勉励追随，愿效驰驱，如诸葛武侯之对刘先主'鞠躬尽瘁，死后而已'云云……彼（指梅光迪）原为胡适之同学好友，迨胡适始创其'新文学'、'白话文'之说，又作'新诗'，梅君即公开步步反对，驳斥胡适无遗。今胡适在国内，与陈独秀联合，提倡并推进所谓'新文化运动'，声势煊赫，不可一世。梅君正在'招兵买马'，到处搜求人才，联合同志，拟回国对胡适作一全盘之大战。按公（吴宓自称）之文学态度，正合于梅君之理想标准，彼必来求公也……此后一年多，宓多与梅君倾谈，敬佩至深。梅君师事哈佛大学法国文学及比较文学教授白璧德先生（此名，系胡先骕君所译），受知甚深。遂为宓讲述白璧德及其知友穆尔先生之学说，立取两先生所著之书（后宓皆自购存全套）借与宓读。又引宓至白璧德先生寓所拜见白璧德先生，奉以为师。”

9 月，吴宓在梅光迪的劝说、鼓动之下，由弗吉尼亚大学转入哈佛大学，亦师从白璧德。

一九一九年（民国八年）　30 岁

年初，汤用彤、陈寅恪入哈佛大学。据孙尚扬《汤用彤年谱简编》记载：“公初入哈佛，与梅光迪同住……（1919 年）7 月 14 日，晚，公与陈寅恪由吴宓导见白璧德教授。吴宓跟随梅光迪奉白氏为师，自述当日‘白师述其往日为学之阅历，又与陈君究论佛理。’”

3 月，《留美学生季报》第 6 卷第 1 号发表汪懋祖《送梅君光迪归圜桥序》。

10 月 4 日，《吴宓日记》载：“梅君迪生将首途归国，赴南开学校英文教员任。频行数日，为助足旅费，琐务碌碌。”

10 月 5 日，《吴宓日记》载：“晨，偕锡予为梅君运箱搬箧。午，由锡予及施君济元及宓，共约梅君在汉口楼祖饯。四时半，送至南车站，握手而别。”

11 月 15 日，《寰球中国学生会学生周刊》“会员消息”中一条为《梅光迪君应南开大学之聘》：“本会赞助会员梅光迪博士前日新由美回国，即受天津南开大学之聘云。”

本年，祖父逝世。冬，回乡祭祖。

一九二〇年（民国九年）　31 岁

3 月 2 日，致信胡适：“此间正商开课之事，尚无头绪，此殊无聊。弟谓今之执政与今之学生，皆为极端之黑暗（学生之黑暗，足下辈之‘新圣人’不能辞其责焉）。政府无望，若学生长此不改，亦终无望焉。弟来北大授课事，究竟为足下所欢迎否？弟朴诚人，决不愿挟朋友之情而强足下以为难。若足下真能容纳‘异端’，英文科真需人，则弟自愿来，否则不必勉强也。若来京，则须授课五六时，否则往返时间费用得不偿失。弟所愿授课者为 General Principle of Literature or Introduction to Literature; Great English Prose Writing of the 19th Century;

Advanced Composition；The Teachings of the Novel 等课。若能授两门，则须早日商决，俾弟能从事预备，且可向凡善堂购书，望足下速行示知。”

本年，在《民心周报》第1卷第7期发表《自觉与盲从》。

本年应南京高等师范学校之聘，于7月9日抵达南高。据《南高暑期学校一览·大事记》（民国九年十月版）：“七月九日，文学教师梅光迪、心理学教师凌冰及其夫人到校。”此书《南高暑期学校校友录》中记载梅光迪的信息为：“梅光迪（迪生），三十一，安徽宣城。美国西北大学学士、哈佛大学文学硕士，前任南开大学英文科主任，现任本校教员。”所授课程为《文学概论》、《近世欧美文学趋势》，通讯地址为“安徽宣城清弋江或本校”。在《暑期学校及本校服务员一览》中，杨寿增、欧梁为指定记录梅光迪《文学概论》的“笔记学程者”，吴履贞为指定记录梅光迪《近世欧美文学趋势》的“笔记学程者”，余介石、谢祥生为指定负责《近世欧美文学趋势》的“记载缺席者”。时任南京高等师范学校教育科主任的陶行知先生在《办理暑期学校及国语讲习科报告》（《陶行知全集》第1卷，四川教育出版社2005年6月版，第342页）中说：“教员不备讲义者，由校派速记员临时记下，付印分给。”梅光迪应属此种情况。

南京高等师范学校1920年第一届暑期学校，从7月12日开学，至8月21日散学。据《国立东南大学南京高师暑期学校一览》，梅光迪当年所带课程情况是：“《西洋戏剧》，一学分，每周三小时，本学程根本戏剧原理，讲论西洋名剧多种，修习者须有直接英文听讲及阅读英文文学书籍之程度；《近世西洋短篇小说》，一学分，每周三小时，本学程根本短篇小说原理，讲论短篇小说名著多种，修习者须有直接英文听讲及阅读英文文学书籍之程度；《文学概论》，一学分，每周三小时，本学程征集中西言文学者之理论，以明文学真谛，修习者须于中国文学有根底，其能阅英文文学参考书者尤佳；《近代西洋文豪》，一学分，每周三小时，本学程于近代西洋文学家中取其学说与人生观有左右世界之势力者数人，加以解释、评判，修习者须于西洋文学略有门径，其能直接阅书者尤佳。”

这些课程，经过听讲者记录流传下来的、已被后世学人发现的有《文学概论讲义》（杨寿增、欧梁记）、《近世欧美文学趋势讲义》（冯策、华宏谟合记、吴履贞补记)、《文学概论讲义》(张其昀、徐震堮记)等多个版本。缪凤林所记《戏曲原理》疑为《西洋戏剧》之一章,而《近世西洋短篇小说》、《近代西洋文豪》迄未发现有稿本流传于世。

本年,李今英考入南京高等师范学校。

8 月 7—9 日,在《时事新报》发表《文学概论》,后又收入《当代名人新演讲集》(广文书局 1922 年版)。

本年秋,与中华书局约定,“拟由我等编撰杂志名曰《学衡》,月出一期,由中华书局印刷发行”。

一九二一年(民国十年)　32 岁

4 月 11 日,在《时事新报》发表《文学之界说》,张其昀记录。

4 月 16—17 日,在《时事新报》发表《戏曲原理》,缪凤林记录。

5 月,寄挂号信给吴宓,聘其担任东南大学英国文学教授,并请其主持《学衡》(中有“此杂志之总编辑,尤非宓归来担任不可”之语)。

9 月,吴宓抵东南大学,二人会面。

11 月,与胡先骕、吴宓等筹办《学衡》。《吴宓自编年谱》载:“筹办《学衡》杂志之经过:《学衡》杂志由梅光迪发起,并主持筹办。一年前,已与中华书局订立契约,并已约定撰述员同志若干人。(1)刘伯明。宓初到东南大学,首即谒见。(2)马承堃,字宗霍,湖南人,王湘绮先生(闿运)晚年之门生……梅君首先为宓介绍……十一月初,梅君决定:以‘南京鼓楼北,二条巷,二十四号’宓寓宅,为《学衡》杂志社办公及社员同人会集之所……第一次会议时,梅君邀来并陪导通来。……(7)柳诒征……本学期开学典礼中,宓始遇见柳先生。梅君在旁,仅介绍彼此之姓氏,以后亦未谈及柳先生。宓因读柳先生之文章及所著书,然后知亲近、尊佩柳先生。此又梅君之过矣。第一次会议时,梅君宣布其清高之主张,谓《学衡》杂志应脱尽俗氛,不立社长、总编辑、撰述员等名目,以免有争夺职位之事。甚至社员亦不必确定:凡有文章登载于《学衡》杂志中者,其人即是社员;原是社员而久不作文者,则亦不复为社员矣……是日会议决定:公举宓为‘集稿员’……又派定各门之主任编辑:1.‘通论’梅光迪。2.‘述学’马承堃。3.‘文苑’胡先骕。(自攘取)4.‘杂俎’邵祖平(由胡先骕指派)……梅光迪君,则自第十三期起，即不再作一篇文章。1924 年，梅君再赴美，任哈佛大学汉文讲师，不久升任副教授。1927 年暑假，匆匆返国，至沪，娶李今英为妻，相偕赴美。直至 1939 年始回国，任浙江大学文学院长。1945 年夏，病卒于贵阳。梅君好为高论，而完全缺乏实行工作之能力与习惯，其一生之著作极少，殊可惜。”

12 月，广文书局出版《当代名人新文选》，收入梅光迪《自觉与盲从》。

一九二二年（民国十一年）　33 岁

1 月，在《妇女杂志》第 8 卷第 1 号发表《女子与文化》，署名为“梅光迪先生讲演，陈东原、张友鸾记”。同月，在《学衡》第 1 期发表《评提倡新文化者》。

2 月 4 日，胡适在日记中写道：“东南大学梅迪生等出的《学衡》，几乎专是攻击我的。”

2 月 9 日，鲁迅在《晨报副刊》发表《估学衡》（署名风声）：“我在二月四日的《晨报副刊》上看见式芬先生的杂感，很诧异天下竟有这样拘迂的老先生，竟不知世故到这地步，还来同《学衡》诸公谈学理。夫所谓《学衡》者，据我看来，实不过聚在‘聚宝之门’左近的几个假古董所放的假毫光；虽然自称为‘衡’，而本身的秤星尚且未曾钉好，更何论于他所衡的轻重的是非。所以，决用不着较准，只要估一估就明白了。《弁言》说，‘籀绎之作必趋雅音以崇文’，‘籀绎’如此，述作可知。夫文者，即使不能‘载道’，却也应该‘达意’，而不幸诸公虽然张皇国学，笔下却未免欠亨，不能自了，何以‘衡’人。这实在是一个大缺点。看罢，诸公怎么说：《弁言》云，‘杂志迩例弁以宣言’，按宣言即布告，而弁者，周人戴在头上的瓜皮小帽一般的帽子，明明是顶上的东西，所以‘弁言’就是序，异于‘杂志迩例’的宣言，并为一谈，太汗漫了。《评提倡新文化者》文中说，‘或操笔以待。每一新书出版。必为之序。以尽其领袖后进之责。顾亭林曰。人之患在好为人序。其此之谓乎。故语彼等以学问之标准与良知。犹语商贾以道德。娼妓以贞操也。’原来做一篇序‘以尽其领袖后进之责’，便有这样的大罪案。然而诸公又何以也‘突而弁兮’的‘言’了起来呢？照前文推论，那便是我的质问，却正是

‘语商贾以道德。娼妓以贞操也’了……总之，诸公掊击新文化而张皇旧学问，倘不自相矛盾，倒也不失其为一种主张。可惜的是于旧学并无门径，并主张也还不配。倘使字句未通的人也算在国粹的知己，则国粹更要惭惶然人！‘衡’了一顿，仅仅‘衡’出了自己的铢两来，于新文化无伤，于国粹也差得远。我所佩服诸公的只有一点，是这种东西也居然会有发表的勇气。”

2月，在《学衡》第2期发表《评今人提倡学术之方法》。

2月21日，《文学旬刊》发表茅盾的《评梅光迪之所评》一文，署名郎损。

3月10日，费觉天在《晨报》副刊发表《请问“学衡”记者》：“然而，学衡记者一则说他们非思想家乃诡辩家，非创造家，乃模仿家，非教育家，乃政客，再则说他们排斥异己，入主出奴，门户党派之见，牢不可破，不容他人讲学，而欲养成所谓新式学术专制之势……在你们做《学者之精神》、《评提倡新文化者》时，以为我这句句是骂胡适之、陈独秀，但自我们看来，实在句句是骂你们自己。‘梅光之迪’君说，‘夫今之所谓提倡学术者，其学术之多谬误，早为识者所洞悉，青年学子，无审择之能，受害已为不少，若有健者起，辞而辟之，亦苏格拉底孟轲之徒也……’就这两段话看来，我们就可猜着这几位假学究所以发奋办杂志之所在了。原来胡适之也不过是个美国留学生，然而一回国就大享盛名，而我胡先之骕、梅光之迪，又何尝不是美国留学生呢，却为什么这般倒霉呢？于是想来想去，计竟出此，要来出个别致的风头，以正统派自命，所以满口骂人沽名钓誉，其实心中在那想名想得不了。”

4月，在《学衡》第4期发表《论今日吾国学术界之需要》。同期又发表汪懋祖《送梅君光迪归圜桥序》。

4月24日，金毓黻在《静晤室日记》中写道：“阅《学衡》杂志。此志以梅光迪、胡先骕二君为主干，所著之文皆抨击新文化运动之失当，偏激失中之谈，触处皆是。所谓齐固失之，楚亦未为得也。特梅氏之文笔犀利，锐不可当，深文周内，故入人罪，亦政有不可及者在耳。”

6月23日，张东荪在《学灯》发表《思想问题》，提到“所有的只是乱骂梅光之迪的小品”。

7月，在《文哲学报》第2期发表《中国文学在现在西洋之情形》，署名为“梅光迪教授讲演，何惟科记”。

8月，在《学衡》第8期发表《现今西洋人文主义》。

夏，汤用彤自哈佛大学毕业，由梅光迪、吴宓介绍到东南大学任教。

11月3日，胡适作《中国五十年来之文学》，其中提到：“今年(1922)南京出了一种《学衡》杂志，登出几个留学生的反对论，也只能谩骂一场，说不出什么理由来。如梅光迪说的：‘彼等非思想家，乃诡辩家也……’这种议论真是无的放矢……《学衡》的议论，大概是反对文学革命的尾声了。我可以大胆说，文学革命已过了议论的时期，反对党已破产了。”

本年，《努力周报》第7期发表《学衡杂志社梅光迪君来信》：“适之吾兄足下：《努力周报》所刊政治主张及其他言论，多合弟意，兄谈政治，不趋极端，不涉妄想，大可有功社会，较之谈白话文与实验主义胜万万矣。久不通讯，故特此数语，以见‘老梅’宽大公允，毫无成见，毫无偏私也。专此。即颂撰安。弟光迪启。五月三十一日。”

本年，《师范教育》第二期发表《选科课程纲要——近世欧美文学纲要》《选科课程纲要——文学概论纲要》，以目录来看，正为梅光迪之讲义。

本年，《民国日报》发表“东”的《评梅光迪的〈女子与文化〉》。

一九二三年（民国十二年）　34岁

1月13日，《民国日报》“觉悟”版发表“云生”的《梅光迪的矛与梅光迪的盾》。

2月，在《学衡》第14期发表《安诺德之文化论》。

夏，推荐楼光来任教于东南大学。楼光来《悼梅迪生先生》：“光来获交于先生在民国十二年之夏，是时光来甫自海外归来，因先生之介，任教于东南大学；与先生同寓太平桥，朝夕谈论，䜣合无间。”

11月24日，东南大学副校长兼文科主任刘伯明病逝。

12月，商务印书馆出版《文学评论之原理》，该书原作者为英国温彻斯特，译者为景昌极、钱堃新，署名有“梅光迪校”。译者在《译例》中说“同学缪凤林审查全稿后，又承梅迪生先生为之校阅”。

一九二四年（民国十三年）　35 岁

3 月，大东书局出版《近世文选》（纂集者吴兴沈镕），收入梅光迪《评今人提倡学术之方法》《评提倡新文化者》。本书 1933 年再版。

夏，李今英在东南大学毕业。

本年，胡先骕请赵元任向哈佛大学推荐梅光迪任汉文讲师。杨步伟《杂忆赵家》："其时胡先骕正在哈佛，对元任说，梅光迪因离婚的缘故想出来，可否推荐，元任虽知他们是学衡派反对白话的，但元任为人向不以门户之见来埋没人才的，所以一口答应荐他。"

10 月 2 日，《哈佛校报》（*The Harvard Crimson*）发表了一则关于梅光迪即将到哈佛任教的新闻消息"Dr. Kuang Ti Mei Delayed by Revolution; Students with Chinese Linguistic Ambitions Must Wait Another Month"（梅光迪博士因战事延迟，有志于研究汉语者需再等一月）。

同月，商务印书馆出版《欧洲文学入门》，版权页署名"原著者法国法格，英译者英国高敦，汉译者顾钟序，校正者梅光迪"。同月，《文学评论之原理》由商务印书馆再版。

本年，长子梅燮和出生。

一九二五年（民国十四年）　36 岁

本年，《现代评论》第 18 期发表张定璜的书评《"四之五"的生涯》，评论顾钟序译的《欧洲文学入门》（商务印书馆出版，梅光迪校），文章多次提到梅光迪。同年，《文学旬刊》发表曹谦、郑振铎的《关于〈欧洲文学入门〉的通信》。

一九二六年（民国十五年）　37 岁

7 月，梁实秋自美国留学归国，梅光迪将其介绍给胡先骕，得东南大学聘任。

9 月 1 日，与胡适相遇于巴黎。据《胡适日记》载："在吃饭时背后有人拍我的肩膀，我回头看时，乃是梅迪生。他自美洲来。别后两年，迪生还是那样一个顽固！"胡适时因中英庚款一事在欧洲。梅光迪即请胡适吃饭，胡适未赴约。1927 年 2 月 9 日，在写给胡适的信中说：“你近几年来对我常常的无礼，夏天在巴黎，我请你吃饭，特别办了几样好菜，你早已答应光临，却临时假装忘记，叫我大难为情。”

一九二七年（民国十六年） 38 岁

1 月，《文学评论之原理》由商务印书馆推出第三版。

2 月 9 日，致信胡适：“……或是孩子气，或是酸秀才气，或是江湖名士气，我也不必多说，想你早已觉得惭愧……若你始终拿世俗眼光来看我，脱不了势力观念，我只有和你断绝关系而已（你这回来，我或请你吃饭或不请，到那时看我的兴趣如何再定）。”当时，胡适为领取博士学位在美国哥伦比亚大学。

约 5 月，自哈佛回国，在上海与李今英结婚，并短期担任第四中山大学（原东南大学）文学院院长，不久再赴哈佛。

8 月 26 日，从南京写信给白璧德，信中说自己 6 月到上海，后去了香港和广东，7 月中回到南京，见了先前东南大学的同事。又说要推迟两周，大概 10 月 7、8 号之前回不了哈佛，已经致信 the dean of Harvard College。（据杨扬《梅光迪未刊史料新见》）

本年，《图画时报》第 397 期发表梅光迪与李今英等人合影照片，图说为：“梅光迪君现任美国哈佛大学中国文学教授，今夏归国于中秋节与李今英女士结婚，十七日同乘亚洲皇后船赴美。”

一九二九年（民国十八年） 40 岁

5 月 28 日，《哈佛校报》介绍梅光迪等教师的信息，谈到梅光迪的一段是：“Kuang-Ti Mei，who received his S. B. from Northwestern University in 1915，was appointed Assistant Professor in Chinese at Harvard，beginning September，1929. He has been Instructor in Chinese since 1924.”（梅光迪，1915 年在西北大学获得学士学位，1929 年 9 月起担任哈佛大学汉文助理教授。自 1924 年以来担任汉文讲师。）

本年，升任哈佛大学汉文助理教授（Assistant Professor）。

一九三〇年（民国十九年） 41 岁

本年，作《人文主义和现代中国》（英文）。

约于本年作《西方在觉醒吗?》(英文)。

一九三一年（民国廿年）　42 岁

《欧洲文学入门》由商务印书馆再版。

一九三二年（民国廿一年）　43 岁

9 月，在《国风》发表《孔子之风度》。

11 月 18 日，《安徽大学周刊》发表《外文系教授梅光迪先生将到校，韩秋圃先生已电催回校》：“本大学本学期外国语文学系四年级所开近代英文选学程，系聘梅光迪先生担任，梅先生原在美国哈佛大学担任教授，因休假一年之便，于暑期回国，经程校长一再敦聘，始允来皖，程校长此次在京复多方劝驾，梅先生已允于本周内启程，到校后，将本学期所任学程，尽于短期内授毕，并举行公开讲演云。又：外文系韩秋圃教授，前因其公子患病，请假二周，兹已满期，校中已电催回校云。”

本年，在《国立中央大学日刊》总第 857 期发表《中国古典文学之重要》。

本年，享受哈佛大学年假，乃回国临时担任国立中央大学文学院院长、安徽大学教授。

一九三三年（民国廿二年）　44 岁

7 月 15 日，白璧德逝世。

本年，《大厦周报》第 2 期发表王祉伟《送老同学梅迪生君第三次赴美国哈佛大学讲学》：“又是梅郎去国行，金飚吹鬓海秋新。莺篱抉起应怜我，鹏羽高骞共羡兄。且喜鸿词惊异域，还希雁字报征程。十年三送乘槎去，极目沧波百感生。”

一九三四年（民国廿三年）　45 岁

4 月，光明书局出版《中国新文学运动史资料》(张若英编)，收入梅光迪《评今人提倡学术之方法》《评提倡新文化者》。

一九三五年（民国廿四年）　46 岁

8 月，上海良友图书印刷公司出版《新文学大系・文学论争集》(郑振铎编选），收入梅光迪《评提倡新文化者》。

9 月 3 日，胡适为《新文学大系·建设理论集》作《导言》中提到梅光迪："等到你祭起了你那'最后之因'的法宝解决一切历史之后，你还得解释：同在这个'最后之因'之下，陈独秀为什么和林琴南不同？胡适为什么和梅光迪、胡先骕不同？"

6 月，《文学评论之原理》由商务印书馆列入《汉译世界名著》，予以改版，版权页作"国难后第一版"，并署名"校订者梅光迪"。

一九三六年（民国廿五年）　47 岁

8 月，应竺可桢之请，回国担任浙江大学文理学院副院长兼外国文学系主任。回国之时，原来的学生、芝加哥大学东方语系主任顾立雅赶来劝阻，邀请梅光迪到芝加哥大学教书，为梅光迪婉拒。

10 月 30 日，《国立浙江大学日刊》发表《梅光迪先生到校》："本校外国语文系主任梅光迪先生已于昨日莅杭。梅先生系哈佛大学博士，归国后先后任北京大学东南大学授，近数年则在美国哥伦比亚大学讲学，对于文学，极富研究，中外蜚声，学界景仰，此次应竺校长之敦聘，回国来本校任职，使同学得沾化雨，诚本校一荣幸事也。"

11 月 16 日，《国立浙江大学日刊》发表《通告》："本日，总理纪念周请外国文学系主人梅迪生先生讲演题为《爱国主义之今昔》。特此通告。校长办公室。"

11 月 19 日，在《国立浙江大学日刊》发表《爱国主义之今昔》。

11 月，在《浙江建设》（国防建设专号）第 10 卷第 5 期发表《非常时期与历史教训》。

本年，《诗林》双月刊第 1 卷第 1 期发表王祉伟《送老同学梅迪生君第三次赴美国哈佛大学讲学》。

一九三七年（民国廿六年）　48 岁

2 月 20 日　《国立浙江大学日刊》发表《外文系教授近况》："梅先生今年开了英美传记文学一班，意思是使同学们深入研究各作家的个性和其所处的时代社会对于他作品的影响，这是浙大自有外文系来之第一遭儿。二十世纪的现在，传记文学正盛行，同学们以此发轫，再求深造，前途正可乐观。”

5月27日，《国立浙江大学日刊》发表《今日“学术广播”：梅迪生先生讲〈文学在教育上之位置〉》：“本校与浙江广播电台之‘学术广播’，每届星期四下午四时五十分至五时五十分间举行。今日（二十七日）由文理学院副院长梅迪生先生讲演《文学在教育上之位置》一题。梅先生寝馈文学及讲论文学于国内外者多年，造诣至深，届时定多阐发。国难以来，群力于科学与国防之训练，而略于精神上之培植。近鲁登道夫于《全民战争》一书中，以为过去、未来战争，精神力量，皆居首要，盖鉴于物质之畸形发达，而略于精神之并进。然精神、思想、人格、感情等等之发扬与光大，文学之功能，又实居教育上一不拔之位置。中国革命，欧洲中古时代之告终与文艺复兴之完成，文学之力皆至伟烈，今日如何发扬文学之力量，以当时代之巨浪，梅先生当有以语我人也。”

9月24日，《国立浙江大学日刊》发表《梅光迪先生等发起刊行〈国命旬刊〉》：“本校教授梅光迪、张其昀、钱基博、郭斌龢、陈训慈、梁庆椿、王庸、张荫麟、贺昌群、费巩、王焕镳诸先生等，最近发起创刊《国命旬刊》，根据我国固有之文化精神，以解释目前抗战之意义，对于我国民族过去之光荣与现在及将来之使命，当尽力阐发。行文出以精密明辨之思想，缠绵悱恻之情感，而供献于国人之前，务使读者于四万万华胄之同胞，增其亲爱之心，于五千年史之祖国，增其信仰之心，于千秋万禩而永存之我民族前途，增其无限希望之心。内容除关于战争者外，其他重要问题，亦兼为讨论。又该刊具有永久之性质，故虽抗敌成功后，仍当继续出版。创刊号定于双十节出版，每月三次，逢十发刊云。”

10月8日，《国立浙江大学日刊》发表《简讯五则》，第一则：“本校梅迪生先生发起刊行之《国命旬刊》，消息已志本刊。该刊创刊号，已定于双十节出版，顷已付印，计有钱基博、张其昀、陈训慈、王以中、梅迪生、贺昌群等六先生专文六篇云。”

同月，在《国命》创刊号发表《言论界之新使命》。

11月，在《国命》发表《斥伪教育》。

一九三八年（民国廿七年）　49岁

4月2日，作英文家书一通：“对我校来说，一个好消息是，马一浮先生的到来。”

4 月 11 日，作英文家书一通：“上周六最有意义的事情是，马一浮作了一次简短的演讲。他是最近才到校的。在我们献茶之后，马先生被请到我校最大的教师，房间里已经到处是学生，还有不少人站在过道的边上。我做了一个开场白，特别强调了中国古代对学者、老师的尊重，并制定了几个讲座期间应该遵循的规则。”

5 月 2 日，作英文家书一通：“除了马一浮先生，我们的老朋友、东南大学同时柳诒征先生也在。我们打了多次电报之后，他从扬州附近的兴化赶了过来。我们对待他，如同对待马老一样。他们二位是我们学校特别的讲席，每个星期做一次演讲，每次一两个小时。”同月，在《国命》发表《近代大一统思想之演变》。

6 月底，当选国民参政会参议员。

7 月初，在汉口召开的国民政府参政会上提交《提拟请建设新海防案》，内云：“查我国海军在抗战前军令不统一，有意保存多数旧舰，养多数老弱官兵，因此虚縻国币甚巨；新造军舰不合国防之用，海防急需武器如水雷潜水艇低舷舰等，均未准备；训育机关对于精神技术均未统一。种种贻误戎机，更偻难数，以致此次抗战，海军竟无丝毫功绩可言。”

7 月底，到香港九龙与家人团聚。

8 月初，致电报竺可桢：“宜速立文院，国系属之，不可属师院。该系人选宜慎。函详。闻遭变，望节哀。夫人病愈否？念。迪。”又致一函：“近者文学院独立，教部已无异议，增设国文系亦由此而成事实。然顷闻师范学院将另设国文系，照此计划而行，则文科范围更形缩小，无独立之望矣……当此师范学院新设之时，正可乘机将全校组织系统，及各院系之关联，通盘打算，而尤须集思广益，不可狗一二人之私见，以致弄坏大局也。弟闲居海隅，随时可应召返校，以备咨询。自问学识、经验在同辈中不甘后于何人，若有擅弄聪明作害群之马者，弟必鸣鼓攻之。吾兄赤诚为公，可指天日。弟之所以追随左右，矢志靡他者，亦因对于吾兄有十分信仰，否则以两年来所受之隐痛，早已忍无可忍，襆被迳去矣。辱在相知垂三十年，故辄忘其愚，直略布区区，尚祈谅之……”

同时致函张其昀等：“洽周、晓峰、以中诸公史席：校事已有电函致校长，昨日电函稿已成，向校辞职措辞激昂，正待发而鲁珍函来，述及竺公有丧明之痛，且其夫人病危，故不欲当其百忧交集之时，再加其苦痛（实则迪之激词非对竺公而发，诸公自知之）。今所发之电函（两稿皆附寄一份）于辞职事未提，然无论如何文科同人已到最后关头，无进则退，尚望公等放胆力争，即出于总辞职一途无所当为，盖彼方此次计划若行，则我辈此后只有忍气吞声，任人播弄，所食者嗟来之食而已。彼方全在对人，全在压迫寄人篱下之文科，而使其私图。然本校在此情况之下，欲为莽操者大有人在，非肃清君侧，则前途茫茫，又不独文科同人之厄也。迪。”

8 月 9 日，致信张其昀：“……在此间居，本可立即返校，然目下行路之难诸公所知。至于公路交通状况不甚清楚。若校中有人由公路至此，能详示路上情况者，迪可立返。湛丈被聘入川，兄见教部犹知礼贤敬老之意，民族复兴，此亦一征也。若丈由港入川则极佳，以中等能同来，岂不更佳？此间气候甚凉，入夜尤然。此问暑安。叔良、驾吾请代致意。湛丈若仍在泰，请代面致欢贺之意，且劝其由港入川。光迪拜启。八月九日。”

9 月 10 日，致信张其昀：“晓峰学兄赐鉴：来函及研究院章程均拜悉，在此危难之中，教育部对于我校可谓屡加青眼，惟我当局自身不争气。奈何！奈何！研究所系独立性质，抑隶于文学院乎？据叶企孙言，清华研究各部，称文科者隶于文学院，称理科者隶于理学院。我校研究所各部，若教部未明白规定独立，自当经校务会议讨论决定，隶于文理两学院为宜。觉明、香曾处，已另函劝驾，然我校环境如此恶劣，迪有何花言巧语，使彼等安心返校乎？战事结束尚有待，我等仍当力主迁校，否则名教授决请不到，我等只能在炸弹下以谋苟全性命，而支持残山剩水之局而已。专复。即颂 教安　光迪拜启　九月十日。”

本年，贺昌群作《南柯子·宜山与迪生、弘度乡居写意》：“恨逐春山远，愁随细草平。回天心事渺难凭，无奈断肠何处着闲情。暗雨西窗冷，荒村午夜清。纵横笑语更无停，惟有子规啼血不堪听。”又作《宜山南楼与迪生夜谭调寄浪淘浪》：“孤馆漏三更，幽室灯青。对天涯草草劳人。说尽平生心事，总是关情。哀乐半盈盈，拼了为卿。一腔红泪漫销凝。问人间何事最苦，儿女聪明。”

一九三九年（民国廿八年） 50岁

3月，在《国命》发表《英美合作之必然性》。

5月，刘永济作词《鹧鸪天》怀念梅光迪。词序为："筑阳市楼饮散与迪生别。迪生以浙江大学事入重庆，即遇空袭，念之不已，词以讯之。"词曰："分手春宵月满衣，酒阑醉面拂凉飔。将雏倦比红襟燕，怀侣愁牵雪茧丝。商去住，各东西，转头离会两难知。花前忽现天魔劫，怅望雷渊幸脱时。（自注：《招魂》曰："旋入雷渊，散而不可止些，幸而得脱，其外旷宇些。"）

6月10日，《子恺日记》载："梅迪生君嘱画扇。扇之一面已有马湛翁先生书法。所书为其旧作五律一首。诗云：'自古言皆寄，从心法始生。清凉成月义，普遍与天名。飞动群分命，山川亦有情。林园随处好，裘葛顺时更。'诗意深远，即译为白话，亦恐少有人理解。吾即取"山川亦有情"一句为作画。扇面已上骨，不便揭下，用笔拮据. 未能配湛翁诗，甚愧。"

8月，浙江大学将文学院从文理学院中独立出来，乃任首任院长。

本年，《中山半月刊》发表王毓祥《宜山留赠梅迪生老友》："昔年瀛海曾三别，今日宜山喜再逢。人世驹光同电火，天涯鸿羽各西东。幸余肝胆犹如旧，未必文章可途穷。欲共故人话竟夕，惟怜行色太匆匆。"

一九四〇年（民国廿九年） 51岁

1月28日，作英文家书一通："今天上午，我去拜访了吴宓、汤用彤、陈寅恪。汤用彤在一家杭菜馆请我们吃饭。五道菜花了他们十多块钱，十分可口，因为他们都知道哪里的口味好。吴宓和另外一位教授共一个房间，却住在别的一位同事家里。汤用彤、陈寅恪都有单独的房间，因为他们被认为在学界有着更高的地位和影响。陈太太因病依然在香港，她现在住爱德华王子路369号，请尽快去看望她。"

3月12日，作英文家书一通："有人说我是'帝国主义'，但我是始终坚持不懈地推行公平、公正、合理的政策，很多人对文学院的扩大表示妒忌，经常给我们捣乱。我要他们明斗，他们却不敢。如果明斗，他们肯定会被打败。因为我把学校视为一体，毫无个人利益，而他们只有自己的小算盘。只是，校长太软弱了，而且判断力不高明。”

秋，刘永济作词《鹧鸪天》怀念梅光迪、吴宓，词序为：“偶检论文旧藁，有感于伪江南近事，赋寄学衡社友迪生、雨僧两兄。”词曰：“凝碧无人赋旧愁，鲛涎腥汙禁池头。龙琶妙解方矜宠，画烛通明肯障羞。欺末俗，抵前修，文章何止类俳优。可怜辛有空前识，不到为戎总不休。”

一九四一年（民国卅年）52 岁

6 月，在《浙江大学文学院集刊》创刊号发表《卡莱尔与中国》。

9 月，作《双谿老人七十寿言》。

本年，*Irving Babbitt：man and teacher* 出版，收入梅光迪“*Irving Babbitt：man and teacher*”，作为第十五篇。

一九四二年（民国卅一年）53 岁

10 月 18 日，作英文家书一通：“国民参政会的很多人都已经到了，但我是最早登记的几个人之一。住处要明天才能准备好。”

一九四三年（民国卅二年）54 岁

11 月，在中央文化运动委员会上演讲《英国文人生活之今昔》，后载同年《文化先锋》第 1 卷第 23 期。

11 月 19 日，作中文家书一通：“达弟、燮儿均鉴：尔等来信均已收到。达弟调至浮梁医院，想近已安定矣。公务人员生活清苦，全国皆然。政府屡次改善，终无大效。所望者胜利在迩，最多不过再吃苦二三年，当可享太平时代生活矣。燮儿跋涉来达弟处，可暂在附近中学入学，不必再转光道处，恐江西各中学无大轩轾也。我刻由此处中国银行汇寄二千元（若电汇较速而不多费，或用电汇，我到银行询问后，再定究竟是否电汇，信后当附语说明）。戴家不肯借旅费，系因戴光叶在此与我屡次划款帐目不清，向我多索款，我不与，遂恨我，而通知其家停止借款。此人无道理，以后不可与之有银钱关系也。我处收入勉能支持，然款项有时拖欠数月，故有时不能周转。燮儿若能立即入学更好，否则下学期必须插班入学，望达弟及早为之计也。一年费用大概若干，望先告我，不然临时需索巨款，我恐不能应付。燮之程度我无由知，然国文、英文、数学三种为基本学科，尤须格外努力，其余视其性之所近者，或理化，或史地，亦须择一方面用功，否则中学卒业不能考升大学，亦成弃材而已。勉之！勉之！此问近好。迪示。三二、十一、十九。”

一九四四年（民国卅三年）55 岁

12 月 21 日，作英文家书一通：“医生告诉我，我需要休息和静养，而不是药物，他们还说我的问题在于心脏太弱。”

本年，提请《国民参政会提案》二件，后发表于《思想与时代》1947 年总第 46 期《梅光迪先生纪念专号》。

一九四五年（民国卅四年） 56 岁

2 月 3 日，杭立武、光昇、秀伦、刘启瑞、马景常致信吴铁城推荐梅光迪为皖省参政员，中有“查皖省参政员梅光迪先生，当代彦硕、学术导师，自民国二十七年第一届参政会至今连任三次，于文教事业贡献殊多。此次敝省参议会推选时沧海遗珠，不无遗憾，仝人等私议倘能于中央圈定丁项参政员时，畀予一席，必能益弘献替，造福邦家”等语。

12 月 27 日，病逝于贵州贵阳。

2010 年

后　记

梅　杰

2009年夏，在梅放先生提供傅宏星发现的梅光迪《文学概论》讲义的条件下，我进入了梅光迪研究的领域。当时，经过对废名、许君远、喻血轮等人的研究，虽然我已经有了一些学术积累，但我认为梅光迪研究有着不同寻常的更高、更大的意义，它让我更贴近学术本身抑未可知。在此后三四年的时间里，梅光迪研究成为我的学术重心。

2010年5月，中华梅氏文化研究会在梅光迪的家乡宣城正式成立，我有幸成为首批高级研究员，并在会上大声疾呼，倡议出版“梅光迪三书”:《梅光迪文存》《梅光迪年谱》《梅光迪研究资料汇编》。

2011年初，在中华梅氏文化研究会主要领导梅学国、梅铁山、梅放等宗亲的帮助下，由我具体执行主编、乐黛云教授作序的《梅光迪文存》一书在华中师范大学出版社出版了。在《梅光迪文存》的基础上，我提出了《中华梅氏文库》的出版计划，得到梅学国、梅放等宗亲的响应、支持。事实上，《梅光迪文存》就是《中华梅氏文库》的第一种。

《梅光迪文存》出版以后，我并未满足于现状，而是进一步挖掘文献资料。在梅铁山宗亲提供资料的帮助下，整理、披露了梅光迪及其家族在宣统版《宣城梅氏宗谱》中的史料；同时，我又在国家图书馆发现梅光迪《文学概论》讲义的另一个版本，并及时整理、公布出来。可以说，这些文献资料的整理、披露工作，大大推进了梅光迪的研究进程。2012年，我编出了《梅光迪研究资料汇编》，并编纂成《梅光迪年谱初稿》。然而由于种种原因，这两本书未能及时出版。2017年，在梅学国宗亲的资助下，《梅光迪年谱初稿》在我当时的工作单位中国外文局海豚出版社出版。现在，又是在梅学国宗亲的资助下，《梅光迪研究资料汇编》将在华中师范大学出版社出版。

“梅光迪三书”构成梅光迪研究的文献保障体系，是《中华梅氏文库》的重要组成部分。《梅光迪研究资料汇编》虽然十多年前就编好了，但由于学术数据库的不断更新、完善，又有若干民国文献不断增补进入。本书主要收入民国时期的梅光迪研究资料，争取做到"一网打尽"（除了吴宓、胡适等人著作中的众多不成文的零散材料）。为了更好地了解梅光迪的"复出"，于是酌情选择性收入宋晞、侯健、林丽月等人的文章（因为篇幅等原因，未收入侯健的《梅光迪、吴宓与学衡派的思想与主张》和沈松侨硕士论文中的有关章节）。对于 20 世纪 80 年代以后的研究，则只挑选少量具有新史料的文章。由于种种原因，一些难得一见的史料和论文，不便作为独立的研究性文章收入，只好将其中重要的材料和观点，"编织"入《梅光迪稀见史料摘编》《梅光迪的"复归"——从台湾到大陆的重新评价》《梅光迪生平著作年表》等文。

本书在具体编选和整理过程中，得到过杨扬、段怀清、书同（徐艾平）、梅铁山、梅放、许高渝、沈卫威等专家、学者的帮助和鼓励，特在此表示感谢。需要说明的是，为了纪念在中华梅氏文化研究中，做出巨大牺牲和贡献的梅元玺（元喜）宗亲，我们特将本书主编挂在他的名下，以体现我们梅家后辈子孙的敬意、尊重和怀念。

希望本书的出版，能够进一步推动梅光迪和学衡派的研究，助力于新文化运动的研究，甚至能够有益于今天重建文化自信的大业。如果梅光迪研究，今后取得了更深层次的学术成果，希望在若干年后，将有《梅光迪研究资料汇编》的续编问世。

2023 年 10 月 18 日于桂子山东麓